Westray
Sanday
Orkney
Rousay
Eday
Stronsay
Mainland
Shapinsay
Kirkwall
Hoy
South Ronaldsay
Dunnet Head
John o'Groats
Cape Wrath
Hermaness National Nature Reserve
Shetland
Yell
Mainland
Lerwick
Foula
Sumburgh
Wick
Handa
Northwest Highlands
Summer Isles
Culrain
Lossiemouth
Fraserburgh
Torridon
Garve
Elgin
Nairn
Peterhead
Inverness
Huntly
Fyvie
Grantown-on-Spey
Speybridge
Loch Ness
Aviemore
Aberdeen
Highlands und Inseln
Seiten 200–267
Cairngorms
Lagga
Grampian Mountains
Balmoral
Stonehaven
Fort William
Glenshee
Zentralschottland
Seiten 160–199
Pitlochry
Glencoe
SCHOTTLAND
Oban
Perth
Crianlarich
Inveraray
Loch Lomond
Stirling
Culross
North Berwick
Dumbarton
Glasgow
Seiten 136–159
Edinburgh
Dunbar
Glasgow
Edinburgh
Seiten 68–107
Isle of Bute
Paisley
Motherwell
Berwick-upon-Tweed
Kintyre
East Kilbride
Isle of Arran
Irvine
New Lanark
Peebles
Melrose
Troon
Selkirk
Ayr
Jedburgh
Mull of Kintyre
Südschottland
Seiten 108–135
Southern Uplands
Irische See
Dumfries
New Galloway
Gretna Green
ENGLAND
Newcastle upon Tyne
Stranraer
Castle Douglas
Carlisle
Gatehouse of Fleet
0 Kilometer 50
0 Meilen 50
N

INSPIRIEREN / PLANEN / ENTDECKEN / ERLEBEN

SCHOTTLAND

DK Vis-à-Vis

SCHOTTLAND

INHALT

SCHOTTLAND ENTDECKEN **6**

SCHOTTLAND ERLEBEN **66**

REISE-INFOS **268**

Links: *Das von Enric Miralles entworfene Scottish Parliament* (siehe S. 97)
Vorhergehende Seite: *Kilchurn Castle am Loch Awe* (siehe S. 248)
Umschlag: *Felsformation mit dem Old Man of Storr auf der Isle of Skye* (siehe S. 222–225)

SCHOTTLAND
ENTDECKEN

Ring of Brogdar, Orkney

WILLKOMMEN IN SCHOTTLAND

Schroffe Küsten, unberührte Täler der Highlands, faszinierende Burgen, historische Schlachtfelder, Museen von Weltrang und Festivals mit internationalem Rennommee - Schottland lohnt mit seinen vielfältigen Attraktionen mehr als nur einen einzigen Besuch. Welche Ziele Ihr Traumurlaub auch beinhaltet, unser Vis-à-Vis Schottland ist Ihr idealer Begleiter.

1 *Rothirsche in der frostigen Winterlandschaft der schottischen Highlands*

2 *Besucher genießen den Blick vom Calton Hill auf Edinburgh*

3 *Eilean Donan Castle am Loch Duich bei Dämmerung*

Schottland ist klein, aber spektakulär. Das von Tausenden Kilometern schroffer Küsten umgebene Land bietet eindrucksvolle Bergregionen, malerische Seen und windumtoste Moorlandschaften. Das hügelige Weideland von Angus, Ayrshire und Aberdeenshire sowie die saftig grünen Schafweiden der Scottish Borders prägen Ruhe und Beschaulichkeit. Die unberührte Landschaft der Cairngorms, von Rannoch Moor und der Trossachs liegt nicht weit von lebhaften Städten wie Edinburgh, Glasgow und Inverness entfernt.

Das Hinterland lädt zu Outdoor-Aktivitäten ein – zu gemütlichen Spaziergängen oder ausgedehnten Wanderungen, zum Klettern oder Rafting. In den Städten locken exzellente Museen und Galerien. Pubs, Bars und Bühnen bieten Konzerte, spontane Folk-Sessions und Comedy-Shows. Inns servieren traditionelle Gerichte, Gastropubs und innovative Restaurants geben der schottischen Küche neue Impulse.

Der Vis-à-Vis Schottland unterteilt das Land in gut überschaubare Regionen. Zahlreiche Tipps und detaillierte Karten ermöglichen es Ihnen, Ihre Reise ganz nach Ihrem Geschmack zu planen – ob für einen Kurzurlaub oder einen längeren Aufenthalt. Viel Vergnügen mit diesem Buch, viel Spaß in Schottland und *haste ye back* – kehren Sie bald wieder nach Schottland zurück.

LIEBENSWERTES SCHOTTLAND

Berge, schroffe Küsten und lebhafte Städte, facettenreich und mit jeweils eigenem Charakter. Es gibt vieles, was Schottland unwiderstehlich macht. Wir haben für Sie einige Favoriten zusammengestellt.

1 Faszinierende Geschichte

Besichtigen Sie jahrhundertealte Burgen wie Edinburgh Castle *(siehe S. 76–79)* oder tauchen Sie in den Gassen von Edinburghs Old Town ins Mittelalter ein *(siehe S. 80–83)*.

Majestätische Landschaften *2*

Erkunden Sie die Landschaft der Highlands in Glencoe und auf der Isle of Skye. Auch die Küsten und Moorlandschaften in Torridon und im Nordwesten beeindrucken.

3 Hogmanay in Edinburgh

Erstklassige Bands und atemberaubende Feuerwerke begleiten Sie in Edinburgh ins neue Jahr. Und vielleicht folgen Sie den Einheimischen am 1. Januar beim »Loony Dook« ins eiskalte Wasser.

Verlockungen für Foodies 4

Überall in Schottland sorgen kreative Köche, die aus heimischen Zutaten Köstliches zaubern, für großartige kulinarische Erlebnisse.

Kulturelles Angebot in den Städten 5

Schottland bietet Museen von Weltrang wie die Kelvingrove Art Gallery in Glasgow *(siehe S. 146–149)*, die National Gallery of Modern Art *(siehe S. 100)* in Edinburgh und das V&A Dundee *(siehe S. 168)*.

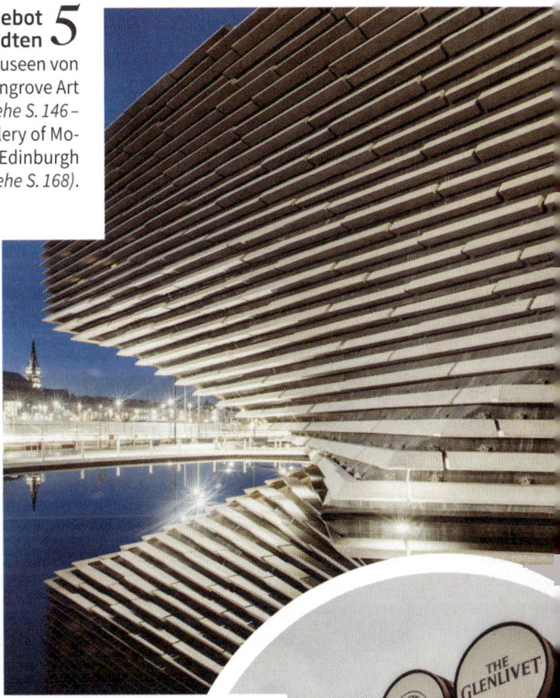

Paradies für Whisky-Fans 6

Verkosten Sie in einer der vielen Brennereien, z. B. bei Glenlivet in Speyside *(siehe S. 187)*, einen alten Jahrgang oder testen Sie einen neuen Scotch in einer schicken Bar.

Traditionen der Highlands 7

Lassen Sie sich bei den Highland Games von Dudelsackspielern, traditionellen Tänzen und sportlichen Wettbewerben wie Baumstammwerfen begeistern.

Zauberhafte Inseln 8

Die abgeschiedenen, zerklüfteten schottischen Inseln sind atemberaubend schön. Genießen Sie am Strand von Luskentyre auf Harris *(siehe S. 236)* den Sonnenuntergang.

9 Begegnungen mit der Tierwelt

Beobachten Sie die Robben, Wale und Delfine im Moray Firth *(siehe S. 255)*, die Papageitaucher auf Handa *(siehe S. 265)* oder die Rothirsche und Wildkatzen, die in den Highlands leben.

10 Cèilidh bis zum Morgengrauen

Bei den Tanzveranstaltungen regen die traditionellen schottischen Jigs und Reels oder das Orcadian Strip the Willow jedermann zum Mitmachen an.

Outdoor-Aktivitäten 11

Der West Highland Way bietet viele Attraktionen: Rafting auf dem Tay, Radfahren im Galloway Forest Park *(siehe S. 133)* oder Touren auf den Ben Nevis *(siehe S. 208f)* und den Lochnagar *(siehe S. 211)*.

Erstklassige Golfplätze 12

St Andrews gilt als Geburtsort des Golfsports. In der Stadt befindet sich der berühmte Royal and Ancient Golf Club *(siehe S. 170f)*.

SCHOTTLAND
AUF DER KARTE

Der Vis-à-Vis Schottland unterteilt das Land in fünf Regionen: Edinburgh, Südschottland, Glasgow, Zentralschottland sowie Highlands und Inseln. Jedes Kapitel weist eine Farbcodierung auf, die mit den Farben in dieser Übersichtskarte korrespondiert.

Shetland
195 km
Westray
Sanday
Orkney
Rousay
Eday
Stronsay
Mainland
Shapinsay
Kirkwall
Hoy
South
Ronaldsay
Dunnet
Head
Hermaness
Shetland
Yell
Mainland
Lerwick
Foula
Sumburgh
Cape Wrath
John o'Groats
Wick
Handa
Northwest Highlands
Summer
Isles
Culrain
Lossiemouth
Fraserburgh
Garve
Elgin
Torridon
Nairn
Huntly
Fyvie
Peterhead
Inverness
Grantown-
on-Spey
Speybridge
Loch Ness
Aviemore
Aberdeen
Highlands
und Inseln
Seiten 200–267
Cairngorms
Lagga
Grampian Mountains
Balmoral
Stonehaven
Fort William
Glenshee
Zentralschottland
Seiten 160–199
Pitlochry
Glencoe
Oban
SCHOTTLAND
Dundee
Nordsee
Perth
St Andrews
Crianlarich
Inveraray
Loch
Lomond
Stirling
East Neuk
Culross
North Berwick
Dumbarton
Glasgow
Seiten 136–159
Edinburgh
Dunbar
Glasgow
Edinburgh
Seiten 68–107
Isle of
Bute
Paisley
Motherwell
Berwick-
upon-
Tweed
Kintyre
East
Kilbride
Isle of
Arran
Irvine
New Lanark
Peebles
Melrose
Troon
Selkirk
Ayr
Jedburgh
Südschottland
Seiten 108–135
Mull of
Kintyre
Southern Uplands
Irish
Sea
Dumfries
New
Galloway
Gretna
Green
ENGLAND
Newcastle
upon Tyne
Stranraer
Castle
Douglas
Carlisle
Gatehouse
of Fleet
0 Kilometer
50
0 Meilen
50
N

DIE REGIONEN SCHOTTLANDS

Im landschaftlich äußerst abwechslungsreichen Schottland - von den grünen Weiden der Scottish Borders bis zu den Inseln nahe dem Polarkreis - gibt es viel zu entdecken. Malerische Seen, schroffe Bergregionen, Burgen und lebhafte Städte - alle Sehenswürdigkeiten haben ihren eigenen Reiz.

Seiten 68–107

Edinburgh

Die Hauptstadt Schottlands bietet viele historische Sehenswürdigkeiten und kulturelle Attraktionen. Die Royal Mile führt vom imposanten Edinburgh Castle durch den außergewöhnlich gut erhaltenen mittelalterlichen Teil der Stadt. Nördlich davon erstreckt sich die im georgianischen Stil erbaute New Town mit eleganten Läden, Boutiquehotels und Café-Bars. Vororte wie Stockbridge und Leith besitzen bezaubernden dörflichen Charme.

Entdecken
Sightseeing und Kultur

Sehenswert
Edinburgh Castle, National Museum of Scotland, Scottish National Gallery

Genießen
Herrliche Ausblicke über die Stadt und ins Land hinaus vom Arthur's Seat

Seiten 108–135

Südschottland

Südschottland wird von Nordsee und Atlantik, im Norden von Firth of Clyde und Firth of Forth begrenzt. Weideland, Hochmoore und Flusstäler prägen die Region ebenso wie elegante Herrenhäuser und die Ruinen von Klöstern und Burgen. Die Attraktionen Südschottlands sind mit dem Auto von Edinburgh oder Glasgow aus in rund einer Stunde zu erreichen.

Entdecken
Geschichte und Landschaft

Sehenswert
Culzean Castle, Abbotsford

Genießen
Mit der Fähre zur Isle of Arran und Aufstieg auf den Goat Fell, den höchsten Berg der Insel

→

Seiten 136–159

Glasgow

Schottlands größte Stadt liegt am Clyde und strotzt vor Energie. Imposante Gebäude wie die Glasgow City Chambers und das Kelvingrove Art Gallery and Museum erinnern an die Blütezeit als Handels- und Industriestadt im 18. und 19. Jahrhundert. Glasgow – die Stadt, die sich ständig neu erfindet – prägen heute ein pulsierendes Nachtleben, lebhafte Shoppingviertel sowie ausgezeichnete Restaurants und Bars.

Entdecken
Kunst, Shopping und Nachtleben

Sehenswert
Kelvingrove Art Gallery and Museum, Glasgow Science Centre

Genießen
Eine gemütliche Fahrt mit dem Raddampfer auf dem Clyde

Seiten 160–199

Zentralschottland

Zentralschottland ist eine Region voller Kontraste. Karge, wilde Hügellandschaften und sanfte Täler mit Wäldern und Weideland werden von schönen Sandstränden umrahmt. Jede Stadt in der Region besitzt ein einzigartiges historisches Erbe – von der mittelalterlichen Pracht des Stirling Castle über die strenge Architektur der St Machar's Cathedral in Aberdeen bis zu den industriellen Andenken in Dundee und Falkirk. Loch Lomond, die Trossachs und Tayside laden zu Outdoor-Aktivitäten ein. Royal Deeside lockt mit landschaftlicher Schönheit und königlichem Flair.

Entdecken
Royales Erbe und Whisky

Sehenswert
Aberdeen, Scone Palace, Loch Lomond, Stirling Castle

Genießen
Rafting und Kanufahren auf dem Tay

Seiten 200 – 267

Highlands und Inseln

Vielen gelten die Highlands als Inbegriff Schottlands. Das weite, dünn besiedelte Gebiet prägen Seen, Flüsse, Schluchten und Moorlandschaften mit imposanten Burgen der Clans und prähistorischen Relikten. Vor den Küsten liegen Hunderte Inseln – viele sind mit den Fähren von Oban, Mallaig und Ullapool leicht zu erreichen. Inverness, die Hauptstadt der Highlands, ist idealer Ausgangspunkt für die Erkundung von Loch Ness und der Cairngorms. Von Fort William aus startet man zum Ben Nevis, Großbritanniens höchstem Berg.

Entdecken
Outdoor-Aktivitäten und majestätische Berge

Sehenswert
Ben Nevis, Cairngorms National Park, Loch Ness

Genießen
Wandern rund um den Ben Nevis oder Insel-Hopping an der Westküste

1

2

3

2 WOCHEN *in Schottland*

Tag 1

Spazieren Sie nach dem Besuch des National Museum of Scotland *(siehe S. 86f)* zur Royal Mile *(siehe S. 80–83)*. Machen Sie ein Foto von Greyfriars Bobby, ehe Sie in einem der Restaurants an der George IV Bridge einkehren. Die nach einem Schurken aus dem 18. Jahrhundert benannte Deacon Brodie's Tavern (453 Lawnmarket) ist sehr beliebt. Dann geht es auf der Royal Mile zum Edinburgh Castle *(siehe S. 76–79)* mit der riesigen Kanone Mons Meg. Über The Mound gelangen Sie zur Scottish National Gallery *(siehe S. 90f)* mit Werken schottischer Maler sowie niederländischer, italienischer und französischer Künstler aus Mittelalter und Renaissance. Betrachten Sie vom Calton Hill *(siehe S. 84f)* den Sonnenuntergang. Am Fuß des Hügels bietet Gardener's Cottage exzellente Degustationsmenüs und feine Weine.

Tag 2

Über die M9 erreichen Sie in einer halben Stunde Falkirk. Bewundern Sie im Park The Helix *(siehe S. 191)* die von dem Bildhauer Andy Scott geschaffene riesige Pferdeskulptur *The Kelpies*. Nach weiteren 25 Minuten gelangen Sie nach Stirling. Erkunden Sie die Burg *(siehe S. 180f)*. Spazieren Sie dann zum nahe gelegenen Wallace Monument. Erklimmen Sie den gotischen Turm – der Ausblick ist es wert – und informieren Sie sich über den schottischen Nationalhelden William Wallace. Den Abend verbringen Sie in dem malerischen Ort Dunblane. Das Chez Roux im Cromlix House (www.cromlix.com) bietet leichte, französisch inspirierte Gerichte.

Tag 3

Besichtigen Sie Doune Castle *(siehe S. 187)*. Nach einer halbstündigen Autofahrt gelangen Sie nach Perth *(siehe S. 188)*. Besuchen Sie nach dem Lunch die Fergusson Gallery. Überqueren Sie dann den Tay und gehen Sie zum Scone Palace *(siehe S. 174f)*, der herrliche Antiquitäten birgt. Nach einer Rast im Park machen Sie sich auf den Weg nach Dundee *(siehe S. 168f)*. Kehren Sie im Künstlerviertel zum Abendessen ein und hören Sie im Dundee Rep Theatre Livemusik.

4

5

1 *Blick auf Edinburgh vom Calton Hill* ↑

2 *Die moderne Fassade des V&A Dundee*

3 *Fässer einer Whisky-Brennerei in Speyside*

4 *Die Skye Bridge verbindet Kyleakin mit dem Festland*

5 *Crathes Castle in Royal Deeside*

Tag 4

Besuchen Sie das V&A Dundee. Der von Charles Rennie Mackintosh gestaltete Oak Room zählt zu den Highlights des Designmuseums. Informieren Sie sich an Bord der RRS *Discovery* über Robert Scotts Polarreisen. Nach dem Essen spazieren Sie zum Dunnottar Castle *(siehe S. 182)*. Übernachten Sie in Aberdeen *(siehe S. 164–167)*. Das Malmaison (www.malmaison.com) hat schöne Zimmer, die Brasserie Chez Mal serviert Black Angus Steak und Nordsee-Hummer.

Tag 5

Legen Sie auf dem Weg nach Royal Deeside einen Zwischenstopp beim Crathes Castle mit den Wäldchen und dem ummauerten Garten ein. Genießen Sie hier ein Picknick. Weiter geht es zum Balmoral Castle *(siehe S. 184)*. Spazieren Sie durch die Kiefernwälder und bewundern Sie die herrschaftliche Architektur. Die Fahrt durch den Cairngorms National Park *(siehe S. 212f)* führt Sie durch wilde Berglandschaften und unberührte Natur. Abends erreichen Sie Aberlour.

Tag 6

Folgen Sie dem Malt Whisky Trail *(siehe S. 187)* durch Speyside nach Craigellachie. Nehmen Sie an einer Führung durch die Macallan Distillery teil. Halten Sie auf dem Weg nach Inverness in Culloden *(siehe S. 256)*. Spüren Sie auf dem Schlachtfeld dem Kampf vom Bonnie Prince Charlie im Jahr 1746 nach. In Inverness *(siehe S. 216f)* erwarten Sie nette Pubs und Restaurants.

Tag 7

Genießen Sie bei einer Fahrt auf dem Loch Ness ab Drumnadrochit den Anblick von Urquhart Castle *(siehe S. 218f)*. In Lewiston gibt es im Loch Ness Inn (www.staylochness.co.uk) zeitgenössische schottische Küche. Die Fahrt am Ufer des Sees führt durch das atemberaubende Glen Shiel *(siehe S. 262)*. Halten Sie am Eilean Donan Castle am Loch Duich. Dann geht es nach Kyle of Lochalsh und über die Brücke zur Isle of Skye *(siehe S. 222–225)*. Übernachten Sie in der Kinloch Lodge (www.kinloch-lodge.co.uk). →

1

2

3

Tag 8
Betrachten Sie in Portree die bunten Häuser am Hafen. Danach geht es zum Dunvegan Castle, seit über 800 Jahren Sitz des Clans der MacLeod. An der Straße von Portree nach Staffin beginnt ein Wanderweg, der zum Old Man of Storr führt und herrliche Ausblicke über die Insel bietet. Besuchen Sie die Talisker Distillery und kosten Sie den »Lava of the Cuillins« genannten Whisky.

Tag 9
Eine kurze Fährfahrt bringt Sie von Armadale nach Mallaig *(siehe S. 245)*. Der Ort ist für köstliches Seafood bekannt. Fahren Sie zu den Sands of Morar. Der Sandstrand lädt zu einem Spaziergang ein. Danach geht es nach Glenfinnan. Das Glenfinnan Monument erinnert an die Jakobitenaufstände. Winken Sie dem Jacobite Steam Train zu, der über das Glenfinnan Viaduct fährt. Der Zug fungierte in den *Harry-Potter*-Filmen als »Hogwarts Express«. Wenn Sie mitfahren wollen: Der Zug verkehrt im Sommer regelmäßig zwischen Mallaig und Fort William *(siehe S. 253)*. Setzen Sie Ihre Fahrt nach Fort William rechtzeitig fort, damit Sie beim Abendessen in The Crannog (www.crannog.net) den Sonnenuntergang über dem Loch Linnhe bewundern können.

Tag 10
Von Fort William ist es nicht weit zum Glen Nevis. Schottlands höchster Berg, der Ben Nevis *(siehe S. 208f)*, lässt sich bei einem Spaziergang durch die Wälder betrachten oder auf anspruchsvolleren Wanderungen erkunden. Wenn Sie bis zum Gipfel wollen, sollten Sie früh aufbrechen, Informationen über das Wetter einholen und eine gute Ausrüstung mitbringen.

Tag 11
Die Fahrt von Fort William durch Glencoe *(siehe S. 252)* Richtung Süden ist atemberaubend. Vom Glencoe Visitor Centre eröffnet sich ein herrlicher Blick auf Buachaille Etive

1 *Old Man of Storr, Isle of Skye* ↑

2 *Der Jacobite Steam Train überquert das Glenfinnan Viaduct*

3 *Pier in Luss am Loch Lomond*

4 *Haupthalle des Kelvingrove Art Gallery and Museum*

5 *Wandern in den Eildon Hills*

Mòr. Folgen Sie der A82 etwa 1,5 Stunden lang. Die Fahrt führt vorbei am von Heidekraut bedeckten Rannoch Moor und der hübschen Stadt Luss, die zu einem Halt einlädt, zum Loch Lomond *(siehe S. 176f)*. Genießen Sie im Restaurant Colquhoun's in der Lodge on Loch Lomond (www.loch-lomond.co.uk) bei toller Aussicht auf den Ben Lomond Steak, Wild oder Meeresfrüchte.

Tag 12

Eine Fahrt mit dem Raddampfer auf dem Loch Katrine bietet Ihnen Ausblicke auf den Trossachs National Park. Im Queen Elizabeth Forest Park können Sie dann Rad fahren, auf dem West Highland Way wandern oder an einem Stahlseil durch die Baumwipfel sausen. Die Fahrt nach Glasgow zum Abendessen dauert 45 Minuten.

Tag 13

Schlendern Sie durch den Kelvingrove Park zum Kelvingrove Art Gallery and Museum *(siehe S. 146f)*. Bewundern Sie die Arbeiten der Scottish Colourists und der »Glasgow Boys«. Suchen Sie zum Mittagessen eines der Restaurants an der Ashton Lane auf. Gehen Sie danach zum Riverside Museum *(siehe S. 153)*. Die Ausstellungen mit historischen Fahrzeugen werden Sie den ganzen Nachmittag lang begeistern. Abends lockt The Winged Ox in St Luke's (www.stlukesglasgow.com), neben dem bei Musikfreunden beliebten Barrowland Ballroom, mit reicher Auswahl an Speisen und Getränken.

Tag 14

Machen Sie auf dem Weg zurück nach Edinburgh einen Abstecher in die Scottish Borders und halten Sie am Scott's View, der grandiosen Blick auf die drei Gipfel der Eildon Hills *(siehe S. 126)* bietet. Einen weiteren Zwischenstopp lohnt die Rosslyn Chapel *(siehe S. 121)*. Bewundern Sie die prächtigen Steinmetzarbeiten in der bezaubernden Kirche und schlendern Sie ein wenig durch Roslin Glen, ehe Sie nach kurzer Fahrt Edinburgh erreichen.

1

2

3

7 TAGE
an der North Coast 500

Tag 1
Die Route beginnt in Inverness *(siehe S. 216f)*, der Hauptstadt der Highlands. Zuerst geht es am Südufer des Beauly Firth entlang (halten Sie nach Delfinen Ausschau), dann Richtung Norden durch Dornoch zum Dunrobin Castle *(siehe S. 257)*, dem Sitz der Earls of Sutherland. Nach einem Imbiss im Golspie Inn (www.golspieinn.co.uk) führt Sie die Strecke nach John o'Groats *(siehe S. 264)* und zur Landspitze Dunnet Head. Von dort sind es 35 Minuten nach Scrabster. Nehmen Sie die Fähre nach Stromness *(siehe S. 228)* und speisen Sie im Skerries Restaurant im Merkister Hotel *(siehe S. 229)*.

Tag 2
Besichtigen Sie die neolithischen Stätten Orkneys – Maeshowe, die Standing Stones of Stenness und den Ring of Brodgar *(siehe S. 228)*. Am Nachmittag geht es nach Kirkwall mit der St Magnus Cathedral, einer aus gelbem und rotem Stein errichteten Kirche aus dem 12. Jahrhundert.

Tag 3
Zurück auf dem Festland folgen Sie der kurvenreichen A836 entlang der sturmumtosten, zerklüfteten Nordküste, wo traumhafte Aussichten und steil abfallende Klippen immer wieder zu einem Halt einladen. Im Restaurant Côte du Nord *(siehe S. 265)* erwarten Sie aus regionalen Zutaten zubereitete Gerichte mit französischer Note. Einen guten Kilometer vor Durness sollten Sie unbedingt einen Zwischenstopp einlegen, um die beeindruckende Kalksteinhöhle Smoo Cave *(siehe S. 264f)* zu besichtigen.

Tag 4
Mit der Fähre oder mit dem Minibus gelangen Sie von Durness zum Cape Wrath *(siehe S. 264)*. Die tosende Brandung und die zahlreichen kreischenden Seevögel, die die hoch aufragenden Brandungspfeiler bevölkern, sorgen für eine atemberaubende Szenerie. Von dem weißen Leuchttum am nordwestlichsten Punkt des britischen Festlands scheint der Blick bis ans Ende der Welt zu reichen.

4

5

1 *Besucher am Ring of Brodgar, Orkney* ↑

2 *Die St Magnus Cathedral in Kirkwall*

3 *Leuchtturm am Cape Wrath*

4 *Moorhuhn auf Handa*

5 *Straße zum Loch Maree*

Tag 5

Während der Fahrt von Durness entlang der Westküste Richtung Süden entfaltet sich der Reiz der Landschaft vollends. Nehmen Sie von Tarbet die Fähre nach Handa *(siehe S. 265)*. Auf der kleinen Insel ist die Luft von den Rufen Tausender Seevögel erfüllt. Zurück auf dem Festland fahren Sie nach Eddrachilles Bay. In der Bucht liegen heidekrautbedeckte Inseln, an deren Stränden Robben dösen. Im Sommer legen viele Yachten an. Anschließend führt die Straße vorbei an der Hügelkette Quinag, am Ben More Assynt und am Conival. Diese ursprüngliche Landschaft mit Bergen, Mooren und langen, schmalen Seen liegt nur 30 Kilometer von Ullapool entfernt *(siehe S.263)*. Kehren Sie in Ullapool zum Essen ein und verbringen Sie den Rest des Abends bei Musik und Tanz im Ceilidh Place *(siehe S. 263)*.

Tag 6

Die Strecke führt nun am langen und schmalen Loch Broom entlang. Dann geht die Route in westlicher Richtung in eine einsame Straße über, die – von den Gipfeln des Sgùrr Mòr und An Teallach überragt – durch eine wildromantsiche Landschaft verläuft. Besuchen Sie die herrlichen Inverewe Gardens *(siehe S. 262f)* am Loch Ewe, in denen dank des durch den Golfstrom begünstigten Klimas Rhododendren blühen.

Tag 7

Die Route führt am malerischen Loch Maree entlang. In Kinlochewe geht die Strecke ins Landesinnere hinein – durch die einsame, aber wunderschöne Moorlandschaft nahe Torridon in Wester Ross nach Achnasheen und nach Strathpeffer *(siehe S. 256)*. Legen Sie einen Zwischenstopp ein, um die Rogie Falls anzusehen. Die beeindruckenden Wasserfälle befinden sich drei Kilometer westlich von Contin an der A835. Die A835 bringt Sie zurück nach Inverness. In der lebhaften Stadt können Sie zum Abschluss der Reise in den gemütlichen Pubs und Restaurants einen vergnüglichen Abend verbringen.

1

2

3

4

←

1 *Verlassenes Croft auf Harris*

2 *Boote im Hafen von Stornoway, Lewis*

3 *Frisch gefangene Krebse an der Oban Seafood Hut*

4 *Standing Stones of Callanish auf Lewis*

5 TAGE
auf den Äußeren Hebriden

Tag 1

Vormittags Ausgangspunkt ist die Hafenstadt Oban *(siehe S. 248f)*, deren Promenade bezaubernde Läden säumen. Genießen Sie an der Oban Seafood Hut Hummer und Krebse zum frühen Mittagessen.
Nachmittags Nehmen Sie die Fähre nach Castlebay, dem Hauptort auf der malerischen kleinen Insel Barra *(siehe S. 238f)*.
Abends Checken Sie im Dunard Hostel ein, in dem Radfahrer gern vor Touren auf dem Hebridean Way *(siehe S. 239)* übernachten. Genießen Sie im Café Kisimul *(siehe S. 237)* Gerichte mit indischen, italienischen und schottischen Aromen. Nach der kurzen Fahrt nach Vatersay betrachten Sie an der von Sandstränden gesäumten Landenge den Sonnenuntergang über dem Atlantik.

Tag 2

Vormittags Erkunden Sie Barra. Suchen Sie den Sandstrand Traigh Mhòr, der bei Ebbe als Landebahn dient, bei Ankunft eines Flugzeugs auf (www.hial.co.uk/barra-airport). Ein Mittagessen in dem kleinen Café ist ein wunderbares Erlebnis.
Nachmittags Nach dem Übersetzen mit der Fähre nach Eriskay fahren Sie über Uist und Benbecula *(siehe S. 237)* nach Berneray.
Abends Kehren Sie im Berneray Bistro ein. Übernachten Sie in der Lodge John's Bunkhouse (www.johnsbunkhouse.com).

Tag 3

Vormittags Nach einem Spaziergang an den muschelbedeckten Stränden und in den Dünen von Berneray nehmen Sie die Fähre über den Sound of Harris nach Leverburgh auf Harris *(siehe S. 236f)*.
Nachmittags Stärken Sie sich in dem einfachen Café The Butty Bus (Pier Road). Die anschließende Fahrt entlang der Südküste von Harris bietet atemberaubende Panoramen. Das Dorf Seilebost liegt an einer Bucht mit türkisfarbenem Wasser. Ein Abstecher nach Luskentyre wird mit herrlicher Aussicht auf eine von Klippen umrahmte Bucht belohnt.
Abends Treffen Sie bezeiten in Tarbert ein, um in der Harris Distillery an einer Führung teilzunehmen. Essen Sie im Harris Hotel *(siehe S. 237)* zu Abend.

Tag 4

Vormittags Erklimmen Sie den Clisham, den höchsten Berg der Äußeren Hebriden.
Nachmittags Besichtigen Sie auf Lewis *(siehe S. 235)* die Standing Stones of Callanish, informieren Sie sich über die Frühgeschichte der Insel und stärken Sie sich in dem Café an der Stätte. Fahren Sie zum Butt of Lewis, dem nördlichsten Punkt der Insel, und genießen Sie die herrliche Aussicht.
Abends Nach einem stilvollen Abendessen im Harris & Lewis Smokehouse in Stornoway *(siehe S. 237)* gönnen Sie sich ein Glas Whisky im McNeill's (11 Cromwell St).

Tag 5

Vormittags Besuchen Sie das Museum Nan Eilean im Lews Castle.
Nachmittags Nach der Beschäftigung mit der Historie der Insel führen Ihnen die zeitgenössischen Werke im Lanntair Arts Centre die Kreativität der gälischen Gemeinde auf den Äußeren Hebriden vor Augen.
Abends Essen Sie im Boatshed (www.royalstornoway.co.uk). Tags darauf nehmen Sie frühmorgens die Fähre zum Festland.

Berge

Von der Isle of Arran bis zur Halbinsel Applecross gibt es viele Gebirgslandschaften zu erkunden. Der Ben Nevis *(siehe S. 208f)* ist der höchste Berg Schottlands. Im Cairngorms National Park *(siehe S. 210–213)* ist der Lochnagar bei Wanderern besonders beliebt. Die felsigen Cuillin Hills auf der Isle of Skye *(siehe S. 224)* stehen in eindrucksvollem Kontrast zum grünen Inselinneren.

→

Gebirgslandschaft auf der Isle of Arran

SCHOTTLANDS LANDSCHAFTEN

An idyllischen Seen und windumtosten Mooren ragen schneebedeckte Gipfel empor. Meeresarme reichen tief in das Landesinnere hinein, das zahlreiche Flüsse durchziehen. An den zerklüfteten Küsten brechen sich die Wellen des Atlantiks. Schottland ist für atemberaubend schöne Landschaften bekannt. Besucher finden Ruhe in der Natur und genießen spektakuläre Ansichten.

Küsten

Schottlands Küsten prägen lange Sandstrände, kleine Buchten mit vorgelagerten Inseln und imposante, von Burgen gekrönte Klippen. Bei einer Tour entlang der windumtosten Nordküste *(siehe S. 264f)* von Cape Wrath über John o'Groats bis zum Dunnet Head eröffnen sich spektakuläre Ansichten – ein wahrlich unvergessliches Erlebnis.

←

Brandungspfeiler am Dunnet Head, dem nördlichsten Punkt der britischen Hauptinsel

Aufforstung

Vor rund 2000 Jahren war Schottland von dichten Wäldern bedeckt. Die Landschaft veränderte sich durch Eingriffe der Menschen. Der riesige Primärwald Caledonian Forest wurde zur Gewinnung von Feuer- und Bauholz sowie landwirtschaftlich nutzbaren Flächen nahezu zerstört. Grundbesitzer ließen für die Moorhuhn- und Rotwildjagd große Gebiete roden. Heute treiben Umweltschützer die Aufforstung und Wiederherstellung der Artenviefalt voran.

Seen und Flüsse

Im bezaubernden Loch Lomond *(siehe S. 176–179)* liegen kleine baumbestandende Inseln. Loch Ness *(siehe S. 218f)* ist der nördlichste der drei großen Süßwasserseen im Great Glen. Die Fairy Pools im Glen Brittle auf der Isle of Skye werden durch einen Fluss gespeist, der aus den Cuillin Hills herabfließt *(siehe S. 224)*.

← *Die Fairy Pools auf der Isle of Skye sind durch einen Fluss und Wasserfälle verbundene natürliche Becken*

Wälder

Perthshire kennzeichnen ausgedehnte Eichen- und Buchenwälder. Die Region hat im Sommer nahezu tropisches Flair, im Herbst bietet das bunte Laub märchenhafte Panoramen. Im Great Trossachs Forest am östlichen Ende von Loch Katrine fand im 17. Jahrhundert der Geächtete und spätere Nationalheld Rob Roy Schutz.

↑ *Blauglöckchen blühen am Great Trossachs Path am Lendrick Hill*

Abenteuer im und auf dem Meer

Schottlands Küsten bieten Wassersportlern zahllose Möglichkeiten – von Kajakfahren bis zum Tauchen zwischen Tangwäldern und Schiffswracks, z. B. in der Bucht Scapa Flow *(siehe S. 229)* auf den Orkney-Inseln.

←

Wracktauchen in der Bucht Scapa Flow auf den Orkney-Inseln

SCHOTTLAND FÜR OUTDOOR-FANS

Schottland bietet Aktivurlaubern eine Fülle von Unternehmungen im Freien - von Bergsteigen und Mountainbiking über Tauchen und Touren mit Wildwasserkajaks bis hin zum Skifahren. Vor allem der Sommer lädt zu Aktivitäten ein, Outdoor-Fans können die schottische Natur jedoch ganzährig genießen.

TOP 5 Wintersportgebiete

Cairngorm Mountain
Etwa 30 Pistenkilometer und Langlaufloipen.

The Lecht
Auf 645 Metern Höhe gibt es Pisten für Anfänger und Könner.

Glenshee Ski Centre
Großbritanniens größtes Skigebiet.

Glencoe Mountain
Schottlands steilste Pisten mit Blick auf Buachaille Etive Mòr und Rannoch Moor.

Nevis Range
Ein großes Netzwerk von Pisten und Loipen erstreckt sich rund um den Ben Nevis.

Wintersport

Wintersportfans finden in Schottland viele Möglichkeiten vor. Im Glenshee Ski Centre kann man Pisten hinuntersausen, das Resort Cairngorm Mountain bietet Langlaufloipen in wunderschöner Umgebung *(siehe S. 211)*.

→

Skiwandern im Waldgebiet des Resorts Cairngorm Mountain, Aviemore

Gewässer im Landesinneren

Die zahlreichen Flüsse und Seen in Schottland bieten Gelegenheit zum Raften oder Kajakfahren in traumhafter Landschaft. Für Anfänger und Kinder gibt es genügend ruhige Abschnitte zum Ausprobieren. Aberfeldy, im Tal des Tay, und Aviemore am Spey sind gute Ausgangspunkte für Flussfahrten. Wer ruhiges Wasser bevorzugt, kann einen Tag auf einem der Seen verbringen – vielerorts kann man Boote mieten.

→

Kajakfahrer auf dem malerischen Fluss Tummel

Paradies für Wanderer

Schottland verfügt über ein riesiges Netzwerk von Fernwanderwegen, auf denen man die Natur erkunden kann. Der West Highland Way *(siehe S. 33)* ist besonders beliebt.

←

Eine Familie überquert bei einer Wanderung in den Highlands einen Bach

Mountainbiking und Radfahren

Die schottischen Hochmoore und Wälder, z. B. der Galloway Forest Park *(siehe S. 133)* und der Glentress Forest bei Peebles *(siehe S. 122)* durchziehen grandiose Trails. Außerhalb der Skisaison bieten Ben Nevis *(siehe S. 208f)* und The Lecht anspruchsvolle Strecken. Die Isle of Arran *(siehe S. 250f)* und der Trossachs National Park *(siehe S. 176f)* laden zu leichten Touren ein.

→

Mountainbiker finden großartige Trails vor

Wandern in Schottland

Ob für einen nachmittäglichen Ausflug in die Natur oder die Erkundung Schottlands per pedes – Wanderer finden hervorragende Bedingungen vor. Es gibt zahlreiche, mit grünen Schildern der Scottish Rights of Way and Access Society gut markierte Wanderwege. Die meisten führen durch freies Gelände oder sind zumindest autofrei. Die beeindruckenden Landschaften Schottlands lassen sich wunderbar zu Fuß erkunden. Die zerklüfteten Bergregionen sprechen erfahrene Wanderer an, während die Täler und Flussufer zu gemütlichen Touren einladen. Auch die spektakulären Küstenlandschaften kann man im Rahmen von Wanderungen und Spaziergängen erforschen. Die vorgelagerten Inseln laden zu Ausflügen ein.

Jedermannsrecht

2003 wurde in Schottland mit dem Land Reform Act das uralte Gewohnheitsrecht festgeschrieben, sich auf unkultiviertem Land – unabhängig von den Eigentumsverhältnissen am jeweilgen Grund und Boden – frei bewegen zu dürfen. Alle Menschen können in der schottischen Landschaft wandern, sofern sie sich verantwortungsvoll verhalten. Informationen – auch über Einschränkungen während Ablammsaison (Jan – Apr) und Hirschjagd (Juli – Okt) – bietet der Scottish Outdoor Access Code (www.outdooraccess-scotland.scot).

→ *Wanderer an einem Wasserfall in den Wäldern von Dumfries and Galloway*

Kleidung und Ausrüstung

In Schottland sind im Juni Schneefälle, im Februar milde Temperaturen und ganzjährig schnelle Wetterwechsel möglich. Am besten nutzt man das Zwiebelprinzip mit mehreren leichten Kleidungsstücken. Bei mehrstündigen Wanderungen sollte man eine Regenhose, einen warmen Pullover sowie ausreichend Proviant und Trinkwasser mitnehmen. Turnschuhe eignen sich nur für Wanderungen auf Straßen oder befestigten Wegen, für Ausflüge in die freie Natur sind gute Wanderschuhe unabdingbar.

→ *Wanderung in der unberührten Natur des Cairngorms National Park*

Rothirsch an einem See in den Highlands

Tagestouren

In den einzelnen Regionen bieten kilometerlange Wegenetze sichere Bedingungen für Tageswanderungen. Zu den schönsten zählen die Strecken in den Scottish Borders und um Galloway, in Perthshire (bei Dunkeld und Pitlochry), in Aberdeenshire (bei Huntly), bei Braemar und in Wester Ross. Auch auf der Isle of Bute, Orkney, Shetland und den Äußeren Hebriden gibt es schöne Wanderwege. Auf der Website von Walkhighlands (www.walkhighlands.co.uk) sind die Länge, die zu bewältigenden Höhenunterschiede und der Schwierigkeitsgrad von zahlreichen Strecken angegeben.

Fernwanderwege

Fernwanderwege wie der West Highland Way und der Affric Kintail Way bieten die Möglichkeit, die verschiedenen Landschaften Schottlands zu erleben. Touren lassen sich z. B. durch die Beschränkung auf einen Wegeabschnitt oder die Kombination mehrerer Fernstrecken individuell gestalten. Man sollte unbedingt eine aktuelle Landkarte des Ordnance Survey mitführen.

TOP 5 Fernwanderwege

West Highland Way
154 km
W westhighlandway.org
Schottlands beliebtester Fernwanderweg.

Southern Upland Way
340 km
Wanderweg von Küste zu Küste im Süden.

Great Glen Way
118 km
Von der Südwest- zur Nordostküste.

Speyside Way
117 km
W speysideway.org
Der Weg folgt dem Lauf des Flusses Spey.

Hebridean Way
252 km
Über die gesamte Länge der Äußeren Hebriden.

Rotwild

In Schottland leben mehr als eine Million Rothirsche. Die mächtigen Tiere zu beobachten und zu fotografieren, ist ein eindrucksvolles Erlebnis. Im Cairngorms National Park *(siehe S. 210–213)* werden Allrad-Safaris zu Rotwildrudeln angeboten. Auch in den Tälern von Argyll sieht man während der Brunft im Herbst Hirsche im Kampf mit den Geweihen aufeinanderprallen. Im Frühjahr kann man Gruppen von Hirschkühen mit ihren Jungtieren beobachten.

→

Ein junger Rothirsch in imposanter Kulisse in den Highlands

SCHOTTLANDS WILDE TIERWELT

Von den weiten Ebenen der Highlands bis zu den dicht bewaldeten Gebieten, die sich entlang der Flüsse in Tayside und in den Scottish Borders erstrecken, von den Seen und Meeresarmen über die zerklüfteten Küsten an der Nordsee und dem Atlantischen Ozean bis hin zu den felsigen Inseln - die Regionen Schottlands sind Heimat von kleinen und großen Säugetieren sowie zahlreichen Vogelarten. Besucher haben viele Möglichkeiten, die Tierwelt Schottlands aus nächster Nähe zu erleben.

Schutzgebiete für einheimische Arten

Im Glenmore Forest Park *(siehe S. 210f)* genießen Eichhörnchen, die von den aus Nordamerika eingebürgerten Grauhörnchen fast verdrängt worden waren, besonderen Schutz. Der Highland Wildlife Park *(siehe S. 213)* bietet der vom Aussterben bedrohten europäischen Wildkatze und den einst in Schottland frei lebenden Bisons, Luchsen und Wölfen eine Heimat.

←

Die Eichhörnchenpopulation in Schottland ist dank Schutzprogrammen gewachsen

Auswilderung

In Schottland wurden einige heimische Spezies wieder eingeführt. Allerdings stoßen diese Maßnahmen auf Proteste. Weißschwanzseeadler und Biber wurden erfolgreich ausgewildert, obwohl Bauern und Wildhüter klagten, die Adler würden Lämmer töten und die Biber Flussufer zerstören. Die geplante Wiederansiedlung von Luchsen und Wölfen wird äußerst kontrovers diskutiert und daher vermutlich noch einige Zeit dauern.

Wale, Robben und Delfine

In den Gewässern an der schottischen Nordküste und um die Inseln im Norden und Westen leben viele Meeressäugetiere. Bei Schifffahrten von Aberdeen *(siehe S. 164–167)* und Inverness *(siehe S. 216f)* aus kann man Tümmler, rund um die Isle of Mull Zwergwale, Riesenhaie und Orcas beobachten. Kegelrobben und gewöhnliche Robben tummeln sich in vielen Meeresarmen, auf den Sandbänken an der Westküste sowie im Firth of Forth und im Firth of Tay.

→ *Kegelrobben auf einer Sandbank nahe Aberdeen*

Seevögel

Seevögel kann man an den Küsten Schottlands nahezu überall beobachten. Die Insel Bass Rock *(siehe S. 118)* ist Heimat der größten Basstölpelkolonie der Welt. Auf der Insel Handa *(siehe S. 265)* finden sich von Mai bis Juli Papageitaucher und viele andere Vögel ein.

→ *Ein Papageitaucher mit dem typischen leuchtenden Schnabel auf Handa*

→

Das Eilean Donan Castle liegt malerisch auf einer Insel im Loch Duich

SCHOTTLANDS BURGEN

Von imposanten Festungen über gespenstische Ruinen, die auf Klippen hoch über dem Meer aufragen, von kleinen Bergfrieden der Gutsherren in den Highlands und den Scottish Borders bis zu eleganten Bauwerken viktorianischen Stils aus dem 19. Jahrhundert - in ganz Schottland kann man beeindruckende Burgen und Schlösser bewundern. Die Bauwerke sind sagenumwoben. Viele stehen mit blutigen Ereignissen in der schottischen Geschichte in Verbindung.

Romantische Ruinen

Im Englischen Bürgerkrieg wurden im Dunnottar Castle *(siehe S. 182)* die schottischen Kronjuwelen vor den Truppen Oliver Cromwells versteckt. Bei Dunbar beeindrucken die auf einem Kliff thronenden Ruinen des Tantallon Castle *(siehe S. 118f)*. Caerlaverock Castle *(siehe S. 130)*, nahe der Grenze zu England, war Sitz des Maxwell-Clans.

→

Dunnottar Castle steht auf einer felsigen Landzunge nahe Stonehaven

Imposante Festungen

Edinburgh Castle *(siehe S. 76–79)* ist auf einem Basaltfelsen strategisch günstig gelegen. Es wurde ab dem 12. Jahrhundert vielfach belagert, zerstört und wieder aufgebaut. Der Großteil der Burganlage datiert aus dem 16. Jahrhundert, die Befestigungsmauern wurden während der Jakobitenaufstände verstärkt. Das heute noch militärisch genutzte Fort George *(siehe S. 255)* bei Inverness stammt aus dem 18. Jahrhundert. Das Eilean Donan Castle *(siehe S. 262)* ist ein beliebtes Fotomotiv. Einst stellten die Burgherren, die Chiefs des Clans MacRae, auf den Wällen die aufgespießten Köpfe ihrer Feinde zur Schau. John MacRae-Gilstrap ließ die nach dem Jakobitenaufstand von 1715 zerstörte Burg in den Jahren 1912 bis 1932 restaurieren.

Hotels

Dalhousie Castle

Die aus dem 13. Jahrhundert stammende Burg nahe Edinburgh beherbergt ein luxuriöses Hotel mit Spa.

D6 Bonnyrigg
dalhousiecastle.co.uk

£££

Glengorm Castle

Die fünf Zimmer mit opulenter Einrichtung in dem Landhaus aus dem 19. Jahrhundert bieten Blick auf den Sound of Mull mit den zahlreichen Inseln.

B5 Tobermory, Isle of Mull
glengormcastle.co.uk

£££

Schlösser und Paläste

Die Ruinen von Linlithgow *(siehe S. 122)* und Falkland Palace *(siehe S. 194)* zeugen von den großen Ambitionen der schottischen Könige. Im 19. Jahrhundert wurden viele Burgen zu eleganten Schlössern umgestaltet – Dunrobin Castle *(siehe S. 257)*, der Sitz des Earls of Sutherland etwa, nach französischem Vorbild. Andere, wie Inveraray Castle *(siehe S. 242)*, der Stammsitz der Dukes of Argyll, wurden mit schmückenden Elementen versehen.

→

Dunrobin Castle; Bibliothek des Schlosses (Detail)

Geschichte der schottischen Burgen

Die Burgen Schottlands bieten überaus romantische Anblicke. In den Highlands ließen Konflikte zwischen den Clans bewohnbare Wehrbauten entstehen, oft an abgeschiedenen Orten. Aus den eisenzeitlichen *brochs* (fensterlosen Steintürmen) und den aus Holz erbauten *mottes* (Turmhügelburgen) normannischen Stils ging im 14. Jahrhundert das für Schottland typische, aus Stein erbaute und mit Gräben befestigte Tower House (Wohnturm) hervor. Mitte des 17. Jahrhunderts verloren Wehrbauten an Bedeutung. Burgen wurden zu eleganten Schlössern umgebaut. Außerdem wurden prächtige Paläste errichtet.

Schon gewusst?

In Schottland gibt es ca. 650 Burgen – von Ruinen bis zu stattlichen bewohnten Anlagen.

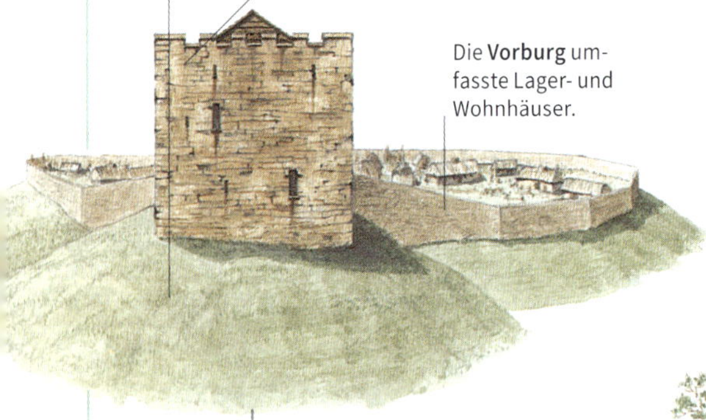

Chronik

Motte (Turmhügelburg)

Diese Wehrbauten entstanden in Schottland ab dem 12. Jahrhundert. Sie bestanden aus einer Kernburg mit den Wohn- und Wehrbauten des Clan-Chiefs, die auf einem Erdhügel errichtet wurden, und einer Vorburg mit Lager- und Wohnhäusern. Die Anlagen waren von Palisaden oder Mauern und Gräben umgeben.

Duffus Castle (um 1150) bei Elgin zählt zu den besterhaltenen Turmhügelburgen in Schottland. Anders als üblich wurde es nicht aus Holz, sondern aus Stein erbaut.

Frühes Tower House

Frei stehende Wohntürme wurden ab dem 13. Jahrhundert zum Schutz vor Überfällen feindlicher Clans erbaut, ursprünglich mit rechteckigem Grundriss. Die Bauweise war vertikal orientiert mit übereinanderliegenden Räumen auf drei oder vier Stockwerken. Die Außenmauern waren schmucklos mit wenigen Fenstern, auf den Dächern befanden sich Wehrgänge.

Nahe Peebles liegt am River Tweed das Neidpath Castle, ein Tower House aus dem 14. Jahrhundert mit L-förmigem Grundriss.

> **Expertentipp**
> **Explorer Pass**
> Der Explorer Pass von Historic Environment Scotland ermöglicht innerhalb einer Woche Zutritt zu historischen Stätten in ganz Schottland. Die Sehenswürdigkeiten sind auf der Website www.historicenvironment.scot verzeichnet. Den Pass kann man online erwerben.

←

Das Renaissanceschloss Drumlanrig Castle liegt 25 Kilometer nördlich von Dumfries

Spätes Tower House

Obwohl die Wehrfunktion an Bedeutung verlor und der Wunsch nach Wohnkomfort stieg, hielt man am Gebäudetyp des Tower House fest. Im 17. Jahrhundert wurden an die Türme Flügel mit Wohnräumen angebaut, oft entstanden dadurch Innenhöfe. Türmchen und Wehrgänge dienten zur Zierde.

Am Glamis Castle (17. Jh.) ist die bauliche Erweiterung eines frühen Wohnturms erkennbar.

Schlösser

Im 18. Jahrhundert wurden Wehrbauten obsolet. Die vertikal orientierte Bauweise der Wohntürme wurde aufgegeben. Es entstanden in die Breite ausgedehnte Bauwerke mit architektonischen Einflüssen aus Europa, etwa im Stil der Renaissance nach dem Vorbild französischer Schlösser. An Tower Houses orientierte Bauten im Stil des Scottish Baronial (19. Jh.) wurden z. B. mit Zinnenkränzen und Lanzettfenstern versehen.

Drumlanrig Castle (17. Jh.) zeigt traditionelle schottische und Renaissance-Elemente.

Literaturstadt Edinburgh

Edinburgh bietet eine überaus lebendige Literaturszene. Im Scottish Storytelling Centre *(siehe S. 83)* wird die Tradition des Geschichtenerzählens fortgeführt. Bei der Edinburgh Literary Pub Tour (www.edinburghliterarypubtour.co.uk) kann man auf den Spuren berühmter Literaten wandeln. Im Sommer lockt das Edinburgh International Book Festival.

→

Robin Mair auf dem Edinburgh International Book Festival

SCHOTTLAND FÜR BÜCHERWÜRMER

Schottlands literarisches Erbe ist bemerkenswert - das Land hat viele bekannte Schriftsteller und Denker hervorgebracht. Bücherfreunde begeistern die unzähligen Festivals, Veranstaltungen und Gedenkstätten, die sich den großen Namen der schottischen Literatur widmen.

Tartan Noir

Mit *Laidlaw* (1977) begründete der Autor William McIlvanney ein neues Genre schottischer Literatur: die »Tartan Noir«-Krimis. Auch die Inspector-Rebus-Romane von Ian Rankin, Christopher Brookmyres Krimis mit dem Ermittler Jack Parlabane und Denise Minas Geschichten um DI Alex Morrow gehören dieser Sparte an. Die TV-Serie *Hautnah – Die Methode Hill* basiert auf Romanen von Val McDermid. Kate Atkinsons Romanfigur Jackson Brodie ist auch aus der TV-Serie *Case Histories* bekannt.

Burns Heritage Trail

Robert Burns, einer der bekanntesten und produktivsten Schriftsteller Schottlands, wird noch heute sehr verehrt. Viele Museen und Ausstellungen sind dem schottischen Nationaldichter gewidmet. Der Burns Heritage Trail *(siehe S. 116f)* führt Besucher zu den Stätten, an denen der Dichter lebte.

Scottish Borders

Sir Walter Scotts Interesse an den Traditionen dieser Region brachte viele seiner Versdichtungen und historischen Romane hervor. Abbotsford *(siehe S. 114f)*, das von Scott erbaute Herrenhaus, ist ein Besuchermagnet. Wigtown *(siehe S. 128)* in Dumfries and Galloway ist mit zahlreichen Buchhandlungen und Literaturcafés ein Paradies für Leseratten. Im Herbst findet in der Ortschaft ein zehntägiges Literaturfestival statt.

→ *Secondhand-Buchladen in Wigtown*

Geheimtipp Glasgow

Anders als Edinburgh findet Glasgow in der Literaturwelt wenig Beachtung. Die Stadt brachte jedoch großartige Autoren hervor, darunter Alexander McArthur und James Kelman, den Schriftsteller und Maler Alasdair Gray sowie Jackie Kay, die 2016 vom Schottischen Parlament als *Scots makar* ausgezeichnet wurde.

← *Jackie Kay beim Vortrag eines Gedichts bei der Eröffnung der Autobahnbrücke Queensferry Crossing, Fife*

↑ *The Auld Brig in Alloway, Ayrshire, aus Robert Burns' Gedicht* Tam O'Shanter

↑ *Im Café The Elephant House erfand J. K. Rowling* Harry Potter

Inspirationsquelle

Die Landschaften und Bauwerke Schottlands bieten Schriftstellern von jeher Inspiration. J. K. Rowling schrieb den ersten Band der *Harry-Potter*-Reihe in dem Café The Elephant House in Edinburgh mit Ausblick auf den Greyfriars Kirkyard. Bram Stoker diente Slains Castle in Aberdeenshire als Vorbild für das Schloss Draculas.

Außerhalb der Museen
In Glasgow machten Straßenkünstler entlang des City Centre Mural Trail (www.citycentremuraltrail.co.uk) die Fassaden von Häusern zu ihren Leinwänden. Im Kunstzentrum An Talla Solais in Ullapool *(siehe S. 263)* haben Besucher die Möglichkeit, in Workshops selbst kreativ zu werden.

↑ Saint Mungo, *Wandgemälde des Straßenkünstlers Smug in Glasgow*

SCHOTTLAND FÜR KUNSTFANS

Die Exponate in den Museen Schottlands reichen von der Prähistorie bis zur Gegenwart. Besucher können Monolithen der Pikten und keltischen Schmuck bestaunen, aber auch Werke von Meistern der Moderne und internationalen Künstlern des 21. Jahrhunderts bewundern.

Moderne Kunst
In der Dauerausstellung der Scottish National Gallery of Modern Art *(siehe S. 100)* sind neben Werken des Dadaismus und Surrealismus Arbeiten von herausragenden zeitgenössischen Künstlern aus aller Welt zu sehen. Das 2018 eröffnete V&A Dundee *(siehe S. 168)* in einem faszinierenden schiffsförmigen Gebäude präsentiert schottisches und internationales Design.

← *Das beeindruckende Gebäude des V&A Dundee wurde von dem japanischen Architekten Kengo Kuma entworfen*

Schottische Meisterwerke

Die Scottish National Gallery *(siehe S. 90f)* besitzt eine erstklassige Sammlung mit Werken von schottischen und internationalen Künstlern. Im Kelvingrove Art Gallery and Museum *(siehe S. 146–149)* kann man Werke der Scottish Colourists sowie von Dalí, Rembrandt und Monet bewundern.

→ *Besucher in einem Saal der Scottish National Gallery*

Kulturgeschichte

Im National Museum of Scotland *(siehe S. 86–89)* bezeugen silberne Halsringe, juwelenbesetzte Armreife und aus Elfenbein geschnitzte Schachfiguren die Kunstfertigkeit der Kelten und Wikinger. Auf der Isle of Lewis gibt es mit den Standing Stones of Callanish *(siehe S. 235)* rätselhafte Relikte einer noch älteren Kultur zu bestaunen. Das Besucherzentrum an der Stätte informiert über die faszinierenden Steinkreise.

← *Die Lewis-Schachfiguren wurden aus Walrosselfenbein geschnitzt*

TOP 4 Schottische Künstler

Henry Raeburn (1756–1823)
Der Porträtmaler wurde von George IV geadelt.

Samuel Peploe (1871–1935)
Peploe gilt als führender Vertreter der Scottish Colourists.

Anne Redpath (1895–1965)
Redpath gehörte der Edinburgh School an.

Eduardo Paolozzi (1924–2005)
Der Pionier der Pop-Art schuf große Bronzeskulpturen.

↑ *Im Hoswick Visitor Centre, Shetland, werden Kunsthandwerksobjekte erklärt*

Kunsthandwerk

In ganz Schottland stellen Handwerksbetriebe traditionelle Textilien, Schmuck, Keramiken und Glaswaren her. Auf Shetland, in Stranraer und in vielen anderen Ortschaften bieten »Art Trails« Besuchern die Möglichkeit, Werkstätten und Ateliers von Kunsthandwerkern zu besichtigen.

Großartige Festivals

In Schottland können Besucher grandiose Konzerte mit Vertretern unterschiedlichster Stilrichtungen erleben. Das im Sommer in Glasgow stattfindende Festival TRNSMT präsentiert Stars wie Stormzy, die Arctic Monkeys, Lewis Capaldi oder die Young Fathers. Das Edinburgh Jazz & Blues Festival *(siehe S. 74)* bietet eine bunte Mischung von Bebop und Samba bis Swing und Soul. Das an den Ufern des River Tay in Perthshire veranstaltete Solas Festival präsentiert akustische und elektronische Weltmusik. Das Tiree Music Festival lockt Folk-Rock-Fans an die Strände der sonnenverwöhnten Insel Tiree *(siehe S. 249)*.

→ *Konzert von Lewis Capaldi in den Princes Street Gardens in Edinburgh*

SCHOTTLAND FÜR MUSIKFANS

Schotten lieben Musik. Melancholische Pibrochs erinnern an vergangene Schlachten. Pipes und Fiddles sorgen bei Veranstaltungen im ganzen Land für Stimmung. DJs, Rock-, Pop- und Indie-Bands locken Scharen in Konzerthallen und große Stadien.

Pipers und Pibrochs

Der Dudelsack, Schottlands Nationalinstrument, ist Synonym mit dem Klang der Highlands. Im Sommer kann man auf der Royal Mile *(siehe S. 80–83)* in Edinburgh viele Piper bestaunen. Manche spielen Pibrochs – langsame, traurige Melodien. In Glasgow lohnt ein Besuch des National Piping Centre *(siehe S. 155)*.

Expertentipp
Glasgow Mela

Bei dem multikulturellen Festival Glasgow Mela treten u. a. Tanzensembles aus Indien und Trommler aus Afrika auf. Das Festival findet alljährlich im Sommer im Kelvingrove Park statt.

→ *Die Inveraray & District Pipe Band bei einer Parade durch die Stadt*

Festivals für Folk-Fans

Die traditionelle Musik Schottlands begeistert mit keltischen Klängen, fröhlichen Liedern, Fiddle, Gitarre und Harfe. Die Folk-Festivals in Schottland locken Besucher aus aller Welt an. Das Festival Celtic Connections in Glasgow ist die größte Veranstaltung. Auf Shetland besitzt das »Fiddling« eine besonders lange Tradition. Bei der Shetland Folk Frenzy im Juli kann man das Geigenspiel genießen. Während des Festivals finden in fast allen Pubs in Lerwick Jamsessions statt. Traditionelle Folk-Abende und spontane Darbietungen kann man in Pubs in ganz Schottland erleben. Im für Folk-Fans legendären Sandy Bell's (www.sandybells.com) in Edinburgh und im Taybank (www.thetaybank.co.uk) in Dunkeld können Besucher der Musik lauschen oder aktiv an den Sessions teilnehmen.

← *Auftritt der Folk-Band Lau auf dem Festival Celtic Connections*

TOP 4 Livemusik-Bühnen

King Tut's Wah Wah Hut, Glasgow
W kingtuts.co.uk
In der Bar begann die Karriere von Oasis.

Barrowland Ballroom, Glasgow
W barrowland-ballroom.co.uk
Es sind junge, aufstrebende Bands zu hören.

The Jazz Bar, Edinburgh
W thejazzbar.co.uk
In der Kneipe spielen täglich bis zu fünf Bands.

Duck Slattery's, Dundee
W duckslatterys.com
Es locken DJs, Bands und Themenabende.

Glasgows Musikszene

Glasgow besitzt seit Langem eine lebhafte Musikszene. Die Music Mile Tour (www.glasgowmusiccitytours.com) führt Besucher zu den Stätten, die die Musikgeschichte der Stadt prägten und an denen die Karrieren von Bands wie Oasis, Blur und den Manic Street Preachers begannen. Man bekommt u. a. den Barrowland Ballroom, die Bar King Tut's Wah Wah Hut, kleine Musikkneipen und einst wie heute bedeutende Konzertsäle zu sehen.

↑ *Die bunt leuchtende Fassade des Barrowland Ballroom*

Kochkurse

Ziehen Sie sich eine Schürze an, krempeln Sie die Ärmel hoch und lassen Sie sich in der Nick Nairn Cook School (www.nairns.co.uk) in Port of Menteith von schottischen Meisterköchen anleiten. Auch der Starkoch Tony Singh bietet Kurse an. In der Indian Cook School (www.indiancookschool.co.uk) in Perth kann man von Praveen und Swarna Kumar neue Kniffe erlernen.

→ *Teilnehmer eines Kochkurses von Tony Singh*

SCHOTTLAND FÜR FOODIES

In Schottland ist aus eher bescheidenen gastronomischen Anfängen ein großartiges Angebot für Feinschmecker erwachsen: Talentierte Köche kreieren in mit Michelin-Sternen gekrönten Restaurants köstliche Gerichte aus erstklassigen regionalen Zutaten.

Lebensmittelmärkte

Auf dem einmal pro Monat stattfindenden Aberdeen Country Fair und dem wöchentlich veranstalteten Edinburgh Farmers' Market kann man erstklassige Back- und Wurstwaren, Käse und Bio-Erzeugnisse erstehen. Auch die Bauernmärkte in Aberfeldy, Banchory, Ayr und Elgin lohnen einen Besuch.

↑ *Der Farmers' Market findet unterhalb des Edinburgh Castle statt*

Food Trails

Die Spezialitäten Schottlands, von Arbroath Smokies (geräuchertem Schellfisch) bis zu den würzigen Islay Ales, kann man auf bestimmten Themen gewidmeten Routen kosten. Der von Oban bis zur Halbinsel Kintyre führende Seafood Trail umfasst acht Restaurants. Wer dem Chocolate Trail folgt, kann in dem Laden von Iain Burnett (www.highlandchocolatier.com) außergewöhnliche Leckereien wie Schokolade mit Himbeeren und Szechuanpfeffer genießen.

←

Trüffelschokolade in dem Laden von Iain Burnett in Pitlochry

TOP 5 Schottische Spezialitäten

Haggis
Haggis – scharf gewürzte Schafsinnereien mit Kräutern und Zwiebeln – wird mit »neeps and tatties« (Steckrüben und Kartoffeln) serviert.

Stovies
Eintopf aus Kartoffeln, Zwiebeln und Rindfleisch.

Cullen Skink
Dicke Suppe aus geräuchertem Fisch, Milch und Kartoffeln.

Arbroath Smokies
Geräucherter Schellfisch.

Wildfleisch
Das Fleisch wilder Rothirsche ist dunkel.

Expertentipp
Beeren ernten

Border Berries bei Kelso *(siehe S. 122)* gehört zu den wenigen Betrieben, wo Beeren noch unter freiem Himmel reifen. Die beste Zeit zum Beerenpflücken ist vonJuli bis Ende August.

Von Fish and Chips bis zur Sterneküche

Schottland bietet exzellente Fish-and-Chips-Lokale ebenso wie exquisite Restaurants. Vier Restaurants in Edinburgh wurden mit Michelin-Sternen ausgezeichnet. Auch an vielen anderen Orten gibt es Speiselokale mit gehobener Küche, darunter das Peat Inn in der Nähe von St Andrews, das Isle of Eriska Hotel nahe Oban und das Braidwoods *(siehe S. 133)* in Ayrshire.

→

Gericht im Whitehouse Restaurant, Lochaline

Lowland Whiskys
Lowland Whiskys sind weich und sanft am Gaumen. Früher gab es nur wenige Brennereien in den Lowlands, doch ihre Zahl nimmt zu. Viele produzieren Whiskys im leichten, grasigen Stil der Region.
Probieren: Glenkinchie *(siehe S. 121)* wird in der Nähe von Edinburgh produziert. Auchentoshan in Clydebank stellt dreifach destillierten Whisky her. Bladnoch im beschaulichen Wigtown ist Schottlands südlichste Brennerei.

→

Die Glenkinchie Distillery ist eine Brennerei mit langer Tradition

Schon gewusst?
Im Fass verdampfen etwa zwei Prozent Whisky pro Jahr – der Anteil heißt »Angels' Share«.

SCHOTTISCHE WHISKYS

Zu einem besonderen Tag in Schottland gehört ein Glas Whisky unbedingt dazu. Das schottische Nationalgetränk wird auch »Wasser des Lebens« genannt. Die etablierten Marken erhalten inzwischen Konkurrenz durch kleine Brennereien, die neue Single Malts, aber auch Gin, Rum und Absinth produzieren.

Speyside Malts
Viele der bekannten Malt-Whiskys kommen aus Speyside. Die klimatischen Bedingungen und der Boden in der Region sowie die Quellen aus dem Hochland sind sehr gut.
Probieren: Glenlivet und Glenfiddich reifen in Bourbon-Fässern, wo sie eine Vanille- und Fruchtnote erhalten. Macallan, der »Rolls-Royce der Single Malts«, reift im Sherry-Fass und hat Noten getrockneter Früchte. Besuchen Sie auf dem Malt Whisky Trail in Speyside *(siehe S. 187)* unbedingt die Macallan Distillery.

←

Glenlivet ist einer der bekanntesten Whiskys aus Speyside

Highland Malts

Aufgrund der unterschiedlichen Böden in den Highlands variiert der Geschmack der Whiskys stark – von rund mit vollem Körper bis süß und fruchtig.

Probieren: Glenmorangie ist leicht und blumig, Edradour cremig mit einem Hauch von Minze.

→ *Single Malt kann man auch hervorragend »on the rocks« genießen*

Neue Spirituosen und Gins

Gin erfreut sich in Schottland wachsender Beliebtheit, genau wie »new make«-Spirituosen, die auf den Reifungsprozess traditioneller Whiskys verzichten.

Probieren: Rascally Liquor in der Annandale Distillery oder eine Pickering's-»gin jolly« in der Summerhall in Edinburgh.

← *Pickering-Gin aus Edinburgh mit Tonic und Orange*

Big Big Gin Festival

Das der beliebten Spirituose gewidmete, preisgekrönte Festival (www.bigbiggin festival.com) in Edinburgh präsentiert traditionsreiche Sorten und neue Kreationen. Besucher können Abfüllungen von führenden schottischen Destillerien kosten und dabei zusehen, wie versierte Barkeeper aus Gin und andern Zutaten großartige Cocktails zaubern. Auch für Strategien zum Auskurieren des Katers ist gesorgt: Wer möchte, kann an Yin-Yoga-Kursen teilnehmen.

↑ *Laphroaig produziert einen unverwechselbar rauchigen Whisky*

Island Malts

Die auf den Hebriden produzierten Malts haben das Aroma von Heide und rauchigem Torf. Manchmal ist auch ein Hauch Seegras und Jod zu schmecken.

Probieren: Islay Malts wie Laphroaig, Lagavulin und Bowmore, Tobermory aus Mull und Talisker aus Skye.

Whisky-Herstellung

Das Wort »Whisky« leitet sich aus dem schottisch-gälischen *uisge beatha* – »Wasser des Lebens« – ab. Die in Holzfässern gereifte Spirituose gilt als Nationalgetränk Schottlands. Die von vielen schottischen Destillerien produzierten Single Malts werden von Connaisseuren besonders geschätzt. Single Malts liegt stets dasselbe Herstellungsverfahren zugrunde, die Umgebung, der Reifeprozess und die Art der Lagerung verleihen den Sorten jedoch indiviuellen Charakter. Es ist unmöglich, den besten Single-Malt-Whisky zu küren – manche eignen sich hervorragend als Aperitif, andere sind idealer Schlummertrunk.

Herstellungsprozess

Single Malts werden durch Destillation aus gemälzter Gerste und Quellwasser gewonnen. Die Herstellung dauert rund drei Wochen, jedoch muss der Whisky mindestens drei Jahre lang – üblicherweise in Eichenfässern – lagern. In den 1860er Jahren wurde in Edinburgh das Verfahren des Verschnitts entwickelt. Blends wurden so beliebt, dass Single Malts außerhalb der Highlands kaum noch Absatz fanden. Seit den 1980er Jahren werden die hochwertigen Single Malts wieder vermehrt produziert.

Expertentipp
Nach Gusto
Auch wenn Traditionalisten anderer Meinung sind, Whisky kann man auf viefältige Weise genießen – pur, mit einem Schuss Wasser, »on the rocks« oder als Cocktail. *Sláinte!* (Zum Wohl!)

→ *Kupferne Brennblasen und Eichenfässer* (Detail) *in der Destillerie Glenfiddich, die den weltweit meistverkauften Single Malt produziert*

Im **Maischbottich** wird Malzschrot mit heißem Wasser vermischt.

Herstellung

△ Beim Mälzen wird Gerste auf einer Tenne ausgebreitet, befeuchtet, regelmäßig gewendet und unter Wärmezufuhr zum Keimen gebracht. Im Korn werden Enzyme aktiviert, Stärke wird in kleinere Moleküle zerlegt.

△ Nach zwölf Tagen wird der Keimvorgang durch Trocknen gestoppt: Unter einer Darre mit der darin verteilten Gerste wird ein Torffeuer entfacht, das dem Whisky Geschmack gibt. Dann wird das Gerstenmalz gereinigt und gemahlen.

△ Beim Maischen wird der Malzschrot in einem Bottich mit einer großen Menge heißen Quellwassers vermischt. Dadurch entsteht eine zuckerreiche Flüssigkeit (»Würze«), die gesammelt und abgekühlt wird.

Im **Gärbottich** wird der in der Würze enthaltene Zucker zu Alkohol vergoren.

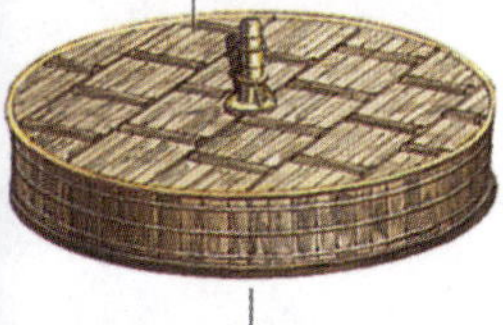

Durch Erhitzen und Kühlen in kupfernen **Brennblasen** entsteht der Rohbrand.

Eichenfässer

△ Der Würze wird in hölzernen Bottichen Hefe zugesetzt. Die Mischung wird über mehrere Stunden hinweg umgerührt. Der in der Würze enthaltene Zucker wird zu Alkohol vergoren, die Gärbrühe, eine klare Flüssigkeit, entsteht.

△ Bei der Destillation wird die Gärbrühe in kupfernen Brennblasen zweimal zum Sieden gebracht. Die aufsteigenden Dämpfe kondensieren durch Kühlen zum Rohbrand, der einen Alkoholgehalt von 57 Volumenprozent besitzt.

△ Das Destillat wird in Eichenholzfässern gelagert. Für Single Malts sind drei Jahre Vorschrift, hochwertige Whiskys reifen zehn bis 15, zuweilen sogar 50 Jahre. Umfüllen in Sherry- oder Rotweinfässer erzeugt weitere Geschmacksnoten.

Tierische Freunde

Der Edinburgh Zoo *(siehe S. 101)* beherbergt mehr als 1000 Tiere – von Schimpansen über Pelikane und Pandas bis hin zu Reptilien und Insekten. Im Highland Wildlife Park *(siehe S. 213)* kann man Bisons, Eisbären, Wölfe und Wildkatzen beobachten. Diese Tiere waren im Nordwesten Schottlands einst zahlreich vertreten. Im Cairngorm Reindeer Centre *(siehe S. 213)* ist die einzige frei lebende Rentierherde Großbritanniens beheimatet.

→

Pinguine im Edinburgh Zoo genießen eine kühlende Dusche

SCHOTTLAND FÜR FAMILIEN

Für Kinder ist Schottland mit seinen zahlreichen Burgen, Schlössern, Landschaftsparks und Museen ein einziger großer Spielplatz. Selbst in den Großstädten bieten Parks und Gärten ausreichend Platz zum Toben. Die meisten Sehenswürdigkeiten sind familienfreundlich.

Abenteuer Wissenschaft

Im Glasgow Science Centre *(siehe S. 144f)* können junge Besucher in der Abteilung Bodyworks eine unglaubliche Reise in den menschlichen Körper unternehmen. Im Planetarium kann man zwischen Planeten spazieren und tief ins Weltall reisen.

Expertentipp
Günstige Fahrt

Für Kinder von fünf bis 15 Jahren in Begleitung Erwachsener, die ein Hin- und Rückfahrticket gekauft haben, kosten Fahrten mit ScotRail nur 1 £. Mit diesen Tickets ist für Kinder zudem bei einigen Sehenswürdigkeiten der Eintritt frei (www.scotrail.co.uk).

↑ *Im Glasgow Science Centre gibt es ein riesiges Hamsterrad*

In schwindelnder Höhe von Baum zu Baum

Go Ape bietet auf dem Gelände von Crathes Castle bei Aberdeen, dem Queen Elizabeth Forest Park in den Trossachs *(siehe S. 176f)* und im Glentress Forest *(siehe S. 122)* abenteuerlustigen Kindern die Möglichkeit, zwischen Baumwipfeln zu klettern und zu schwingen.

→ *Im Go Ape kann man an einer Seilrutsche durch die Baumwipfel sausen*

Auf die Piste, fertig, los

Im Indoor-Wintersportzentrum Snow Factor nahe Glasgow kann man das ganze Jahr über Schlitten fahren, snowboarden, Ski fahren und eisklettern (www.snowfactor.com). Das Skigebiet im Cairngorms National Park *(siehe S. 211)* bietet auch für Kinder geeignete Pisten.

← *Erste Versuche auf dem Snowboard im Snow Factor*

Faszinierende Irrgärten

Auf Bauernhöfen sowie in den Parkanlagen vieler Burgen und Herrenhäuser bereiten Irrgärten Kindern Spaß. Auf der Cairnie Fruit Farm (www.cairniefruitfarm.co.uk) in Fife wird jeden Sommer auf einer 2,5 Hektar großen Fläche ein Irrgarten zwischen 2,5 Meter hohen Maispflanzen angelegt. Das aus Zypressen bestehende Labyrinth am Traquair House *(siehe S. 123)* in den Scottish Borders ist das größte in Schottland. Das Murray Star Maze am Scone Palace *(siehe S. 174f)* ist ebenfalls äußerst beeindruckend: Die Kombination aus Hain- und Rotbuchen ist dem Tartan der Earls of Mansfield nachempfunden. Die Wege haben eine Gesamtlänge von 800 Metern, in der Mitte des Irrgartens steht ein Brunnen.

↑ *Traquair Maze ist das größte aus Hecken bestehende Labyrinth in Schottland*

Stadtstrände

Schottlands größte Städte liegen nicht weit vom Meer entfernt. Sie alle haben gut erreichbare Seebäder. Früher waren die Strände von Scharen von Urlaubern bevölkert, heute finden dort Einheimische und Besucher Ruhe. Man kann gemütlich spazieren gehen, Fish and Chips oder Eiscreme genießen, im flachen Wasser baden oder weiter hinausschwimmen. Am Portobello Beach *(siehe S. 103)*, nur acht Kilometer von Edinburghs Zentrum entfernt, gibt es im Sommer einen Sandburgen-Wettbewerb und ein Sandskulpturen-Festival. In Gullane, 35 Kilometer von Edinburgh, locken ein langer Sandstrand und frische Meeresluft. An der Westküste ist Largs *(siehe S. 132)* seit dem 19. Jahrhundert ein beliebter Badeort für Einwohner Glasgows.

→

Ein ruhiger Winternachmittag lädt zum Spaziergang am Strand von Portobello ein

SCHOTTLANDS STRÄNDE

Die schottischen Ferienorte an den Küsten kamen in den 1960er Jahren aus der Mode, da preiswerte Flüge Urlauber ans Mittelmeer und in weiter entfernte Regionen lockten. Heute sind die Stadtstrände sowie die Sandstrände und Buchten an der Westküste bei Sonnenanbetern und Wassersportlern wieder beliebt.

Surferparadies

Die kleine Hebriden-Insel Tiree ist dank der Wellen des Atlantiks bei Surfern äußerst beliebt. Der Ozean bietet Geübten und Anfängern – von schwer zu beherrschenden Barrel Waves bis zu sanften Brechern – ideale Bedingungen. An der Nordküste *(siehe S. 264f)* begeistern die bis zu fünf Meter hohen Wellen vor Thurso Profisportler. An der East Lothian Coast *(siehe S. 118)* spricht das Belhaven Surf Centre (www.belhavensurfcentre.org) alle Altersgruppen und Leistungsklassen an.

←

Die Wellen vor der kleinen Insel Tiree bieten Surfern hervorragende Bedingungen

Äußere Hebriden

Die Strände der Inselkette sind die beeindruckendsten Schottlands. Der Sandstrand Traigh Mhòr auf Barra *(siehe S. 236, 238)* dient bei Ebbe als Landebahn für Flugzeuge. Wenn man den Damm überquert, der Barra mit der winzigen Insel Vatersay verbindet, erreicht man Buchten mit weißen Sandstränden, die ohne Zweifel zu den schönsten in ganz Schottland gehören.

← *Ein Flugzeug landet auf dem Strand Traigh Mhòr auf Barra*

→ *Der Sandstrand Seilebost Beach auf South Harris liegt an türkisfarbenem Wasser*

Nordatlantikstrom

Aufgrund des Nordatlantikstroms, der warmen Meeresströmung, die den Golfstrom bis nach Europa verlängert, herrscht an der Westküste Schottlands ein wesentlich milderes Klima als in anderen Gebieten, die auf demselben Breitengrad liegen. Obwohl Tiree *(siehe S. 249)* nicht weit vom nördlichen Polarkreis entfernt ist, fallen die Temperaturen auf der Insel niemals unter 0 °C. Im Hochsommer werden bis zu 17 °C erreicht. Die Temperatur der Gewässer vor der Insel übersteigt allerdings niemals 15 °C. Für ein Bad in Meer ist deshalb ein Neoprenanzug mit ausreichender Dicke unbedingt erforderlich.

Küstenzauber

An Schottlands Küsten, die eine Gesamtlänge von 16 500 Kilometern haben, finden sich sowohl winzige Buchten als auch endlos erscheinende Sandstrände und türkisfarbene Lagunen, die an Sommertagen einen Hauch Karibik verströmen. Nördlich von Fort William *(siehe S. 253)* liegen die Silver Sands of Morar, eine lange Kette weißer Sandstrände. Auf Harris *(siehe S. 236f)* bezaubert der Seilebost mit verschiedensten Türkistönen des Wassers und strahlend weißem Sand.

◁ ***Trainspotting*** **(1996)**
Edinburghs Stadtverwaltung war so entsetzt von Irvine Welshs schaurig-düsterer, tragikomischer Schilderung des Lebens der Randgruppen der Gesellschaft, dass sie keine Drehgenehmigung für Leith, wo der Roman spielt, erteilte. Daher wurde im filmfreundlicheren (und weniger schockierten) Glasgow gedreht.

▷ **James Bonds schottische Wurzeln**
Wahre Fans von 007 wird es nicht überraschen, dass Großbritanniens smartester Geheimagent schottische Wurzeln hat, zumal viele Bond-Souvenirs diese thematisieren. Fahren Sie wie in *Skyfall* (2012) über Glencoes imposanten Bergpass oder besuchen Sie Eilean Donan Castle, das schottische Hauptquartier vom MI6 in *Die Welt ist nicht genug* (1999).

SCHOTTLAND IM FILM

Ob düsterer urbaner Realismus oder fantastische Sagen von Kerkern und Drachen – die atemberaubenden Landschaften, trutzigen Burgen und hübschen Dörfer Schottlands haben Regisseure aus aller Welt inspiriert. Lassen Sie auf einer filmischen Rundreise die Originalschauplätze auf sich wirken.

◁ ***Outlander*** **(2014)**
Die beliebte Fantasy-Serie *Outlander* wurde an besonders spektakulären Orten in Schottland gedreht. Doune Castle bei Strathpeffer ist als Leoch Castle ein zentraler Schauplatz im Film. Andere Locations sind etwa Aberdour und Falkland in Fife (das Inverness des 18. Jahrhunderts), Blackness Castle, Kinloch Rannoch, die Cairngorms und das Highland Folk Museum in Kingussie.

◁ Harry Potter und der »Hogwarts Express«

Das Glenfinnan Viaduct mit den zahlreichen Bogen taucht in allen acht *Harry-Potter*-Filmen auf, wenn die Zauberschüler mit dem Hogwarts Express in die Schule für Hexerei und Zauberei fahren. Im Sommer können auch Sie mit dem Jacobite Steam Train auf der Strecke von Fort William nach Mallaig das Viadukt überqueren. Normale Züge befahren die Route das ganze Jahr über.

◁ *Braveheart* (1995)

Mel Gibson, der in *Braveheart* den schottischen Helden William Wallace spielt, hat australisch-amerikanische Wurzeln. Große Teile des Films wurden außerhalb Schottlands gedreht, da die Schauplätze der Schlachten gegen die Engländer bei Stirling und Falkirk heute bebaut sind. In Glen Nevis wurde jedoch für die ersten Szenen ein mittelalterliches Dorf nachgebaut, und Glencoe, die Mamore Hills sowie Loch Leven sind im Film zu sehen.

TOP 5 Schottische Filmstars

Sean Connery
Der originale und wohl beste James Bond.

Ewan McGregor
Spielte den jungen Obi-Wan Kenobi in den ersten *Star Wars*-Folgen.

Robbie Coltrane
Vor allem bekannt als Hagrid in *Harry Potter*.

Kelly Macdonald
Macdonald spielte in *Trainspotting* Rentons Freundin.

James McAvoy
McAvoy spielte in der Filmreihe *X-Men*.

△ Doune Castle, Perthshire

Das majestätische Doune Castle *(siehe S. 187)* am Rand der Trossachs ist bei Location Scouts besonders beliebt. Es ist in Monty Pythons *Die Ritter der Kokosnuss* (1975), *Ivanhoe* (1952) und *The Bruce* (1996) sowie in der TV-Serie *Outlander* zu sehen. In der Pilotfolge von *Game of Thrones* (2011) war es Winterfell, doch dann drehte man an preisgünstigeren Orten weiter.

DAS JAHR IN SCHOTTLAND

Feuerfestivals nach uralten Riten, Fackelzüge, Dudelsack-Wettbewerbe, »Fiddle Frenzies«, Highland Games und Wikingerschlachten – in Schottland können Besucher das ganze Jahr über faszinierenden Veranstaltungen beiwohnen.

Frühling

Wenn die Temperaturen steigen und der Schnee schmilzt, zieht es Wanderer und Radfahrer auf die Fernwanderwege. Sportfans besuchen ein Rugby-Spiel in Edinburgh oder ein Shinty-Match in den Highlands. Im Mai finden in Speyside und auf Islay große Whisky-Festivals statt, in Stirling und Campbeltown ehren kleine Veranstaltungen das schottische Nationalgetränk.

1 *Schottland gegen Wales beim Rugby-Turnier Six Nations*

Sommer

Höhepunkt der Festival-Saison in Schottland ist das Edinburgh International Festival. In vielen Städten und Dörfern finden im Sommer Highland Games statt – am bekanntesten sind die Veranstaltungen in Braemar und Cowal. Auch die zahlreichen Dudelsack-Wettbewerbe und Folk-Festivals, wie das im Juli

Hogmanay

Die Silversterfeierlichkeiten in Schottland beinhalten neben Feuerwerken die Tradition des »First Footing«, bei dem man mit einem Glas Whisky, einem Black Bun, Shortbread oder einem Stück Kohle das Haus von Freunden betritt. Um 24 Uhr wird »Auld Lang Syne« gesungen.

1

2

stattfindende HebCelt und die im August veranstaltete Shetland Folk Frenzy, sind bei Besuchern beliebt.

2 *Straßenkünstler auf dem Edinburgh International Festival*

Herbst

Wenn die Tage kürzer werden und die Temperaturen sinken, entfaltet sich in der schottischen Landschaft eine bezaubernde Farbenpracht – von Scharlachrot über Orange bis Ockergelb. Im Herbst kann man die Fernwanderwege in Ruhe erkunden und Tiere beobachten, ob Rotwild in den Highlands, Wildgänse auf Islay oder Kegelrobben auf den Orkney-Inseln. Am 30. November wird der St Andrew's Day, der Gedenktag des schottischen Nationalheiligen, mit Straßenfestivals gefeiert.

3 *Herbstlandschaft in den Highlands*

Winter

Im Dezember bevölkern Skifahrer und Snowboarder die Bergregionen. Weihnachten wird festlich begangen, Hogmanay – der Jahreswechsel – ausgelassen gefeiert. Am 25. Januar finden zu Ehren des Dichters Robert Burns spezielle Abendessen statt: Es werden Haggis mit Steckrüben und Kartoffeln serviert, Burns' *Address to a Haggis* und andere Gedichte vorgetragen und Whisky getrunken.

4 *Skifahrer im Cairngorm Mountain Resort; Parade anlässlich der Burns Night* (Detail)

TOP 4 Whisky-Festivals

Spirit of Speyside Whisky Festival (Apr)
Speyside, das Zentrum der schottischen Whisky-Produktion, bietet an sechs Tagen rund 700 Veranstaltungen.

Islay Festival (Mai)
Auf der Insel wird eine Woche lang mit Musik, Tanz, Gedichtvorträgen und Whisky gefeiert.

Highland Whisky Festival (Mai)
Acht Brennereien an der North Coast 500 bieten Veranstaltungen.

Campbeltown Malts Festival (Mai)
Das kleine, aber lebhafte Festival findet in der Springbank Distillery auf der Halbinsel Kintyre statt.

3

4

1

KURZE GESCHICHTE

Schottland wurde durch Religions- und politische Kämpfe gespalten, von einem starken Nachbarn begehrt und rund 400 Jahre lang in den Machtkämpfen zwischen England, Frankreich und Spanien heftig umworben. Es erlebte Aufstieg und Fall, bewahrte aber stets seinen kämpferischen Geist.

Die Anfänge

Steinzeitliche Siedler erreichten Schottland um 7000 v. Chr. Etwa 2000 v. Chr. errichteten ihre Nachfahren geheimnisvolle Megalithstrukturen wie die in Callanish *(siehe S. 235)*, die in der Bronzezeit Schauplatz ritueller Handlungen wurden, sowie Siedlungen wie Skara Brae *(siehe S. 228)*. Etwa 800 v. Chr. lernten sie, Eisen zu schmieden, und es entwickelten sich die von Tacitus so genannten Pikten, das »bemalte Volk«. Oft als wilde Krieger betrachtet, zeigen neuere Studien, dass die Pikten ein gebildetes Volk waren, lesen und schreiben konnten und ihre Kultur und Geschichte in Kunstwerken darstellten.

1 *Antike Karte von Schottland* ↑

2 *Piktische Krieger, ca. 300 v. Chr.*

3 *Relikte des Hadrianswalls*

4 *William the Conqueror*

Chronik

7000–2000 v. Chr.
Mesolithikum und Neolithikum

800 v. Chr.
Frühe keltische Eisenzeit

82
Erste römische Invasion in Schottland

121
Rückzug der Römer und Bau des Hadrianswalls

563
Columban gründet ein Kloster auf Iona und verbreitet das Christentum

2

3

4

Römer und Kaledonier

Zwischen 82 und 84 drangen die Römer in Schottland ein, zogen sich aber 121 nach mehreren Niederlagen gegen die Pikten hinter den Hadrianswall zurück, der fast 300 Jahre lang die Nordwestgrenze des Römischen Reichs bildete. Man glaubte bisher, der Hadrianswall sollte die Kaledonier von Raubzügen im zivilisierten Römischen Reich abhalten. Einige Historiker vermuten jedoch, Stämme zu beiden Seiten des Walls sollten eingeschüchtert werden und Abgaben zahlen. Trotz des später noch gebauten Antoninuswalls konnte die Grenze nicht gehalten werden, und die Römer verließen Britannien im Jahr 410.

Neue Eindringlinge

1072 führte William the Conqueror die erste normannische Invasion in Schottland an, jedoch mit wenig Erfolg. Die Grenze zu England war umstritten, jahrhundertelange Konflikte folgten. Damals war Schottland ein lockerer Zusammenschluss von Regionen unter der Führung von schottischen Königen und Clan-Chiefs. Anglonormannische Barone, die Schottland in den Kriegen unterstützten, wurden mit Land entlohnt.

Geburt der Nation

Die schottische Nation entstand nach jahrhundertelangen Konflikten zwischen Pikten, Skoten, Britonen, Angeln, Normannen, irischen Einwanderern und den Römern, die das von ihnen »Kaledonien« genannte Land nicht erobern konnten. 843 wurden die Reiche der Skoten und Pikten zum Königreich Alba vereint, das im 11. Jahrhundert etwa die Ausdehnung des heutigen Schottland hatte.

794
Die ersten Wikinger überqueren die Nordsee, erobern, plündern und besiedeln Schottland

843
Vereinigung von Skoten und Pikten zum Königreich Alba

1040
Macbeth regiert das Königreich Alba bis 1057

1124
David I setzt normannisches Feudalsystem durch; Clan-System in den Highlands

1154
Die »südlichen Länder« fallen an England

1

1 *Robert the Bruce führt Truppen in die Schlacht von Bannockburn* ↑

2 *Mary, Queen of Scots*

3 *Schlacht von Dunbar*

4 *Porträts zur Hochzeit von Wilhelm von Oranien und Mary II*

Unabhängigkeitskriege

Nach dem Tod Alexanders II im Jahr 1286 setzte Edward I von England mit John Balliol einen Marionettenkönig in Schottland ein. Als die Schotten rebellierten, marschierte Edwards Armee ein. Im Streben nach Unabhängigkeit von der englischen Krone scharten sich die Schotten um William Wallace, der sie als Guardian of the Kingdom of Scotland anführte. Nach der Ergreifung und Hinrichtung von Wallace erhob Robert the Bruce, Abkömmling einer normannisch-schottischen Dynastie, Anspruch auf den Thron. Er stellte eine Armee auf, die in der entscheidenden Schlacht von Bannockburn 1314 erreichte, dass Schottland die Unabhängigkeit zurückgewann.

Die glücklosen Stuarts

1371 begann mit König Robert the Steward die Herrschaft des Hauses Stuart. Die Dynastie war vom Unglück verfolgt: James I und James III wurden ermordet, James II sprengte sich mit seiner eigenen Kanone in die Luft, James IV und James V fielen in Schlachten. Die Tochter von James V wurde als Neugeborene zu Mary, Queen of Scots (Maria Stuart) gekrönt. Mary

Schon gewusst?

Der Name Steward wurde, da leichter zu sprechen, den Franzosen zuliebe in Stuart geändert.

Chronik

1287
Niederlage Edwards I in der Schlacht an der Stirling Bridge

1314
Die Schotten siegen gegen Edward II in der Schlacht von Bannockburn

1320
Mit der Declaration of Arbroath erklären die Schotten ihre Unabhängigkeit

1326
Sitzung des ersten schottischen Parlaments

1513
10 000 Schotten, auch James IV, sterben in der Schlacht von Flodden Field

2

3

4

wurde auf Befehl von Elizabeth I von England, der letzten Tudor-Monarchin, hingerichtet. Marys Sohn James VI erbte 1603 Elizabeths Thron, vereinte die Kronen und regierte bis 1625 als James VI von Schottland und James I von England.

Reformation

Während der Regierungszeit von Mary, Queen of Scots setzte in Schottland eine tiefe, lang anhaltende religiöse Spaltung ein. Der Katholizismus wurde verdrängt, auch wenn sich letzte Bastionen in den Highlands und auf den Inseln hielten. Anführer der Reformation war der Prediger John Knox *(siehe S. 83)*.

Im englischen Bürgerkrieg kämpften Schotten auf beiden Seiten. Gleichzeitig gab es viele Konflikte zwischen schottischen Presbyterianern und Charles I. Charles II wurde ins Exil getrieben, nachdem sein Vater 1649 enthauptet worden war. Schottland wurde Teil von Cromwells Commonwealth. Nach Charles' Rückkehr 1660 widersetzten sich protestantische Covenanters Charles und seinem Nachfolger James II, der 1688 von den antikatholischen Whigs zugunsten von Mary II abgesetzt wurde.

Jakobiten

Die ersten Jakobiten, katholische Highlander, unterstützten James VII von Schottland (James II von England), der 1688 abgesetzt wurde. Ziel war die Wiedereinführung der katholischen Monarchie. Nach erfolglosen Aufständen 1715 und 1745 wurden das Clan-System und die Highland-Kultur über 100 Jahre lang unterdrückt.

1542
Mary, Queen of Scots wird im zarten Alter von sechs Tagen Königin

1559
John Knox führt die Reformation an

1603
James II von Schottland wird König von Schottland und England

1641
Cromwell besetzt Schottland

1692
Der Campbell-Clan ermordet 38 MacDonalds auf Geheiß des Königs

1

2

Union mit England

James VI regierte 22 Jahre lang die Königreiche Schottland und England. 1707 war Schottland nach dem Versuch, eine Kolonie in Panama zu gründen, bankrott. Mit dem Act of Union wurde es an England angeschlossen, das schottische Parlament wurde aufgelöst. 1715 folgte Georg, Kurfürst von Hannover, seiner Cousine Queen Anne, der letzten Stuart, auf dem Thron nach. Nach der Niederlage der Jakobiten in der Schlacht von Culloden hatten die im Exil lebenden Stuarts keine Unterstützung mehr. Die Regierung ging hart gegen die Rebellen in den Highlands vor. Der Frieden brachte wirtschaftlichen Aufschwung. Kaufleute profitierten vom Handel mit den englischen Kolonien und förderten mit dem Kapital eine industrielle Revolution mit Glasgow als Zentrum. In Dundee erblühte die Textilindustrie, in Edinburgh sammelten sich die Intellektuellen.

Prozess der Dezentralisierung

Aus dem in Schottland entstandenen Proletariat erfuhren Sozialisten und Gewerkschaften viel Zuspruch. Glasgows Industriezentrum nannte man »die rote Clydeside«. Auch Arbeiterbezirke

Bonnie Prince Charlie (1720 - 1788)

Charles Edward Stuart, der letzte Thronanwärter der Stuarts, führte seine Armee bis Derby, wurde aber bei Culloden besiegt. Als Diener von Flora MacDonald verkleidet, floh er auf die Isle of Skye. 1746 segelte er nach Frankreich zurück, 1788 starb er in Rom. Flora wurde 1790 auf Skye beerdigt. Ihr Leichnam war in ein Betttuch von Bonnie Prince Charlie gehüllt.

Chronik

1707
Der Act of Union schafft das Vereinigte Königreich Großbritannien

1745
Bonnie Prince Charlie führt die zweite Jakobitenrebellion an

1848
Queen Victorias erster Besuch auf Balmoral

1914
Glasgows Werften sind im Krieg von entscheidender Bedeutung

1929
Die Weltwirtschaftskrise führt zu Arbeitslosigkeit und Armut

1943
Mehr als 1000 Schotten sterben zwischen Glasgow und Clydebank durch deutsche Luftangriffe im Zweiten Weltkrieg

3

4

wie Fife und Dundee waren aus Überzeugung links. Nach dem Zweiten Weltkrieg ging die britische Wirtschaft zurück. Die Förderung von Öl in der Nordsee ab Mitte der 1970er Jahre brachte neuen Aufschwung. Die Scottish National Party warb mit dem Slogan »Das ist Schottlands Öl« als Verweis auf die wiedergewonnene Wirtschaftskraft für die Unabhängigkeit des Landes. 1997 stimmten die Schotten in einem Referendum mehrheitlich für die Wiedereinsetzung eines schottischen Parlaments.

1 *Jacobite Steam Train auf dem Glenfinnan Viaduct* ↑

2 *Ölplattform in der Nordsee*

3 *Veranstaltung zum »Indyref« 2014*

4 *Scottish Parliament in Edinburgh*

Schottland heute

Das Schottland des 21. Jahrhunderts ist kosmopolitisch. Viele Schotten sind Nachfahren irischer und italienischer Einwanderer aus dem 19. Jahrhundert, andere stammen aus Commonwealth-Ländern, etwa Pakistan, Bangladesch und Indien, oder aus EU-Staaten. Es gibt auch große türkische und chinesische Gemeinden.

Die Scottish National Party (SNP) dominiert die Politik seit der Dezentralisierung, doch das Referendum zur Unabhängigkeit 2014 scheiterte knapp. Bei der Abstimmung über den Brexit 2016 votierte Schottland für den Verbleib in der EU, musste aber als Teil Großbritanniens Englands Entscheidung folgen.

Schon gewusst?

Das schottische Parlament tagt seit 2004 wieder in Edinburgh.

1975
Beginn der Ölförderung in der Nordsee

1996
Der Stone of Destiny ist zurück in Edinburgh Castle

2014
Nicola Sturgeon wird Erste Ministerin von Schottland

1999
Nach 292 Jahren gibt es wieder ein schottisches Parlament

2016
62 Prozent der Schotten stimmen für Verbleib in der EU

2018
Feuer zerstört Glasgow School of Art, V&A Dundee eröffnet

SCHOTTLAND
ERLEBEN

Arbeiter in einer Whisky-Brennerei

Blick auf die Old Town vom Calton Hill (siehe S. 84f)

Edinburgh

Die gut erhaltene mittelalterliche Old Town macht Edinburgh zu einer der faszinierendsten Städte der Welt. Auf dem Castle Rock, einem Basaltfelsen, der aufgrund der strategisch günstigen Lage am Firth of Forth seit der Bronzezeit besiedelt ist, thront das imposante Edinburgh Castle. Die Royal Mile führt von der Burganlage durch die Old Town zum Palace of Holyroodhouse. Das Schloss ist seit dem 15. Jahrhundert königliche Residenz. 1498, während der Herrschaft von James IV (1488–1513), stieg Edinburgh zur Hauptstadt von Schottland auf.

Aufgrund der wachsenden Bevölkerung entwickelten sich in der Old Town entsetzliche Lebensbedingungen: Die Menschen lebten dicht gedrängt in schmutzigen Gassen, Krankheiten grassierten. 1645 brach in Edinburgh eine Pestepidemie aus, der fast die Hälfte der Einwohnerschaft zum Opfer fiel. Um die Ausbreitung der Seuche einzudämmen, wurden auf Anordnung der Stadtverwaltung einige Gassen auf beiden Seiten zugemauert – die in ihren Behausungen verbliebenen Bewohner überließ man dem Tod. Über der »vergessenen Stadt« wurden neue Gebäude errichtet.

Die Ende des 18. Jahrhunderts angelegte New Town bot den Wohlhabenden der Stadt Wohnraum abseits der überfüllten Altstadt. Das Viertel mit den breiten Straßen und den eleganten Häusern mit großzügigen Gärten gilt noch heute als herausragendes Beispiel georgianischer Baukunst.

A
B
C
2
3
4
5
Drummond Place Garden
BROUGHTON
Cumberland Street
Great King Street
Dundas Street
Nelson St
Drummond Pl
Dublin Street
Barony Street
Broughton Street
E Broughton Pl
Forth Street
Leith Walk
3
Leopold Place
Picardy Place
Northumberland Street
Albany Street
York Lane
York Place
Abercromby Place
Howe Street
Heriot Row
Queen Street Gardens
Scottish National Portrait Gallery
6
York Place
North St Andrew St
Elder Street
Little King St
Leith Street
Greenside Row
Calton Hill
3
City Observatory
Nelson Monument
Queen Street
North St David St
St Andrew
Thistle St NE Lane
Thistle Street
Thistle St SE Lane
Thistle St NW Lane
Thistle St SW Lane
Hill Street
Frederick Street
Hanover Street
St Andrew Square
Square
West Register St
South St Andrew St
Waterloo Place
Old Calton Burial Ground
George Street
North Lane
South Lane
South St David St
Jenners
8
Calton Rd
Rose Street
Princes Street
7
Scott Monument
Waverley Bridge
Waverley
Fruitmarket Gallery
North Bridge
New St
Princes St
Royal Scottish Academy
The Mound
East Market Street
Jeffrey Street
Scottish Storytelling Centre
Princes Street Gardens
Scottish National Gallery
5
Market Street
City Art Centre
Cockburn St
Carrubber's Close
John Knox House
Warriston's Close
Advocate's Close
North Bank St
High Street
Museum of Childhood
Blackfriars Street
South Gray's Close
St Mary's Street
Gullan's Close
Writers' Museum
Gladstone's Land
Royal Mile
2
Royal Mile
Hunter Square
7
Camera Obscura and World of Illusions
Lawnmarket
St Giles' Cathedral
Blair Street
South Bridge
Niddry St
Cowgate
Castlehill
Esplanade
6
1
2
George IV Bridge
OLD TOWN
Edinburgh Castle
1
Victoria St
National Library of Scotland
Cowgate
Guthrie Street
Infirmary St
Old Infirmary Lane
Johnston Terrace
Grassmarket
Candlemaker Row
Chambers Street
Old College
Drummond Street
Roxburgh Street
Spital Street
King's Stables Road
14
Grassmarket
4
National Museum of Scotland
5
South College Street
Richmond Place
Adam St
King's Stables Lane
Greyfriars Kirk
8
Edinburgh Festival Theatre
9
Surgeons' Hall Museums
Lady Lawson Street
West Port
Bristo Pl
Lothian St
Charlesfield
Potterrow
Hill Place
Nicolson Square
Lauriston Street
Keir Street
Heriot Place
Forrest Road
Teviot Pl
Bristo Square
Nicolson Street
Dave St
Lauriston Place
Middle Meadow Walk
Charles Street
Charles Street Lane
West Nicolson St
Chapel Street
Crichton Street
George Square
Nightingale Way
Großraum Edinburgh
Forth Bridge
Firth of Forth
23
Hopetoun House
Abercorn
21
South Queensferry
Newton
M90
A90
Cramond
16
Granton
A901
Royal Botanic Garden Edinburgh
A902
17
Leith
M9
Blackhall
18
A900
Meadowbank
A902
Stockbridge
Winchburgh
Kirkliston
Edinburgh (Turnhouse) Airport
Dean Village
15
Portobello
Scottish National Gallery of Modern Art
20
19
Edinburgh Zentrum
27
Duddingston
Edinburgh Zoo
22
A8
Dalkeith Country Park
5 km
26
0 Kilometer
4
N
A89
Corstorphine
A71
Craigmillar Castle
0 Meilen
4
M8
A720
Sighthill
Royal Observatory, Edinburgh
24
25

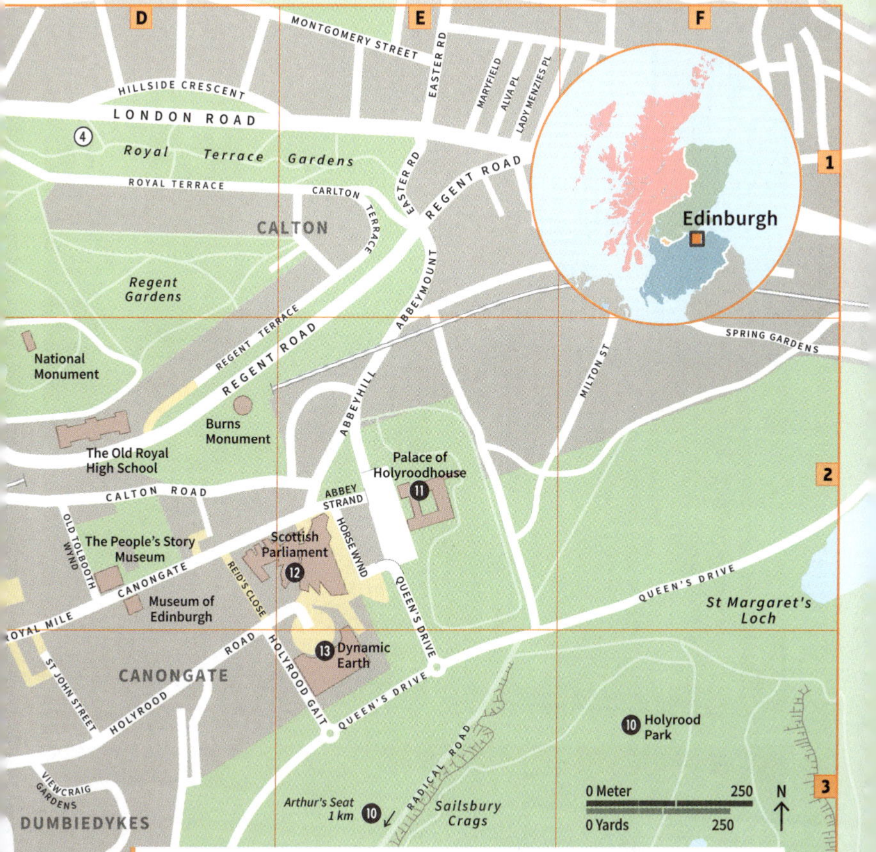

Edinburgh

Highlights

1. Edinburgh Castle
2. Royal Mile
3. Calton Hill
4. National Museum of Scotland
5. Scottish National Gallery

Sehenswürdigkeiten

6. Scottish National Portrait Gallery
7. Scott Monument
8. Greyfriars Kirk
9. Surgeons' Hall Museums
10. Holyrood Park und Arthur's Seat
11. Palace of Holyroodhouse
12. Scottish Parliament
13. Dynamic Earth
14. Grassmarket
15. Stockbridge
16. Cramond
17. Leith
18. Royal Botanic Garden Edinburgh
19. Dean Village
20. Scottish National Gallery of Modern Art
21. South Queensferry
22. Edinburgh Zoo
23. Hopetoun House
24. Royal Observatory, Edinburgh
25. Craigmillar Castle
26. Dalkeith Country Park
27. Portobello

Restaurants

1. The Witchery by the Castle
2. Ondine
3. Valvona & Crolla
4. The Lookout
5. Tower Restaurant

Whisky

6. The Scotch Whisky Experience

Hotels

7. The Inn on the Mile
8. The Balmoral

←

1 *St Stephen Street, Stockbridge*

2 *The Dome, George Street*

3 *Wandteppiche im National Museum of Scotland*

4 *Exquisites Gericht im Restaurant 21212*

In Edinburgh gibt es auf kleinem Raum viel zu entdecken. Innerhalb von zwei Tagen kann man Edinburgh Castle, Royal Mile und weitere Highlights erkunden sowie Abstecher zu den Museen und den Parks jenseits des Stadtzentrums unternehmen.

2 TAGE IN EDINBURGH

Tag 1

Vormittags Beginnen Sie den Tag im Edinburgh Castle *(siehe S. 76–79)*. Im Royal Palace (15. Jh.) sind der Stone of Destiny und die schottischen Kronjuwelen ausgestellt. Die Argyle Battery bietet herrlichen Blick auf die Stadt. Ein Stück abseits der Royal Mile *(siehe S. 80–83)* lockt das National Museum of Scotland *(siehe S. 86–89)* mit Silberwaren aus den Highlands, Symbolsteinen der Pikten, einem Wikingergrab, römischen Artefakten und dem Skelett eines Tyrannosaurus Rex. Kehren Sie in der White Horse Oyster & Seafood Bar (266 Canongate), die sich an der Stätte des ältesten Gasthauses an der Royal Mile befindet, ein.

Nachmittags Schlendern Sie die Royal Mile hinab. Nehmen Sie im Palace of Holyroodhouse *(siehe S. 96f)* an einer Führung teil, um die Kunstschätze im Throne Room, in den State Apartments und in der Queen's Gallery zu bewundern. Eine fünfminütige Busfahrt bringt Sie zur Haltestelle St Andrew's House am Calton Hill *(siehe S. 84f)*. Genießen Sie vom Nelson Monument auf dem Gipfel des Hügels den Blick auf Firth of Forth und Fife.

Abends Werfen Sie bei Sonnenuntergang einen Blick auf das National Monument of Scotland, bevor Sie die Treppen zur Royal Terrace hinabsteigen. Speisen Sie in Paul Kitchings preisgekröntem Restaurant 21212, bevor Sie eine Vorstellung im The Stand Comedy Club am York Place besuchen.

Tag 2

Vormittags Die St Giles' Cathedral *(siehe S. 82f)* ist Startpunkt der zweiten Tagestour durch Schottlands Hauptstadt. Gehen Sie zur Scottish National Gallery *(siehe S. 90f)*, die mit Werken wie Landseers *Monarch of the Glen* und Raeburns *Reverend Robert Walker beim Schlittschuhlaufen* aufwartet. Der Gallery Bus bringt Sie zur Scottish National Gallery of Modern Art *(siehe S. 100)*, deren Gärten Statuen zieren. Auf dem Water of Leith Walkway erreichen Sie Stockbridge *(siehe S. 98)*, wo sich viele Pubs und Restaurants für ein Mittagessen empfehlen.

Nachmittags Ein kurzer Spaziergang führt Sie zum Royal Botanic Garden Edinburgh *(siehe S. 100)*, einer grünen Oase mit Teichen, Rhododendren und Steingärten. Die viktorianischen Gewächshäuser machen den Besuch auch bei schlechtem Wetter attraktiv.

Abends Am St Andrew Square im Zentrum der New Town bietet Dishoom zu authentischer indischer Küche schottisches Craftbeer an. Im Permit Room, der zum Restaurant gehörenden Bar im Souterrain, können Sie bis in die frühen Morgenstunden hervorragende Cocktails genießen. Alternativ empfiehlt sich nach dem Essen ein Spaziergang entlang der George Street: Im opulenten Interieur von The Dome findet sich ein elegantes Publikum zu Drinks ein. Mit vielen weiteren Bars und Clubs bietet die George Street Unterhaltung bis zur Morgendämmerung.

Sommerfestivals

Das Edinburgh International Festival ist das weltweit bedeutendste Festival, das sich den Bereichen Kunst und Kultur widmet. Es fand erstmals 1947 statt. Im selben Jahr wurde als »inoffizielle« Parallelveranstaltung das Edinburgh Festival Fringe gegründet – inzwischen übertrifft dieses Kulturfestival das Edinburgh International an Größe und Beliebtheit. Auch das International Film Festival, das Art Festival und das Jazz & Blues Festival besitzen großes Renommee. Mit Musik, Tanz, Filmvorführungen, Comedy und Straßenkünstlern bedienen die von Juni bis September in Edinburgh stattfindenden Festivals alle Interessen.

Edinburgh International Film Festival (EIFF)

An verschiedenen Veranstaltungsorten in der Stadt finden Vorführungen von Klassikern und Arthouse-Produktionen, Weltpremieren und zahlreiche Events statt. Besucher können auch nach Prominenten Ausschau halten: An dem Festival nehmen zahlreiche Stars der Filmbranche teil.

Edinburgh Jazz & Blues Festival

Bei dem Festival treten berühmte Musiker aus den Bereichen Jazz, Blues und Funk auf kleinen Bühnen auf. Die Konzerte an Mardi Gras auf dem Grassmarket *(siehe S. 98)* beim Carnival in den Princes Street Gardens sind kostenlos.

Edinburgh International Festival

In Edinburgh kann man den ganzen Sommer über Auftritte von Ensembles aus den Bereichen Oper, Ballett, moderner Tanz und Schauspiel sowie Weltpremieren mit aufstrebenden Künstlern erleben. Zum Abschluss des Festivals wird eines der weltweit größten Feuerwerke veranstaltet: Zu Liveklängen eines Symphonieorchesters erstrahlen mehr als 400 000 Feuerwerkskörper über dem Edinburgh Castle *(siehe S. 76–79)*.

↑ *Auf der Royal Mile begeistern Straßenkünstler die Festivalbesucher*

Expertentipp
Früh buchen

Die begehrten Tickets für das Edinburgh International Festival sind ab der letzten Märzwoche erhältlich. Buchen Sie frühzeitig unter www.eif.co.uk oder +44 131 473 2000.

← Untitled, *2016, von Jonathan Owen beim Edinburgh Art Festival*

Edinburgh Art Festival

Der Fokus des seit 2004 stattfindenden Kunstfestivals liegt auf experimentellen und mutigen zeitgenössischen Werken. Die meist kostenlosen Ausstellungen finden in renommierten Galerien, aber auch an außergwöhnlichen Schauplätzen statt.

Edinburgh Festival Fringe

Die Teilnehmer des weltweit größten Kulturfestivals werden nicht von einer Jury ausgewählt. Amateure und Profis bieten beeindruckende Vorstellungen in den Bereichen Tanz, Theater, Comedy, Musical und Performance. Das Edinburgh Festival Fringe umfasst mehr als 3000 Programme an mehreren Hundert Veranstaltungsorten. Viele Aufführungen finden im Pleasance Courtyard statt.

Kostenlose Veranstaltungen

Die Organisation Free Fringe bietet während des Edinburgh Festival Fringe über 9000 kostenlose Veranstaltungen in den Bereichen Comedy, Kabarett, Musik, Theater und Unterhaltung für Kinder. Besucher haben die Möglichkeit zu spenden. Im Sommer kann man in einigen Comedyclubs Aufführungen gratis besuchen. Auf der Royal Mile bieten Straßenkünstler in den Sommermonaten kostenlose Unterhaltung, Trinkgeld wird gern entgegengenommen. Das Feuerwerk zum Abschluss des Edinburgh International Festival kann man vom Calton Hill *(siehe S. 84f)* aus gratis und in Ruhe genießen.

←

Das Edinburgh International Festival endet mit einem grandiosen Feuerwerk über dem Edinburgh Castle

Der Schauspieler und Regisseur Stanley Tucci bei einer Veranstaltung während des EIFF

↓

1

Edinburgh Castle

A3 Castlehill +44 131 225 9846 tägl. 9:30–18 (Okt–März: bis 17; 1. Jan: ab 11); letzter Einlass 1 Std. vor Schließung 25., 26. Dez edinburghcastle.scot

Die Burg dominiert seit dem 12. Jahrhundert das Stadtbild Edinburghs. Sie ist nationales Wahrzeichen und die meistbesuchte Sehenswürdigkeit Schottlands.

Die auf einem Basaltfelsen aufragende Anlage ist eine Ansammlung von Gebäuden (12.–20. Jh.), die die wechselvolle Geschichte als Burg, Königsresidenz, Militärgarnison und Gefängnis widerspiegeln. Man nimmt an, dass sich an dieser Stelle bereits in der Bronzezeit eine Befestigung befand. Die Anfänge des Castle gehen auf King Edwin of Northumbria (7. Jh.) zurück, dem die Stadt ihren Namen verdankt. Bis 1603 war die Burg Königsresidenz. Nach der parlamentarischen Union mit England 1707 wurden die schottischen Kronjuwelen im Edinburgh Castle über 100 Jahre lang unter Verschluss gehalten. Heute wird im Crown Room auch der Stone of Destiny verwahrt – der »Schicksalsstein« ist ein Relikt schottischer Könige, das die Engländer 1296 aus dem Scone Palace in Perthshire entwendeten und erst 1996 zurückgaben.

Expertentipp
Feuerwerk

Während des Edinburgh Festival wird allabendlich nach dem Military Tattoo *(siehe S. 205)* auf dem Edinburgh Castle ein Feuerwerk veranstaltet. Vom Calton Hill *(siehe S. 84f)* aus kann man den Anblick kostenlos genießen.

One O'Clock Gun

Seit 1861 hallt – zur Überraschung vieler Besucher – montags bis samstags um 13 Uhr Kanonendonner durch Edinburgh. Das Abfeuern der Kanone auf dem Edinburgh Castle half ursprünglich im Firth of Forth ankerndernden Segelschiffen, ihre Chronometer zu justieren. Heute ist das Zeitsignal eine lieb gewonnene Tradition. Statt der einst verwendeten Vorderladerkanonen dient seit 2001 ein 105-Millimeter-Artilleriegeschütz als One O'Clock Gun.

Die jahrhundertealte Burganlage thront auf dem Castle Rock ↑

Highlight

Das Edinburgh Castle thront über der Stadt; Eingangstor der Burganlage (Detail) ↑

Die von David I (1124–1153) zu Ehren seiner heiliggesprochenen Mutter erbaute **St Margaret's Chapel** ist das älteste Gebäude der Burg.

Die sechs Tonnen schwere Kanone **Mons Meg** (1449) war im Mittelalter ein technisches Meisterwerk.

Von der **Argyle Battery** reicht der Blick über die Princes Street und die New Town bis zum Firth of Forth und nach Fife.

Im **Royal Palace** (15. Jh.) – dem Hort des Stone of Destiny und der schottischen Kronjuwelen – kam James VI, der Sohn von Mary, Queen of Scots zur Welt.

Eingang

Die **Esplanade** ist Schauplatz des Military Tattoo.

In der mit einer Holzdecke geschmückten **Great Hall** aus dem 15. Jahrhundert tagte bis 1639 das schottische Parlament.

Die **Half Moon Battery** wurde um 1570 zur Verteidigung des Ostflügels der Burganlage errichtet.

Burganlage

Das auf einem Basaltfelsen errichtete Edinburgh Castle bietet von vielen Orten der Stadt aus einen eindrucksvollen Anblick. Die wahre Imposanz der Anlage erschließt sich jedoch erst bei einer Besichtigung. Vom Eingang am Lower Ward unterhalb der Half Moon Battery gelangt man zum Middle Ward, rechts befinden sich die Argyle Battery und die One O'Clock Gun. An das National War Museum schließt der Crown Square an, den die Great Hall und der Royal Palace säumen. Letzterer birgt den Stone of Destiny und die Kronjuwelen. Die St Margaret's Chapel steht auf dem höchsten Punkt der Anlage, in der Nähe befindet sich die Kanone Mons Meg.

Esplanade und Lower Ward

Die Esplanade dient vorwiegend als Parkplatz für Reisebusse. Da jedoch im Sommer auf dem Platz vor der Burg das Edinburgh Military Tattoo *(siehe S. 205)* stattfindet, ist er mit Denkmälern für Angehörige des Militärs geschmückt. Besonders beeindruckend ist das Standbild des britischen Feldmarschalls Douglas Haig, der im Ersten Weltkrieg Oberbefehlshaber an der Westfront war.

Von der Esplanade gelangt man durch das Torhaus zum Lower Ward, dann durch das Portcullis Gate zum Middle Ward mit der Argyle Battery, die herrlichen Blick auf die Stadt bietet. Nordwestlich, auf der Mills Mount Battery, steht die One O'Clock Gun *(siehe S. 76)*.

National War Museum

Das Museum in einem ehemaligen Munitionslager hinter dem Governor's House widmet sich 400 Jahren schottischer Militärgeschichte. Es präsentiert Uniformen, Orden und Abzeichen. Mit dem ausgestopften Hund »Bob« bietet die Sammlung ein äußerst ungewöhnliches Ausstellungsstück: Das Tier war von 1853 bis 1860 das Maskottchen des ersten Bataillons der Scots Fusilier Guards. Der Hund trägt eine silberne Medaille am Halsband.

Royal Scots Dragoon Guards Museum

Das Museum ist neben dem National War Museum in den New Barracks untergebracht. Es präsentiert verschiedenste Exponate aus den Sammlungen der Royal Scots Dragoon Guards, des einzigen schottische Kavallerie-Regiments der britischen Streitkräfte.

Crown Square

Der Crown Square wurde im 15. Jahrhundert angelegt. An der Südseite des Hofs befindet sich die Great Hall. In dem Gebäude mit dem imposanten, von James IV entworfenen Hammerbalken-Gewölbe tagte einst das schottische Parlament. Neben der Great Hall steht der im Stil der Renaissance erbaute Royal Palace, der den Stone of Destiny *(siehe S. 174)* und die »Honours of Scotland« genannten schottischen Kronjuwelen beherbergt. Besonders beeindruckend ist die reich mit Juwelen besetzte Krone, die für James V angefertigt wurde. Im Scottish National War Memorial am Crown Square befinden sich die Rolls of Honour mit Namen von in den beiden Weltkriegen gefallenen schottischen Soldaten.

Mons Meg

Die vor der St Margaret's Chapel ausgestellte, sechs Tonnen schwere Steinbüchse wurde 1449 in Belgien für den Herzog von Burgund angefertigt, der sie seinem Neffen, James II von Schottland, übergab. Das Geschütz kam 1455 bei der Belagerung von Threave Castle *(siehe S. 130f)* und später bei einem Angriff auf das Norham Castle in England zum Einsatz. Bei einem Salutschuss für den Duke of York 1682 wurde es irreparabel beschädigt und bis 1829 im Tower of London verwahrt.

Chronik

ca. 1130

△ David I (ca. 1084–1153) lässt auf dem Castle Rock eine Burg erbauen

Die an der Südseite des Crown Square gelegene Great Hall und der angrenzende Royal Palace (Detail) ↑

1269
Edinburgh Castle wird von Edward I (1239–1307) erobert

1356
David II (1324–1371) lässt eine neue Burg errichten

1573
△ Im Englischen Bürgerkrieg wird die Burg fast ganz zerstört

1650
▽ Oliver Cromwell belagert die Burg drei Monate lang

1745
Bonnie Prince Charlie versucht die Burg zu erobern

1757
Edinburgh Castle wird als Gefängnis genutzt

1927
△ Sir Robert Lorimer gestaltet ein Gebäude zum Scottish National War Memorial um

❷

Royal Mile

B3 Castlehill bis Canongate

Für Besucher ist die Royal Mile oft Zentrum ihres Aufenhalts in Edinburgh: An dem historischen Straßenzug liegen viele Hauptsehenswürdigkeiten der Stadt. Außerdem säumen die Royal Mile Läden, Pubs und Restaurants. Straßenkünstler bieten Unterhaltung.

Die Royal Mile, im Mittelalter die wichtigste Durchgangsstraße der Stadt, führt vom Edinburgh Castle zum Palace of Holyroodhouse. Sie umfasst vier historische Straßen (von Castlehill bis Canongate). Durch die Stadtmauern in ihrer Ausdehnung eingeschränkt, wuchs Edinburghs Old Town in die Höhe: Die »lands« genannten Wohnhäuser erhoben sich bis zu 20 Stockwerke hoch über dem Gewirr der mittelalterlichen Gassen.

↑ *Lochkamera aus dem 18. Jahrhundert, Camera Obscura and World of Illusions*

Chronik

1124

△ St Giles' Cathedral von Alexander I oder David I gegründet

1688

Holyrood Abbey wird von Königsgegnern zerstört

1691

Bau der Canongate Kirk

1745

▽ Bonnie Prince Charlie ruft am Mercat Cross seinen Vater als König aus

1856

△ Der 1143 gegründete Burgh of Canongate wird Teil der City of Edinburgh

2004

New Scottish Parliament in Holyrood eröffnet

←

Blick vom Abschnitt Castlehill der Royal Mile auf das Edinburgh Castle

(1)

Camera Obscura and World of Illusions

Castlehill ☎ +44 131 226 3709 variierende Öffnungszeiten 25. Dez camera-obscura.co.uk

Die unteren Stockwerke des Gebäudes stammen aus dem frühen 17. Jahrhundert. Sie waren Wohnung des Laird of Cockpen. 1852 fügte Maria Short die obere Etage, die Aussichtsterrasse und die Camera Obscura hinzu. Die große Lochkamera, die das Treiben in der Stadt zeigt – in viktorianischer Zeit ein Wunderwerk der Technik –, begeistert auch im 21. Jahrhundert. World of Illusions präsentiert faszinierende Effekte optischer Täuschung.

(2)

Writers' Museum

Lady Stair's Close ☎ +44 131 529 4901 tägl. 10–17 edinburghmuseums.org.uk

Das Museum im 1622 erbauten Lady Stair's House widmet sich den schottischen Schriftstellern Robert Louis Stevenson, Robert Burns *(siehe S. 116f)* und Sir Walter Scott *(siehe S. 114)*. Zu den faszinierenden Exponaten zählen Tagebücher, Manuskripte, ein Abguss von Burns' Schädel und Stevensons Reitstiefel. Das Gebäude befindet sich am Makars' Court, einem Platz, auf dem Gedenksteine an weitere berühmte schottische Autoren, wie Dame Muriel Spark, erinnern.

Highlight

Restaurants & Whisky

The Witchery by the Castle

Die ländlich inspirierte Küche mit Wildgerichten genießt man am besten im romantischen Secret Garden des Lokals.

352 Castlehill
thewitchery.com

£££

Ondine

In dem eleganten Restaurant wird exzellentes Seafood serviert – von Risotto mit Garnelen bis zu Austern.

2 George IV Bridge
ondinerestaurant.co.uk

£££

Scotch Whisky Experience

In dem Laden kann man klassische und neue Sorten des schottischen Nationalgetränks kosten.

354 Castlehill
scotchwhisky experience.co.uk

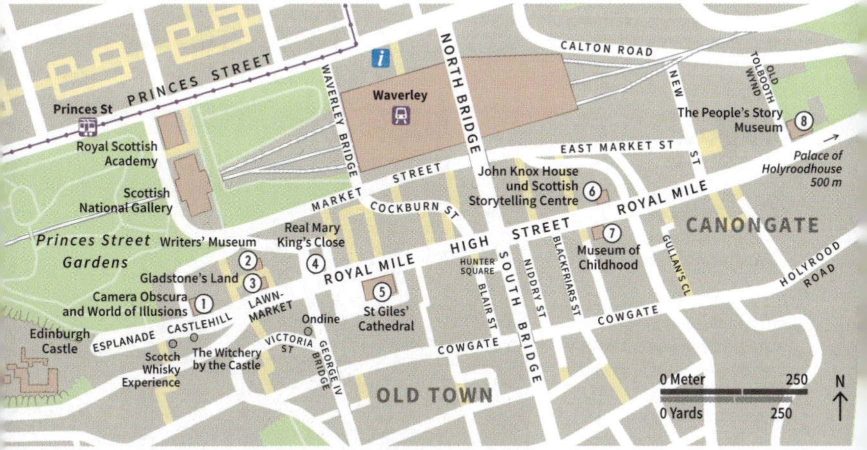

↑ *Gladstone's Land (17. Jh.) ist eines der ältesten Wohnhäuser in der Old Town von Edinburgh*

③
Gladstone's Land

477B Lawnmarket
+44 131 226 5856
variierende Öffnungszeiten nts.org.uk

In dem restaurierten, sechsstöckigen Haus aus dem Jahr 1617 gewinnen Besucher einen Eindruck vom Leben in einem typischen Gebäude der Old Town, bevor die Wohlhabenden wegen der Übervölkerung in die georgianische New Town zogen. Das Haus wurde nach dem Erbauer, dem Kaufmann Thomas Gladstone, benannt. Die hohen, schmalen Gebäude auf kleinen Grundstücken hießen »lands«.

④
Real Mary King's Close

2 Warriston's Close
+44 131 225 0672 variierende Öffnungszeiten
realmarykingsclose.com

Bis zum 18. Jahrhundert lebten die meisten Einwohner von Edinburgh an oder unterhalb der Royal Mile und Cowgate. Die Keller und Untergeschosse, in denen es kein Tageslicht, keine Belüftung und kaum Wasserversorgung gab, dienten als Wohn- und Arbeitsstätten. Cholera, Typhus und Pocken grassierten. Die unter den City Chambers gelegene Gasse Mary King's Close wurde um das Jahr 1645 von einer Pestepidemie heimgesucht, die keiner der Anwohner überlebte. 2003 wurden viele der unterirdischen Gassen wieder öffentlich zugänglich gemacht. Die Führungen von Real Mary King's Close bieten Einblick in die »vergessene Stadt«.

⑤
St Giles' Cathedral

Royal Mile +44 131 226 0674 variierende Öffnungszeiten stgiles cathedral.org.uk

Die Kirche trägt den offiziellen Namen High Kirk of Edinburgh, gemeinhin wird sie jedoch als Kathedrale bezeichnet. St Giles' war zwar im 17. Jahrhundert zweimal Bischofssitz, vor allem aber war sie Ausgangspunkt der von John Knox angeführten Reformation *(siehe S. 63)*, die das von der Autorität der Bischöfe unabhängige Gemeindeleben betonte. Eine Tafel markiert die Stelle, an der die Marktfrau Jenny Geddes 1637 einen Sieg für die Covenanters errang, indem sie ihren Stuhl einem englischen Prediger entgegenschleuderte.

Der Turm (15. Jh.) des gotischen Bauwerks wurde bei der umfassenden Restaurierung im 19. Jahrhundert im Originalzustand belassen. Im Inneren bezaubert vor allem die Thistle Chapel mit dem Rippengewölbe und den historischen Flaggen. Die Kapelle ehrt die Ritter des

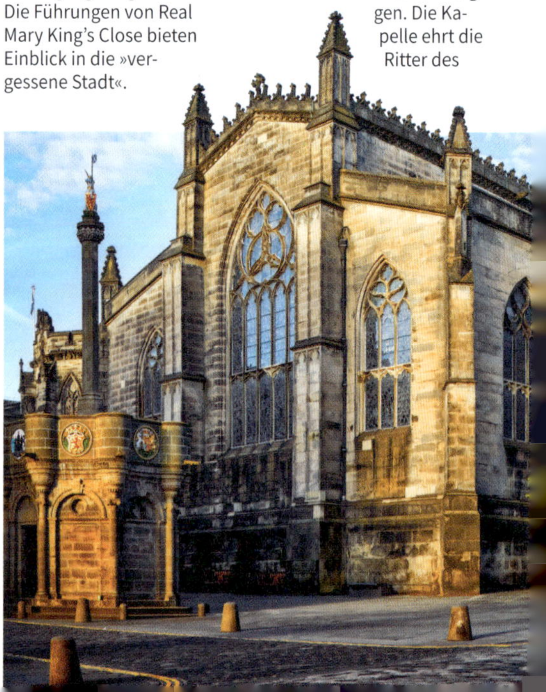

66

Gassen gehen von der Royal Mile ab – einige führen zu versteckt gelegenen Höfen.

Order of the Thistle. Eine Bank im Preston-Flügel ist dem britischen Monarchen vorbehalten.

⑥

John Knox House und Scottish Storytelling Centre

43–45 High St ☎ +44 131 556 9579 🕒 Mo–Sa 10–18 (Juli–Aug: auch So 12–18) W tracscotland.org

Das mittelalterliche Haus mit den vorkragenden oberen Stockwerken und den Staffelgiebeln zählt zu den ältesten Gebäuden Edinburghs. Es weist zahlreiche original erhaltene Ausstattungselemente auf.

← *Die St Giles' Cathedral zeigt gotischen Stil*

Das Haus bewohnte einst John Knox (1513–1572). Der schottische Reformator und Pfarrer in der St Giles' Cathedral gehörte zu den bedeutendsten Persönlichkeiten Schottlands. Knox wurde 1536 zum Priester geweiht. Später war er von der Notwendigkeit des religiösen Wandels überzeugt. Nach der Besetzung von St Andrews Castle durch Protestanten im Jahr 1547 verbüßte er eine zweijährige Strafe als Galeerensklave der französischen Marine. Danach ging er nach London und Genf.

1559 kehrte John Knox nach Edinburgh zurück. In dem Stadthaus an der Royal Mile verbrachte er die letzten Monate seines Lebens. In den Räumen illustrieren Ausstellungsstücke Knox' Leben im Kontext der politischen und religiösen Unruhen des 16. Jahrhunderts.

Im modernen Anbau des John Knox House ist das Scottish Storytelling Centre untergebracht. In dem Zentrum treten Geschichtenerzähler auf. Sie halten die traditionelle schottische Erzählkultur lebendig, indem sie klassische und neue Geschichten auf Englisch, auf Gälisch oder in Scots vortragen.

⑦

Museum of Childhood

42 High St ☎ +44 131 529 4142 🕒 tägl. 10–17 W edinburghmuseums.org.uk

Das 1955 gegründete Museum war das erste weltweit, das sich mit dem Thema Kindheit befasste. Es bietet Einblicke in die Zeit des Heranwachsens mit all ihren Freuden und Anforderungen. Die Sammlung umfasst Arzneimittel, Freizeitkleidung, Schulbücher und -uniformen, historisches Spielzeug, Computerspiele, Actionfiguren und Spielkonsolen.

⑧

The People's Story Museum

163 Canongate ☎ +44 131 529 4057 🕒 tägl. 10–17 W edinburghmuseums.org.uk

Während die meisten Attraktionen an der Royal Mile mit Königen und Aristokraten in Verbindung stehen, widmet sich dieses Museum der Geschichte der einfachen Bürger vom 18. Jahrhundert bis zur Gegenwart. Historische Dokumente, Fotos, Schaubilder, Abzeichen von Gewerkschaften und Protestplakate erzählen deren Geschichten. Das Museum ist im Canongate Tolbooth (16. Jh.) ansässig. Das Gebäude diente bis Mitte des 19. Jahrhunderts als Gericht, Gefängnis und Rathaus.

> **Das 1955 gegründete Museum of Childhood war das erste weltweit, das sich mit dem Thema Kindheit befasste.**

↑ *Blick vom Dugald Stewart Monument über die Old Town bis zum Edinburgh Castle*

❸

Calton Hill

C1 Stadtzentrum Ost, via Waterloo Pl

Auf dem Hügel, der sich am östlichen Ende der Princes Street erhebt, steht ein eklektisches Ensemble von Gebäuden griechischen Stils. Der Calton Hill lädt zu einem hübschen Spaziergang oder einem sommerlichen Picknick zwischen duftendem Ginster ein. Der Blick auf Edinburgh Castle und die Old Town sowie den Firth of Forth ist herrlich.

①

National Monument of Scotland

Auf dem Calton Hill befindet sich eines der merkwürdigsten Wahrzeichen der Stadt: ein nach dem Vorbild des Parthenon gestaltetes, unvollendetes Bauwerk, errichtet in der Absicht, der in den Napoleonischen Kriegen gefallenen Soldaten und Seefahrer zu gedenken. Mit dem Bau wurde 1822 begonnen, wenige Jahre später gingen jedoch die finanziellen Mittel aus. Im Volksmund wird das Denkmal als »Schande Edinburghs« bezeichnet. Ein Gerücht besagt, dass die Stadt Glasgow anbot, die Fertigstellung zu finanzieren, sofern das Denkmal ihr Wappen trüge. Edinburgh lehnte dankend ab. Die Haltung der Einwohner zu dem unvollendeten Monument hat sich von Scham zu Zuneigung und etwas Stolz entwickelt.

②

Nelson Monument

+44 131 556 2716 Mai & Sep: tägl. 10–19; Juni–Aug: tägl. 10–21; Okt–Apr: tägl. 10–16 edinburgh museums.org.uk

Wer die Wendeltreppe im Inneren des Turms erklimmt, wird mit einer atemberaubenden Aussicht belohnt. Das 32 Meter hohe Bauwerk in der Form eines umgekehrten Fernrohrs wurde 1807 bis 1815 zum Gedenken an den Sieg von Admiral Nelson in der Schlacht von Trafalgar erbaut. Die Bronzekanone am Eingang stammt aus der Zeit der britischen Eroberung von Burma (heute Myanmar) im 19. Jahrhundert.

③

Collective

City Observatory, 38 Calton Hill +44 131 556 1264 variierende Öffnungszeiten collective-edinburgh.art

In der einstigen städtischen Sternwarte, einem Gebäude pseudogotischen und griechischen Stils, sind seit 2018 die Ausstellungsflächen der

↑ *Das unvollendet gebliebene National Monument of Scotland*

Galerie Collective untergebracht. Es gibt ein einfaches Restaurant.

④
Dugald Stewart Monument

Die mit acht korinthischen Säulen versehene Rotunde wurde von dem schottischen Architekten William Henry Playfair nach dem Vorbild des Athener Lysikratesmonuments gestaltet. Es zählt zu den meistfotografierten Sehenswürdigkeiten Edinburghs. Tatsächlich ist das Denkmal weitaus bekannter als der Philosoph Dugald Stewart (1753–1828), dem es gewidmet ist.

⑤
Burns Monument

Robert Burns wird in ganz Schottland mit Monumenten geehrt. In Edinburgh erinnert ein im Stil eines kleinen Tempels gestaltetes Denkmal an den schottischen Nationaldichter. Am Südhang des Calton Hill gelegen, bietet es Blick auf Arthur's Seat. Der Bau wurde 1759 begonnen und in Burns' Todesjahr, 1796, vollendet. Die Marmorbüste von Burns, die einst das Denkmal zierte, befindet sich in der Scottish National Portrait Gallery *(siehe S. 94)*.

⑥
The Old Royal High School

Das auch als New Parliament House bekannte Gebäude wurde in den 1820er Jahren nahe der Regent Road auf dem Calton Hill errichtet. Thomas Hamilton gestaltete das Bauwerk nach dem Vorbild des Theseion in Athen. Das mehrfach als Sitz des neuen schottischen Parlaments gehandelte Gebäude war Mittelpunkt der Mahnwachen, die 1992 bis 1997 abgehalten wurden, um die Selbstverwaltung Schottlands einzufordern. Östlich des National Monument of Scotland erinnert ein kleiner Steinhaufen (Cairn) an diese Initiative. Zu den »Geschenksteinen« des Cairn zählt einer aus Auschwitz, der eines im KZ verstorbenen schottischen Missionars gedenkt.

⑦
Old Calton Burial Ground

Das Martyrs' Monument, ein Obelisk, auf dem Friedhof am Fuß des Calton Hill erinnert an Mitglieder der Wahlrechtsbewegung »Friends of the People«, die 1793 wegen Volksverhetzung verurteilt und in eine Strafkolonie an der australischen Botany Bay geschickt wurden. Zu den Grabstätten zählt die des Philosophen David Hume (1711–1776). Eine Statue von Abraham Lincoln gedenkt der schottischen Soldaten, die im Amerikanischen Bürgerkrieg ihr Leben ließen.

Restaurants

Valvona & Crolla
In dem italienischen Delikatessenladen erhält man Köstlichkeiten für ein Gourmet-Picknick. Pasta und Risotto im angeschlossenen Café-Restaurant sind köstlich.

19 Elm Row
W valvonacrolla.co.uk
£££

The Lookout
Nach dem Aufstieg auf den Calton Hill kann man in dem eleganten Restaurant bei grandioser Aussicht hervorragende Degustationsmenüs genießen.

Calton Hill
W thelookout edinburgh.co
£££

4

National Museum of Scotland

B3 | Chambers St | +44 300 123 6789 | tägl. 10–17 | 25. Dez | nms.ac.uk

Die umfangreichen Sammlungen illustrieren die verschiedensten Aspekte der schottischen Kultur und Geschichte. Das Nationalmuseum nimmt zwei äußerst unterschiedliche Gebäude ein: Der Altbau stammt aus dem 19. Jahrhundert, der moderne Anbau gilt als eines der bedeutendsten Bauwerke der Nachkriegszeit in Schottland.

Altbau

Die Ausstellungen in dem historischen Gebäude widmen sich den Bereichen Naturgeschichte, Wissenschaft und Technik. Die einzelnen Abteilungen beschäftigen sich mit den Kulturen der Welt, der Evolution, Mode und Design, den Errungenschaften schottischer Wissenschaftler und vielen weiteren Themen. In den Asien, Afrika und Südamerika gewidmeten Räumen auf Ebene 3 und 4 sind faszinierende Masken und Skulpturen zu sehen. Das Schaf Dolly, das erste geklonte Säugetier der Welt, zählt ebenfalls zu den Exponaten. Die lichtdurchflutete Grand Gallery stimmt Besucher mit einer eklektischen Sammlung von Artefakten aus aller Welt auf einen Rundgang durch das Museum ein.

Expertentipp
Führungen

Im Museum finden täglich um 11 Uhr kostenlose Führungen statt. Bei den einstündigen Rundgängen, die in der Eingangshalle auf Ebene 0 beginnen, werden Highlights der Sammlung vorgestellt.

Die von Captain Francis Fowke gestaltete Grand Gallery wurde 1888 vollendet ↓

1 *Eingang zum modernen Anbau des National Museum of Scotland an der Chambers Street*

2 *Dolly wurde 1996 aus einer Zelle eines ausgewachsenen Schafes geklont. 2003 musste das Tier wegen einer Lungenkrankheit eingeschläfert werden*

3 *Die interaktiven Ausstellungen in der Imagine Gallery begeistern Kinder*

Schon gewusst?

Bei starkem Lichteinfall in der Grand Gallery werden viele Exponate zum Schutz vor Schäden nicht gezeigt.

Neubau

Die Ausstellungen in dem aus Sandstein errichteten Gebäude illustrieren die Kultur und Geschichte Schottlands von den Anfängen bis zur Gegenwart. Auf der Ebene –1 im Untergeschoss sind Relikte aus der Frühzeit ausgestellt. Die Ebenen 0 bis 3 sind dem Königreich Schottland (9.–18. Jh.) gewidmet. Zu den überaus beeindruckenden mittelalterlichen Artefakten in diesem Bereich gehören die Lewis-Schachfiguren. Die Abteilung »Scotland Transformed« auf Ebene 3 informiert über die Jakobitenaufstände. Unter den Exponaten befindet sich das Reisebesteck von Bonnie Prince Charlie. Die Ausstellungen auf den Ebenen 4 und 5 beschäftigen sich mit der Industriegeschichte – mit der Dampflokomotive *Ellesmere* als einem der Highlights – und der Rolle Schottlands im Britischen Weltreich. Auf Ebene 6, die der Gegenwart gewidmet ist, ist unter anderem das Viktoria-Kreuz zu sehen, das dem »Piper of Loos«, Daniel Laidlaw, für seine herausragende Tapferkeit im Ersten Weltkrieg verliehen wurde.

↑ *Piktische Symbolsteine in der Abteilung zur schottischen Geschichte und Archäologie*

Schon gewusst?

Francis Fowke gestaltete den Altbau des Museums nach dem Vorbild des Londoner Crystal Palace.

Restaurant

Museum Brasserie und Balcony Café
In der Brasserie werden belegte Brote, Salate und warme Mahlzeiten serviert. Im Balcony Café in der zweiten Etage kann man bei herrlicher Aussicht Snacks genießen. Für Kinder sind Lunchpakete erhältlich.

tägl. 10–17

£££

↑ *Zu den Exponaten des Museums gehören auch historische Flugzeuge*

Nicht versäumen

Puppensärge

▷ 1836 entdeckten einige Jungen, die auf dem Arthur's Seat auf Kaninchenjagd waren, in einem Versteck an der Flanke des Bergs 17 kleine Holzsärge, die unterschiedlich gekleidete Puppen bargen. Die Funktion dieser Artefakte konnte bisher nicht ermittelt werden, eventuell handelt es sich um Glücksbringer, die einst an Seeleute verkauft wurden.

Wikingergrab

Die steinerne Grabkammer mit dem Skelett eines rund 30 Jahre alten Mannes stammt von den Orkney-Inseln. Zu den Grabbeigaben zählen landwirtschaftliche Geräte, Waffen und Schmuck.

Tyrannosaurus Rex

▽ Der Abguss eines zwölf Meter langen und sechs Meter hohen Skeletts eines Tyrannosaurus Rex dominiert das mehrere Stockwerke hohe Atrium der Abteilung Animal World. Er stammt von einem Skelett, das 1988 in den USA im Bundesstaat Montana entdeckt wurde. Es ist das weltweit zweitgrößte Skelett dieser Dinosaurierart weltweit und gilt als eines der besterhaltenen, da 85 Prozent der Knochen geborgen werden konnten.

»Moby«

Der Schädel stammt von einem 15 Meter langen Pottwal, der sich 1997 in den Fluss Forth verirrte und nach vergeblichen Versuchen, ihn ins Meer zurückzulotsen, an der Küste von Airth verendete. »Moby« war nach 200 Jahren der erste Wal, der in den Forth gelangte. 2009 erhielt die Künstlerin Lucy Skaer den Schädel als Leihgabe für ihre Installation *Leviathan Edge*, die für den Turner Prize nominiert wurde (2009).

Lewis-Schachfiguren

▷ In der dem Königreich Schottland gewidmeten Abteilung sind elf aus Walrosselfenbein geschnitzte Schachfiguren (frühes 13. Jh.) ausgestellt, die einem Satz von 78 Figuren entstammen, der 1831 in der Bucht von Uig auf Lewis entdeckt wurde. Gefertigt wurden die Figuren vermutlich in Norwegen. 2019 wurde einer der Türme für 735 000 £ verkauft.

5

Scottish National Gallery

B3 The Mound +44 131 624 200 tägl. 10–17 (Do bis 19); Eintritt für Sonderausstellungen 24. Dez nationalgalleries.org

Die schottische Nationalgalerie genießt großes Renommee. Die Sammlung europäischer Kunst umfasst einen Zeitraum von 500 Jahren. Das Haus beherbergt auch die weltweit größte Sammlung schottischer Malerei – mit Werken von Ramsay, Raeburn, Wilkie und McTaggart.

Zu den Highlights der Ausstellung zählen Gesellschaftsporträts von Allan Ramsay und Sir Henry Raeburn, darunter Raeburns *Reverend Robert Walker beim Schlittschuhlaufen*, sowie die Landschaften und ländlichen Motive von David Wilkie und William McTaggart.

Ein Besuch der Galerie lohnt sich nicht nur wegen der Werke schottischer Künstler: Die Sammlung britischer und europäischer Kunst des 15. bis 19. Jahrhunderts beinhaltet viele herausragende Exponate. Nicolas Poussins *Die sieben Sakramente* ist ein eigener Raum gewidmet. Raffaels *Madonna mit Kind* ist neben Werken von Tizian, Tintoretto und Velázquez ausgestellt. Die flämische Malerei ist mit van Dyck und Rubens vertreten. Zu den herausragenden Beispielen niederländischer Kunst gehören Werke von Rembrandt und van Goghs *Olivenbäume*. In der Abteilung Impressionismus ist unter anderem Degas' *Gruppe von Tänzerinnen* zu sehen. Das beeindruckende Gemälde *The Monarch of the Glen* des englischen Malers Sir Edwin Landseer wurde 2017 von der Nationalgalerie erworben.

↑ *Van Goghs* Olivenbäume, *Teil der Sammlung von Kunst des 19. Jahrhunderts*

Die Sammlung britischer und europäischer Kunst des 15. bis 19. Jahrhunderts der schottischen Nationalgalerie beinhaltet viele herausragende Exponate.

↑ *Das klassizistische Gebäude der Scottish National Gallery entwarf William Henry Playfair*

Royal Scottish Academy

Das Gebäude der unabhängigen, von Künstlern und Architekten geführten Institution ist mit der Scottish National Gallery durch einen unterirdischen Gang verbunden. Es beherbergt rund 1000 Werke zeitgenössischer schottischer Künstler. Bei der jährlich von Juni bis Juli veranstalteten Open Exhibition können Besucher die ausgestellten Werke erwerben.

Eine Besucherin fotografiert das Gemälde The Monarch of the Glen *von Sir Edwin Landseer* ↑

Blick über die Dächer des Bahnhofs Waverley, Edinburgh

←
Das dem schottischen Dichter gewidmete Scott Monument in den Princes Street Gardens

SEHENSWÜRDIGKEITEN

6 Scottish National Portrait Gallery

B1 1 Queen St +44 131 624 6200 tägl. 10–17 nationalgalleries.org

Die Scottish National Portrait Gallery ist in einem neugotischen Sandsteingebäude untergebracht, das sich von den georgianischen Bauten der New Town deutlich abhebt. Die Fassade zieren Statuen, die u. a. den Philosophen David Hume und den Ökonomen Adam Smith zeigen. Die Marmorstatue von Robert Burns, die das Atrium dominiert, flankieren Büsten von Sir Walter Scott, Robert Louis Stevenson, James Watt und anderen berühmten Persönlichkeiten. In den oberen Stockwerken hängen Porträts aus der Zeit der Aufklärung und der viktorianischen Ära. Sie zeigen mit Perücken bekleidete Könige und Aristokraten aus den Häusern Stuart und Hannover. Andere Säle widmen sich schottischen Stars der Gegenwart. Bildnisse zeigen zum Beispiel die Schriftstellerin Jackie Kay, den Dramatiker und Maler John Byrne, die Sängerin Annie Lennox sowie die Schauspieler Sean Connery, Ewan McGregor, Robert Carlyle, Karen Gillan, James McAvoy und Katie Leung.

> Expertentipp
> **Gallery Bus**
> Die Busse verbinden (mehrmals täglich) Scottish National Gallery, Scottish National Portrait Gallery (nur Ausstieg) und Scottish National Gallery of Modern Art – gegen freiwillige Zahlung von 1 £.

7 Scott Monument

B2 Princes St Gardens East +44 131 529 4068 Mai & Sep: tägl. 10–17; Juni–Aug: tägl. 10–21; Okt–Apr: tägl. 10–16; letzter Einlass 30 Min. vor Schließung bei schlechtem Wetter edinburgh museums.org.uk

Der in Edinburgh geborene Sir Walter Scott (1771–1832; *siehe S. 114f*) gehört zu den wichtigsten Figuren der schottischen Literaturgeschichte. Seine Werke erzählen von Abenteuern, Ehre und Ritterlichkeit. Sie trugen dazu bei, dieses Bild Schottlands im Ausland zu verbreiten. Mit dem Bau des Denkmals an der Princes Street

wurde in Scotts Todesjahr 1832 begonnen. 1840 wurde der von George Meikle Kemp entworfene Turm fertiggestellt. Im Erdgeschoss steht eine von Sir John Steell geschaffene Statue Scotts. Die Aussicht von der obersten Plattform, zu der 287 Stufen führen, ist herrlich.

8

Greyfriars Kirk

B4 Greyfriars Place +44 131 225 1900 Apr–Okt: Mo–Fr 10:30–16:30; Sa 11–14 greyfriarskirk.com

Die Greyfriars Kirk hatte in der Geschichte Schottlands eine Schlüsselrolle inne: In der Kirche leisteten 1638 die Presbyterianer einen Treueeid auf den National Covenant und widersetzten sich dadurch der Einführung der Episkopalkirche durch King Charles I. Nach der Schlacht von Bothwell Brig 1679 diente die Kirche als Gefängnis für Covenanters, der Kirchhof als Massengrab für hingerichtete Insassen.

Ihre Bekanntheit verdankt die Greyfriars Kirk vor allem dem Terrier Bobby, der von 1858 bis 1872 am Grab seines Herrn Wache hielt. Vor der

↑ *Statue des treuen Terriers Greyfriars Bobby vor der Greyfriars Kirk*

Kirche wurde ein Denkmal für Bobby errichtet.

Harry-Potter-Fans besuchen den Friedhof, da Inschriften auf den Grabsteinen J. K. Rowling zu Namen ihrer Romanfiguren inspirierten. Aus Thomas Riddell z. B. wurde Tom Riddle, der spätere Lord Voldemort.

9

Surgeons' Hall Museums

C4 Nicolson St +44 131 527 1711 tägl. 10–17 museum.rcsed.ac.uk

Die Sammlungen im einstigen Hauptsitz des Royal College of Surgeons sind seit 1832 öffentlich zugänglich. Sie entstammen dem 18. und 19. Jahrhundert – in dieser Zeit war Edinburgh ein bedeutendes Zentrum der medizinischen Forschung. Zu den faszinierenden und teils schaurigen Exponaten zählen Behälter mit Knochen und konserviertem menschlichem Gewebe, medizinische Instrumente und allerlei anatomische Präparate. Die Sammlungen dokumentieren auch die Geschichte der Zahnmedizin.

Im Rahmen der samstags und sonntags um 14 Uhr veranstalteten Führung »Blood and Guts« gelangen Besucher zu den ehemaligen Arbeitsstätten von Chirurgen in der Old Town.

← *Die beeindruckende Great Hall der Scottish National Portrait Gallery*

Hotels

The Inn on The Mile

Das 1923 als Sitz der British Linen Bank errichtete Gebäude ist heute ein elegantes Boutiquehotel. Einige Stilelemente der modern eingerichteten Zimmer greifen die faszinierende Geschichte des Hauses auf.

C3 82 High St, The Royal Mile theinn onthemile.co.uk

£££

The Balmoral

Das imposante Gebäude ist ein Wahrzeichen der Stadt. Das opulente Fünf-Sterne-Hotel verfügt über ein Gourmet-Restaurant, eine Champagnerbar und ein luxuriöses Spa.

B2 1 Princes Street roccoforte hotels.com

£££

10 Holyrood Park und Arthur's Seat

F3 Haupteingang via Holyrood Park Rd, Holyrood Rd und Meadowbank Terrace

Der an den Palace of Holyroodhouse angrenzende Park erstreckt sich über 260 Hektar. Der als Arthur's Seat bekannte, 250 Meter hohe Hügel im Holyrood Park ist ein seit rund 350 Millionen Jahren erloschener Vulkan. Das Gelände war mindestens seit der Zeit von David I, der 1153 starb, königlicher Jagdgrund. Seit dem 16. Jahrhundert ist es königlicher Park.

Der Name Holyrood (»heiliges Kreuz«) geht auf ein Ereignis im Leben von David I zurück. Als der König 1128 während der Jagd von einem Hirsch von seinem Pferd gestoßen wurde, hielt er, so die Legende, plötzlich ein Kreuz in den Händen, um das Tier abzuwehren. Aus Dankbarkeit gründete der König die Holyrood Abbey.

Der Name Arthur's Seat ist wohl eine Verfälschung von Archer's Seat (»Sitz der Bogenschützen«). Der Hügel hat also nichts mit dem legendären König Arthur zu tun.

Im Holyrood Park gibt es drei kleine Seen. St Margaret's nahe dem Palast ist aufgrund seiner Lage unterhalb der Ruinen von St Anthony's Chapel und der vielen Schwäne der romantischste. Dunsapie Loch, der mit 112 Meter über dem Meeresspiegel höchstgelegene der drei Seen, befindet sich an der Ostseite des Arthur's Seat. Duddingston Loch im Süden des Parks ist Heimat von Schwänen, Gänsen und Wildvögeln.

Die Salisbury Crags sind wie der Arthur's Seat kilometerweit sichtbar. Die Felsformation erstreckt sich von der Steilseite des Arthur's Seat bis zum Palace of Holyroodhouse. Am Fuß der Felsen führt die Radical Road, ein unbefestigter Weg, entlang.

Schon gewusst?

Im Holyrood Park gibt es Relikte von bis zu 10 000 Jahre alten Siedlungen.

11 Palace of Holyroodhouse

E2 Ostende der Royal Mile +44 131 556 5100 tägl. 9:30–18 (Nov–März: bis 16:30); letzter Einlass 1,5 Std. (Nov–März 45 Min.) vor Schließung 2 Wochen im Frühjar, 25. Dez, 26. Dez, kurzfristig bei Nutzung durch das Königshaus rct.uk

Die offizielle Residenz des britischen Monarchen in Schottland wurde 1498 unter James IV auf dem Gelände der Holyrood Abbey erbaut. Später war der Palast Wohnsitz von James V und dessen Frau, Mary de Guise. In den 1670er Jahren wurde für Charles II eine Umgestaltung vorgenommen. Heute werden die königlichen Gemächer (einschließlich Thron- und Speisesaal) für Amtseinführungen und Bankette genutzt. Ein Gemach im James V Tower wird mit der Herrschaft von Mary, Queen of Scots *(siehe S. 62f)* assoziiert: Lord Darnley, Marys eifersüchtiger Ehemann, ließ vermutlich hier 1566 David

↑ *Das von Enric Miralles entworfene Gebäude des Scottish Parliament*

Rizzio, den italienischen Sekretär und Vertrauten seiner Gattin, ermorden. Der letzte Thronprätendent aus dem Hause Stuart, Bonnie Prince Charlie, feierte zu Beginn des Jakobitenaufstands *(siehe S. 63)* im Palace of Holyroodhouse prunkvolle Feste.

Von April und Oktober werden täglich Führungen durch den Palast angeboten. Die Queen's Gallery zeigt Werke der Royal Collection.

12 Scottish Parliament

E2 Holyrood +44 131 348 5200 Mo–Sa 10–17 während Sitzungspausen des Parlaments parliament.scot

1997 wurde nach jahrzehntelangen Forderungen nach größerer politischer Selbstbestimmung per Volksentscheid die Wiedereinführung des schottischen Parlaments beschlossen.

Der Parlamentssitz wurde von Enric Miralles gestaltet, der durch seine Entwürfe zu den Olympischen Spielen 1992 in Barcelona bekannt geworden war. 2004 wurde das Gebäude von Elizabeth II eröffnet.

13 Dynamic Earth

E3 Holyrood Rd +44 131 550 7800 variierende Öffnungszeiten dynamicearth.co.uk

Die Dauerausstellung entführt Besucher auf eine 90-minütige Reise von den geologischen Anfängen der Erde bis zum ersten Auftreten von Leben auf unserem Planeten. Weitere Ausstellungen widmen sich den Klimazonen und Naturerscheinungen wie Flutwellen und Erdbeben. Im 360° Showdome kann man dank interaktiver Technik und Spezialeffekten unterhaltsame Stunden verbringen.

Das Amphitheater mit 1000 Sitzen vor dem Museum wurde von Sir Michael Hopkins entworfen. Die moderne Silhouette des Gebäudes unterhalb der Salisbury Crags kontrastiert auf eindrucksvolle Weise mit der Landschaft ringsherum.

↑ *Der im Holyrood Park aufragende Arthur's Seat bietet einen herrlichen Blick auf die Stadt*

Expertentipp
Gezeiten

Informieren Sie sich vor einer Tour nach Cramond Island unbedingt über die Gezeiten – per SMS mit dem Text »CRAMOND« an die Nummer +44 81400. Bei Flut droht auf dem Damm höchste Gefahr!

14

Grassmarket

A3 Old Town

Der von mittelalterlichen Gebäuden, Restaurants, Pubs und Boutiquen umringte Platz ist von der George IV Bridge über die Victoria Street zu erreichen. Während des samstäglichen Marktes, auf dem Kunsthandwerk und Streetfood angeboten werden, herrscht auf dem Grassmarket eine besonders lebhafte Atmosphäre. Die Pubs suchten einst der Dichter Robert Burns *(siehe S. 116f)* und die berüchtigten Serienmörder Burke und Hare (19. Jh.) häufig auf. Gegenüber dem Pub The Last Drop fanden bis 1784 Hinrichtungen statt.

15

Stockbridge

C5

Der Vorort von Edinburgh, der sich am Water of Leith erstreckt, besitzt noch immer dörflichen Charakter und unkonventionelles Flair. Die als The Colonies bekannten Häuser wurden im 19. Jahrhundert für Handwerker errichtet. Stockbridge bietet viele Gastropubs und Café-Bars, die St Stephen Street säumen Vintage-Läden und kleine Galerien. Von der Hauptstraße Raeburn Place ist der Royal Botanic Garden Edinburgh *(siehe S. 100)* zu Fuß zu erreichen.

Auf dem **Stockbridge Market** werden jeden Sonntag Streetfood aus aller Welt und Kunsthandwerksprodukte angeboten.

Stockbridge Market
Saunders St So 10–17
stockbridgemarket.com

16

Cramond

B5 Cramond Village

Das Römische Reich erstreckte sich bis zu diesem hübschen Dorf mit den weiß getünchten Häusern am Ostufer des Flusses Almond. Relikte eines Forts aus dem 2. Jahrhundert v. Chr. zeugen von dieser Zeit. Bei Ebbe kann man über einen Damm zu der kleinen, unbewohnten Insel Cramond Island spazieren, auf der Kormorane und andere Seevögel leben. Der Weg ist rund zwei Kilometer lang. Vom Strand der Insel reicht der Blick flussaufwärts bis zu den drei Brücken über den Firth of Forth und nach Fife. Die Reste eines Betonbunkers aus dem Zweiten Weltkrieg locken einheimische Graffitikünstler an.

17

Leith

C5 nordöstl. des Zentrums; Anbindung durch den Water of Leith Walkway

Der Stadtteil ist durch den Water of Leith Walkway, an dem Läden internationale Spezialitäten verkaufen, mit dem Zentrum verbunden. Die einstige Hafenstadt hat sich nach schwierigen Zeiten zu einem äußerst lebhaften multikulturellen Ort gemausert.
In Leith ist

↑ *The Shore in Leith, ein lebhaftes, attraktives Hafenareal*

Schon gewusst?

Leith war lange Zeit eine unabhängige Hafenstadt. Es gehört erst seit 1920 zu Edinburgh.

man sich des historischen Erbes bewusst und dennoch an der Zukunft orientiert. Der samstägliche Bauernmarkt bietet viele Delikatessen.

Die einstige Hafenstadt, die jahrhundertelang mit den Baltischen Staaten, Skandinavien und den Niederlanden Handel trieb, war für die Wirtschaft Edinburghs von größter Bedeutung. 1920 wurde die auf ihre Unabhängigkeit stolze Stadt schließlich eingemeindet. Sie ist heute ein bezaubernder Vorort im Nordosten von Edinburgh. Die Straßen und Kais des mittelalterlichen Stadtkerns säumen einige Lager- und Kaufmannshäuser aus dem 13. und 14. Jahrhundert. Der Hafen wurde im 19. Jahrhundert erweitert – viele der dortigen Gebäude stammen aus jener Zeit.

Schiffbau und Handel spielen am Hafen kaum noch eine Rolle. Das Areal erlebte jedoch in jüngster Zeit einen Wiederaufschwung durch die Umwandlung der Lagerhäuser in Büro- und Wohngebäude und vor allem in Restaurants. The Shore und Dock Place bieten heute die größte Dichte an Seafood-Lokalen und die beste Auswahl an Restaurants in Edinburgh.

In Leith liegt die ***Royal Yacht Britannia***, die von 1953 bis 1997 königliche Yacht war, vor Anker. Besucher können die Admiralskajüte und die Räume der königlichen Familie besichtigen.

← *Reste eines Verteidungswalls aus dem Zweiten Weltkrieg, Damm nach Cramond Island*

Royal Yacht Britannia
Ocean Terminal, Leith Docks +44 131 555 5566 Apr–Okt: tägl. 9:30–16:30 (Okt: bis 16); Nov–März: tägl. 10–15:30 royalyachtbritannia.co.uk

Restaurants

Roseleaf

Das urige Pub mit Brasserie bietet einfallsreiche Hausmannskost, darunter Wildpilze auf Toast und Cullen Skink. Brunch mit schottischen Frühstücksspezialitäten wird den ganzen Tag serviert.

C5 23–24 Sandport Place roseleaf.co.uk

£££

The Scran & Scallie

Das mit einem Michelin-Stern ausgezeichnete Gastropub von Tom Kitchin im trendigen Stockbridge begeistert mit exquisiter Küche.

C5 1 Comely Bank Rd scranandscallie.com

£££

The Kitchin

Das hervorragende, am Ufer gelegene Restaurant vereint saisonale britische Küche und französische Kochkunst.

C5 78 Commercial Quay thekitchin.com So, Mo

£££

18 Royal Botanic Garden Edinburgh

C5 Inverleith Row
+44 131 552 7171 tägl. 10–18 (Feb, Okt: bis 17; Nov–Jan: bis 16); Eintritt für Gewächshäuser
rbge.org.uk

Der Botanische Garten liegt nördlich der New Town nahe dem Fluss Water of Leith. Er geht auf einen 1670 von zwei Ärzten nahe dem Palace of Holyroodhouse angelegten Kräutergarten zurück. 1820 wurde er an den heutigen Standort verlegt und im Lauf der Zeit erweitert. Buslinien fahren den Osteingang an, am Westeingang gibt es gute Parkmöglichkeiten.

Der Hügel auf dem Gelände bietet Blick auf die Stadt. In der südöstlichen Ecke befindet sich ein Steingarten, in dem an der Nordostspitze gelegenen Gebäude werden Ausstellungen gezeigt. Die Gewächshäuser modernen und historischen Stils machen einen Besuch der Anlage auch bei Regen attraktiv. Den Alpingarten und den Rhododendronweg sollte man keinesfalls versäumen.

19 Dean Village

C5 nordwestl. des Zentrums

Ein kurzer Spaziergang vom Randolph Crescent auf der Bell's Brae führt zu dem bezaubernden Areal am Water of Leith. In dem Gebiet, in dem ursprünglich mehrere Wassermühlen standen, säumen historische Gebäude aus verschiedenen Epochen den Fluss. Der Water of Leith Walkway *(siehe S. 106f)* quert den Fluss auf mehreren Fußgängerbrücken, führt unter der von Thomas Telford errichteten Dean Bridge hindurch und über St Bernard's Well Richtung Royal Botanic Garden.

↑ *Skulptur von Antony Gormley, Scottish National Gallery of Modern Art*

20 Scottish National Gallery of Modern Art

C5 75 Belford Rd
+44 131 624 6200
tägl. 10–17; Eintritt für Sonderausstellungen
Gallery Bus *(siehe S. 94)*
nationalgalleries.org

Seit der Eröffnung 1960 ist die Sammlung der National Gallery of Modern Art auf rund 5000 Werke angewachsen. Die Exponate umfassen den Zeitraum von 1890 bis zur Gegenwart. Die Arbeiten stammen von Künstlern wie Edvard Munch, Pablo Picasso, Charles Rennie Mackintosh, Richard Hamilton, David Hockney und Jake Tilson.

Die Galerie nimmt zwei Gebäude ein: Die Modern One befindet sich in einem von William Burn entworfenen klassizistischen Bauwerk (1825). Der Eingang und der Skulpturengarten wurden von Charles Jencks gestaltet. Die Pig Rock Bothy genannte Holzhütte im Außenbereich wird für Vorträge und Sonderveranstaltungen genutzt. In der Modern Two sind Ausstellungen zeitgenössischer Kunst zu sehen.

21 South Queensferry

A5 Dalmeny, dann Taxi
43, 63

Vor der hübschen Stadt mit historischem Flair erhebt sich die imposante Forth Bridge. Die 1890 eröffnete Eisenbahnbrücke über den Firth of Forth war die erste vollständig aus Stahl gefertigte Brücke weltweit. Das Meisterwerk viktorianischer Ingenieurskunst gehört seit 2015 zum UNESCO-Welterbe.

Die Forth Bridge gehört seit 2015 zum Weltkulturerbe der UNESCO ↑

Die Forth Bridge kann man von South Queensferry aus auch bei einer Fahrt mit der *Maid of the Forth* nach Inchcolm Island – einer Insel mit einer Klosterruine – bewundern. Vom Schiff aus kann man Robben und Papageitaucher beobachten.

Das **Queensferry Museum** informiert über den Bau der Brücken über den Firth of Forth, über die Passagierfähren, die zuvor den Mündungstrichter des Flusses Forth überquerten, über die Stadtgeschichte und über Traditionen wie den Ferry Fair und das am Neujahrstag veranstaltete »Loony Dook«, bei dem Einheimische in das kalte Wasser des Forth eintauchen.

Fotomotiv
Forth Bridge

Ein beeindruckendes Foto vom Stahlgerüst der Forth Bridge erhält, wer sich am Hawes Pier am Ostende der Edinburgh Road neben den gewaltigen Stützpfeiler stellt und die Kamera nach oben richtet.

Maid of the Forth
Hawes Pier, South Queensferry +44 131 331 5000 variierend; Buchung über Website maidoftheforth.co.uk

Queensferry Museum
53 High St, South Queensferry +44 131 331 5545 tägl. 10–13, 14:15–17 edinburghmuseums.org.uk

22

Edinburgh Zoo

B5 134 Corstorphine Rd +44 131 334 9171 12, 16, 26, 31 tägl. 10–18 (März, Okt: bis 17; Nov–Feb: bis 16) 25. Dez edinburghzoo.org.uk

Der Zoo ist der einzige Großbritanniens, der Große Pandas beherbergt: Tian Tian und Yang Guang begeistern Besucher. In der riesigen Anlage am Hang eines Hügels südlich des Stadtzentrums leben auch Kleine Pandas, Erdmännchen, Schimpansen, Pelikane, Pinguine, viele weitere Säugetier- und Vogelarten sowie Reptilien.

Der von einer gemeinnützigen Gesellschaft geführte Zoo legt großen Wert auf Artenschutz, Aufklärung und Forschung. Die großräumigen Gehege sind den natürlichen Lebensräumen der Tiere nachempfunden. Die Abteilung »Wee Beasties« mit kleinen Kreaturen, darunter farbenprächtige Pfeilgiftfrösche, und Events wie die Pinguinparade sollte man keinesfalls versäumen. Im Edinburgh Zoo kann man täglich interessanten Vorträgen lauschen.

23

Hopetoun House

A5 West Lothian +44 131 331 2451 Dalmeny Apr–Sep: tägl. 10:30–17 hopetoun.co.uk

Das Herrenhaus ist von einem Park umgeben, der nach dem Vorbild des Schlossgartens von Versailles gestaltet wurde. Das 1707 vollendete Gebäude mit dem hufeisenförmigen Grundriss und dem prächtigen Interieur ist ein Paradebeispiel klassizistischen Baustils.

Restaurants & Café

Cavaliere
Das alteingesessene Restaurant hat einen hervorragenden Ruf. Nach einem Besuch des nahe gelegenen Dalkeith Country Park kann man sich in dem Lokal mit Pizza oder Pasta stärken, es gibt auch eine große Auswahl an Fleisch- und Fischgerichten.

C5 124–128 High St, Dalkeith thecavaliere.co.uk

£££

Skylark
Ob Frühstück, Brunch, Mittag- oder Abendessen – das Restaurant mit schottisch-französischer Fusionsküche ist immer eine gute Wahl. Abends sollte man unbedingt die in Knoblauch und Fenchel gebratene Schweineschulter mit Zitronenkartoffeln und sautiertem Mangold probieren.

C5 241–243 Portobello High St theskylark.co.uk

£££

The Beach House
Das beliebte Café mit Bistro-Küche lockt mit Tapas, leckeren Gerichten wie Lachsküchlein und hausgemachten Kuchen. Viele Zutaten stammen aus dem hauseigenen Garten.

C5 57 Bath St, Portobello thebeachhousecafe.co.uk

£££

24

Royal Observatory, Edinburgh

C5 Blackford Hill +44 131 668 8404 tägl. 8–24 roe.ac.uk

Die Sternwarte mit den beiden drehbaren kupfernen Kuppeln wurde 1896 südlich der Stadt auf dem Blackford Hill erbaut. Das Besucherzentrum informiert über die Forschungen. Die Crawford Collection, eine überaus wertvolle Sammlung von Büchern und Manuskripten, die James Lindsay, der 26. Earl of Crawford, der Sternwarte vermachte, bildet eine der weltweit größten Bibliotheken mit Werken zur Astronomie. Sie beinhaltet zahlreiche Erstausgaben, darunter Schriften von Isaac Newton und Galileo Galilei.

Die Sternwarte bietet Vorträge und Führungen an. An manchen Abenden können Besucher durch die Teleskope den Sternenhimmel beobachten. Die Veranstaltungen sind sehr beliebt, frühzeitige Buchung empfiehlt sich.

25 NTS

Craigmillar Castle

C5 Craigmillar Castle Rd +44 131 661 4445 tägl. 10–17 (Okt–März: bis 16) historicenvironment.scot

Die Fahrt zu der südöstlich des Zentrums von Edinburgh gelegenen Burgruine lohnt, da die Stätte wenig besucht ist. Meist kann man die Anlage in Ruhe erkunden.

Das gut erhaltene Tower House aus dem 14. Jahrhundert und die Great Hall mit dem prächtigen gotischen Kaminsims sind die ältesten Teile der Burganlage. 1566 hielt sich Mary, Queen of Scots im Craigmillar Castle auf. Im 19. Jahrhundert gab es Pläne, die Burg für Queen Victoria zu renovieren. Die Königin wählte jedoch Balmoral Castle als Sommerresidenz.

Von den oberen Stockwerken des Tower House reicht der Blick bis zum Edinburgh Castle und zum Arthur's Seat. Die gepflegten Rasenflächen an der Burgruine laden zum Picknicken ein.

↑ *Der Strand von Portobello ist im Sommer bei Familien beliebt*

26 Dalkeith Country Park

C5 über King's Gate, Dalkeith +44 131 654 1666 tägl. 7–19 dalkeithcountrypark.co.uk

Der zehn Kilometer südöstlich des Stadtzentrums gelegene Park ist für Erwachsene und Kinder ein lohnenswertes Ausflugsziel. Er umfasst landwirtschaftliche Flächen, einen rund 700 Jahre alten Eichenwald und gut beschilderte Spazierwege.

Highlight ist der Fort Douglas Adventure Park mit Baumhäusern, Seilrutschen, Kletterwänden und weiteren Attraktionen. Für den Besuch des Vergnügungsparks ist Eintritt zu zahlen. Im nahe gelegenen Restoration Yard kann man sich nach den Aktivitäten entspannen. In den restaurierten Stallungen aus dem 18. Jahrhundert befinden sich ein hervorragendes Restaurant mit hübscher Terrasse, ein Fitness- und Wellnesscenter sowie ein Laden, in dem Geschenkartikel und Wohnaccessoires erhältlich sind. Im Dalkeith Country Park finden viele Veranstaltungen statt.

Schon gewusst?

Das Royal Observatory, Edinburgh hat eine internationale Führungsrolle inne.

← *Das Royal Observatory, Edinburgh befindet sich auf dem Blackford Hill*

27 Portobello

C5

Der fünf Kilometer östlich des Zentrums an der Küste gelegene Vorort war früher eine eigenständige Stadt. Portobello bietet einige bezaubernde viktorianische Gebäude sowie einen drei Kilometer langen Sandstrand mit hübscher Promenande. In den Sommermonaten finden sich viele Schwimmer und Surfer ein, Sonnenanbeter bevölkern den Strand. Portobello lohnt jedoch auch in der kälteren Jahreszeit einen Besuch – ein Spaziergang am Strand ist wunderschön. Wer nicht gern im Meer badet, kann das Portobello Swim Centre aufsuchen. In der viktorianischen Badeanstalt kann man das Schwimmbecken nutzen oder in den wundebar restaurierten **Turkish Baths** entspannen.

Portobellos High Street säumen kleine Läden und Cafés. Auf dem Markt, der am ersten Samstag jedes Monats im Brighton Park veranstaltet wird, kann man Obst und Gemüse aus der Region sowie Kunsthandwerksprodukte erwerben.

Turkish Baths

Portobello Swim Centre, 57 The Promenade +44 131 458 2100 variierende Öffnungszeiten edinburghleisure.co.uk

Spaziergang durch die New Town

Länge 2 km **Dauer** 20 Minuten

Der erste Teil von Edinburghs New Town wurde im 18. Jahrhundert gebaut, um die überbevölkerte mittelalterliche Altstadt zu entlasten. Als Glanzpunkt der ersten Bauphase gilt der Charlotte Square, dessen neues architektonisches Konzept die weitere Planung wesentlich beeinflusste. Besonders beeindruckend ist der Moray Estate – eine Reihe großer Häuser bildet einen Halbmond, ein Oval und ein Polygon. Dieser Spaziergang führt zu imposanten georgianischen Bauwerken.

Viele der großen Häuser am **Moray Place**, dem prächtigsten Teil des Moray Estate, sind noch heute bewohnt.

Ainslie Place ist Herzstück des Moray Estate. Das von Stadthäusern gebildete Oval verbindet Randolph Crescent und Moray Place.

Die 1829 von Thomas Telford entworfene **Brücke** bietet Blick auf den Fluss Water of Leith und die Wehre und Mühlen im Dean Village *(siehe S. 100)*.

Am Fluss **Water of Leith**, der sich unterhalb der Dean Bridge durch eine Schlucht schlängelt, führt ein Fußweg *(siehe S. 106f)* nach Stockbridge *(siehe S. 98)*.

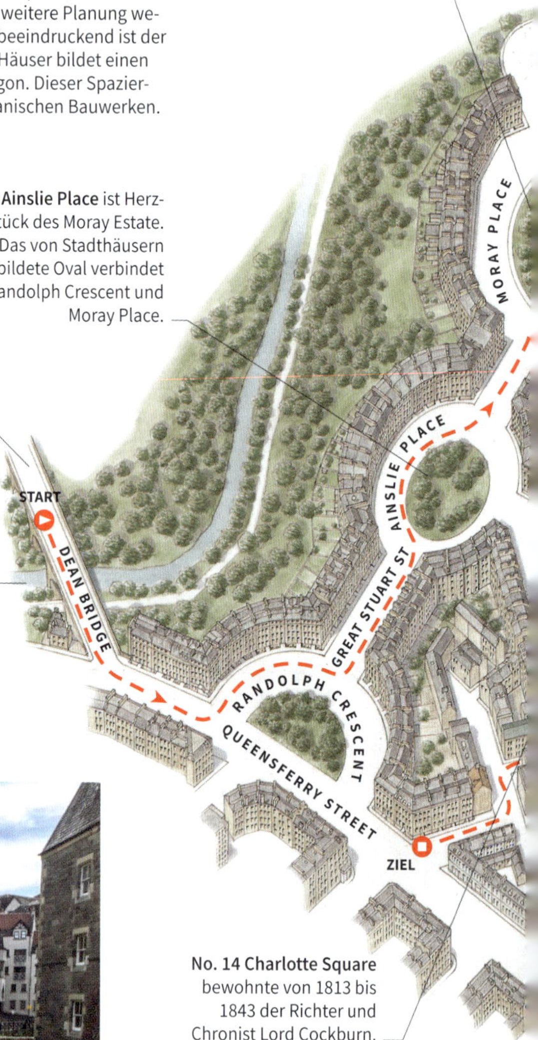

No. 14 Charlotte Square bewohnte von 1813 bis 1843 der Richter und Chronist Lord Cockburn.

←

Der kleine Fluss Water of Leith durchquert das malerische Dean Village

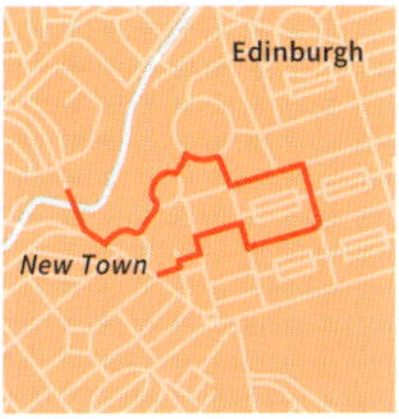

Zur Orientierung

↑ *The Georgian House und andere prächtige Bauten am Charlotte Square*

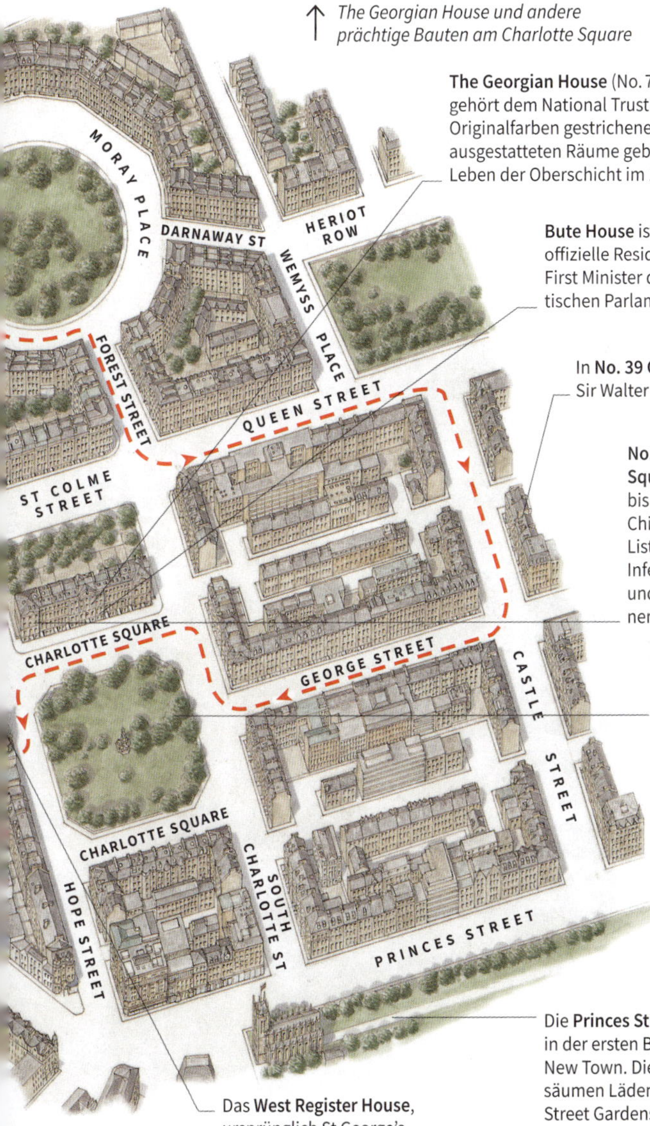

The Georgian House (No. 7 Charlotte Square) gehört dem National Trust for Scotland. Die in Originalfarben gestrichenen, mit Antiquitäten ausgestatteten Räume geben Einblick in das Leben der Oberschicht im 18. Jahrhundert.

Bute House ist die offizielle Residenz des First Minister des schottischen Parlaments.

In **No. 39 Castle Street** lebte Sir Walter Scott *(siehe S. 114)*.

No. 9 Charlotte Square war von 1870 bis 1877 das Haus des Chirurgen Joseph Lister, der Wege fand, Infektionen während und nach Operationen zu verhindern.

Der **Charlotte Square** wurde 1792 bis 1811 angelegt. An dem Platz entstanden feudale Stadthäuser für reiche Kaufleute. Die meisten Gebäude beherbergen heute Büros.

Die **Princes Street** entstand in der ersten Bauphase der New Town. Die Nordseite säumen Läden, die Princes Street Gardens liegen im Süden unterhalb der Burg.

Das **West Register House**, ursprünglich St George's Church, schuf Robert Adam.

Spaziergang: Water of Leith Walkway

Zur Orientierung
Siehe Karte S. 70f

Länge 20,5 km **Dauer** 4,5 Stunden **Strecke** Beschilderter Fuß- und Radweg; überwiegend gepflastert, nur in Teilen unbefestigt und steinig **Bus** Lothian Bus Nr. 44 von Shandwick Place nach Balerno

Die Quelle des Water of Leith liegt in den Pentland Hills. Der kleine Fluss schlängelt sich auf einer Strecke von 40 Kilometern durch Edinburgh und mündet bei Leith in den Firth of Forth. Er durchquert Stadtteile mit dörflichem Charakter, Parks und Wälder. Alte Wehre und ehemalige Wassermühlen erinnern an seine einstige Rolle als Energielieferant für Industrie- und Handwerksbetriebe. Der Water of Leith Walkway, der dem Fluss in etwa über die halbe Länge folgt, ist Teil des von Küste zu Küste führenden Fernwanderwegs John Muir Way.

← *Der Water of Leith Walkway führt unter einem Aquädukt des Union Canal hindurch*

Eine Skulptur aus Holz und Metall markiert den **Startpunkt** des Spazierwegs, der einer 1968 stillgelegten Eisenbahnstrecke folgt.

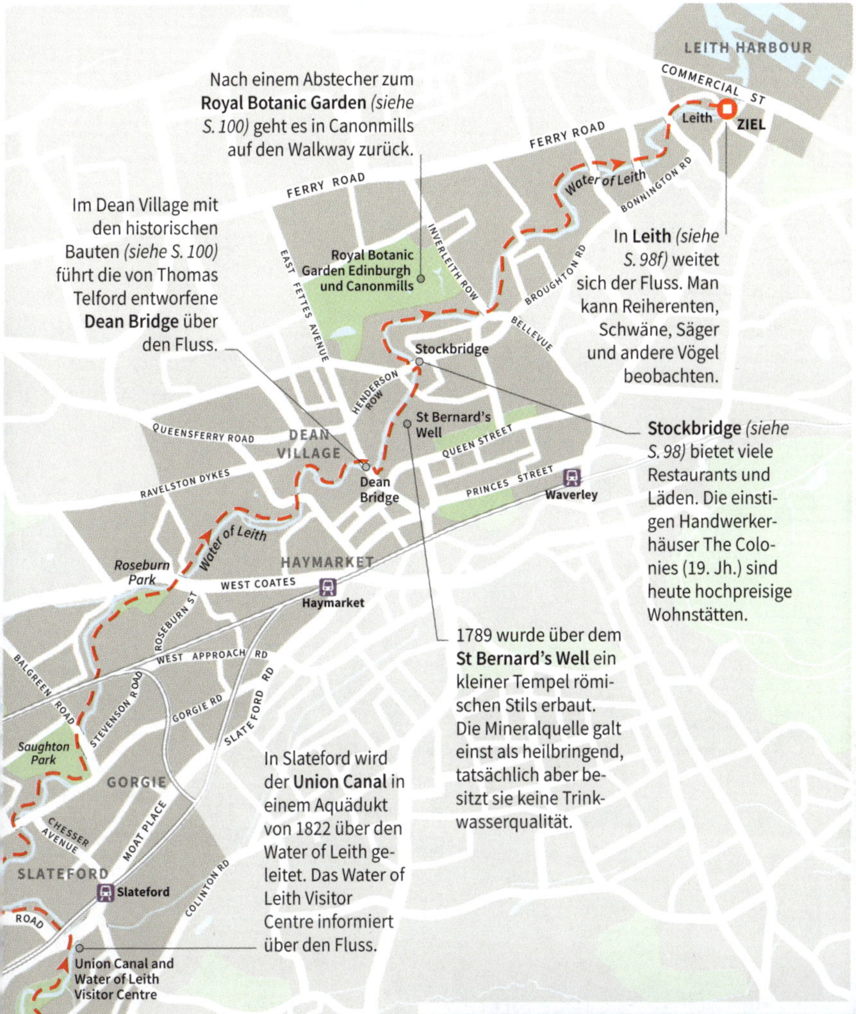

Nach einem Abstecher zum **Royal Botanic Garden** *(siehe S. 100)* geht es in Canonmills auf den Walkway zurück.

Im Dean Village mit den historischen Bauten *(siehe S. 100)* führt die von Thomas Telford entworfene **Dean Bridge** über den Fluss.

In **Leith** *(siehe S. 98f)* weitet sich der Fluss. Man kann Reiherenten, Schwäne, Säger und andere Vögel beobachten.

Stockbridge *(siehe S. 98)* bietet viele Restaurants und Läden. Die einstigen Handwerkerhäuser The Colonies (19. Jh.) sind heute hochpreisige Wohnstätten.

1789 wurde über dem **St Bernard's Well** ein kleiner Tempel römischen Stils erbaut. Die Mineralquelle galt einst als heilbringend, tatsächlich aber besitzt sie keine Trinkwasserqualität.

In Slateford wird der **Union Canal** in einem Aquädukt von 1822 über den Water of Leith geleitet. Das Water of Leith Visitor Centre informiert über den Fluss.

Hinter Colinton Village schlängelt sich der Water of Leith durch das Waldgebiet **Colinton Dell**, vorbei an den Ruinen von Redhall Castle und einer steinernen Grotte aus dem 18. Jahrhundert.

↑ *Der Leuchtturm am Leith Harbour im Abendlicht*

Hundleshope Heights nahe Peebles (siehe S. 122)

Südschottland

1296 begannen die Unabhängigkeitskriege der Schotten gegen die Engländer, unter denen Südschottland am meisten zu leiden hatte. Der Zwist dauerte rund 300 Jahre an, da zunächst die Unabhängigkeit Schottlands und später Allianzen mit Frankreich für Spannungen zwischen Schottland und England sorgten.

Die Eigenständigkeit des Border District, in dem mächtige Familien gemäß dem Mitte des 12. Jahrhunderts eingeführten Ortsrecht regierten, schürte weitere Konflikte. Wenn die schottischen Könige nicht gegen England kämpften, griffen sie das Grenzland an, um es wieder unter ihre Kontrolle zu bringen.

Die großen Dramen der wechselvollen schottischen Geschichte spielten sich vor allem im Süden ab: Im Jahr 1307 besiegte Robert the Bruce, Anführer der aufständischen Schotten, die Engländer in der Schlacht von Glen Trool. 1513 erlebten die Schotten in Flodden Field nahe Coldstream ihre wohl größte militärische Niederlage: In der Schlacht kamen James IV von Schottland und Tausende seiner Männer ums Leben.

Heute bieten die beschaulichen Marktstädte in den Scottish Borders und die wunderschöne Berglandschaft in Dumfries und Galloway ein friedliches Bild. Die Burgen, die Ruinen der großen Abteien und die einstigen Schlachtfelder zeugen jedoch von der turbulenten Vergangenheit. Südschottland ist für seine Textilindustrie und als literarisches Zentrum bekannt.

Loch Lomond
Drymen
Fintry
Kincardine
Polmont
Otter Ferry
Ardtaraig
Balloch
Dunoon
Zentralschottland
Seiten 160–199
Clydebank
Glasgow Airport
Glasgow
Glasgow
Seiten 136–159
Portavadie
Rothesay
Skelmorlie
Airdrie
Paisley
Isle of Bute
Largs
Motherwell
Skipness
Kingarth
Hamilton
East Kilbride
Sound of Bute
Dalry
Lochranza
Fenwick
Ardrossan
New Lanark 21
Irvine
Kilmarnock
Darvel
Dougarie
Brodick
Firth of Clyde
Holy Island
32
Troon
Douglas
Isle of Arran
Scottish Matitime Museum 33
Glasgow Prestwick Airport
Sorn
Cairn Table 593 m
Abington
Ayr
Dumfries House 31
Cumnock
Lagg
Kildonan
Alloway
Leadhills
Dunure
3 Burns Heritage Trail
Culzean Castle and Country Park 1
Sanquhar
Dalmellington
Drumlanrig Castle 16
Highlands und Inseln
Seiten 200–267
Dailly
Girvan
Stinchar
Loch Doon
Carsphairn
Moniaive
Lendalfoot
Merrick 843 m
34 Galloway Forest Park
Ellisland Farm
Larne
Colmonell
Ballantrae
Barrhill
Trool
Loch Trool
New Galloway
Corsock
Crocketford
Loch Ken
Glenwhilly
Kirkcolm
Cairnryan
Newton Stewart
Palnure
Threave Castle 29
Belfast
Castle Douglas
Kirkcowan
Creetown
Gatehouse of Fleet
Stranraer
Glenluce
Dee
Portpatrick
35 Rhinns of Galloway
Wigtown 23
Kirkudbright 27
26 Colvend Coast
Sandhead
Dundrennan
Luce Bay
Garlieston
Solway
North Channel
Logan Botanic Garden
Port William
Wigtown Bay
30 Whithorn
Drummore
Burrow Head
Irische See
M8
M9
A78
M77
A736
M74
A721
A71
A73
A70
A76
A77
B797
A713
A75
A710
A747
0 Kilometer 20
0 Meilen 20
N

Südschottland

Highlights

1. Culzean Castle and Country Park
2. Abbotsford
3. Burns Heritage Trail

Sehenswürdigkeiten

4. East Lothian Coast
5. North Berwick
6. Tantallon Castle
7. Direlton Castle
8. Haddington
9. National Museum of Flight
10. St Abb's Head National Nature Reserve
11. Pentland Hills Regional Park
12. Rosslyn Chapel
13. Linlithgow Palace
14. Kelso
15. Peebles
16. Drumlanrig Castle
17. Traquair House
18. Jedburgh
19. Eildon Hills
20. Melrose Abbey
21. New Lanark
22. Dumfries
23. Wigtown
24. Sweetheart Abbey
25. Dawyck Botanic Garden
26. Colvend Coast
27. Kirkcudbright
28. Caerlaverock Castle
29. Threave Castle
30. Whithorn
31. Dumfries House
32. Firth of Clyde
33. Scottish Maritime Museum
34. Galloway Forest Park
35. Rhinns of Galloway

1

Culzean Castle and Country Park

C6 · 6 km westl. von Maybole, Ayrshire · Ayr, dann Bus · +44 1655 884 455
Schloss: Apr – Okt: tägl. 10:30 –16:30; letzter Einlass 16; Park: tägl. 10 –16 (Apr – Okt: bis 17) · nts.org.uk

Das prächtige Culzean Castle nimmt im an Burgen und Schlössern reichen Schottland eine Sonderstellung ein. Es ist von einer wunderschönen Parklandschaft umgeben.

Der schottische Architekt Robert Adam schuf mit dem Culzean Castle, ursprünglich ein tristes Tower House, eine elegante Residenz. Die Bauarbeiten dauerten von 1777 fast 20 Jahre an. Bei der kunstvollen Ausstattung der Räume wurden keine Kosten gescheut. 1945 wurde das Schloss dem National Trust for Scotland übergeben. In den 1970er Jahren wurde das Anwesen umfassend restauriert.

Country Park

Die Schlossgärten wurden 1969 zum ersten öffentlichen Park Schottlands. Die Kombination aus landwirtschaftlich genutzten Flächen und Ziergärten verdeutlicht das Nebeneinander von Arbeit und Muße auf einem herrschaftlichen Landsitz. Vom Besucherzentrum in der Home Farm starten kostenlose Führungen. Man kann den Park aber auch auf eigene Faust erkunden. Der Blick von den Klippen auf den Firth of Clyde ist herrlich.

Kamelienhaus

Bei der Restaurierung des eleganten Gewächshauses 2018 wurden Clementinen-, Limetten-, Zitronen- und Orangenbäume angepflanzt. Das Gebäude wurde um 1840 von John Patterson, einem Schüler von Robert Adam, entworfen. Den Adeligen des 19. Jahrhunderts galten Gewächshäuser, wie sie für Monarchen des 17. Jahrhunderts wie Louis XIV von Frankreich geschaffen worden waren, als Statussymbole.

Im **Clock Tower** befanden sich einst das Kutschenhaus und die Ställe.

Schon gewusst?

Die Höhlen unterhalb des Schlosses wurden einst von Schmugglern genutzt.

Das prächtige Culzean Castle ist hoch auf den Klippen an der Küste gelegen ↑

Blick auf die Türme des Culzean Castle vom Strand unterhalb des Schlosses ↑

→

Die ovale Treppe des Schlosses ist ein architektonisches Meisterwerk

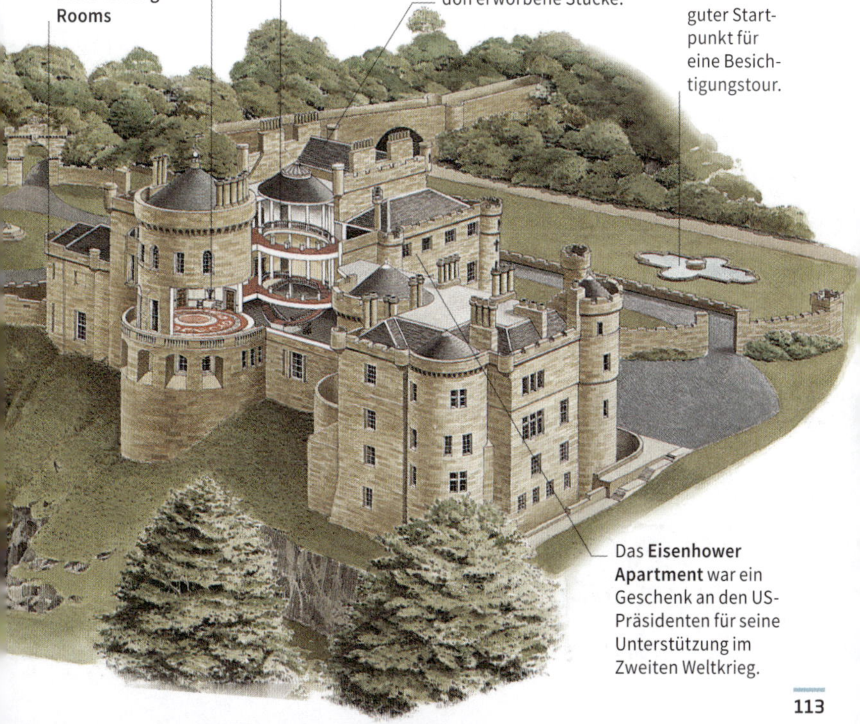

2

Abbotsford

E6 Tweedbank, Melrose Tweedbank X62, 72, Abbotsford Minibus ab Bahnhof Tweedbank (Apr – Okt) +44 1896 752 043
März, Nov: tägl. 10 –16; Apr – Okt: tägl. 10 –17 scottsabbotsford.com

Wenige Häuser spiegeln den Charakter ihres Besitzers so stark wider wie Abbotsford, das Sir Walter Scott, der bedeutendste schottische Schriftsteller georgianischer Zeit, in den letzten 20 Jahren seines Lebens bewohnte. Scott ersetzte ein kleines Gehöft am Tweed durch ein imposantes, mit Türmen versehenes Herrenhaus, dessen Räume Antiquitäten, Memorabilien, Waffen und edles Mobiliar zieren.

Sir Walter Scott erwarb 1811 eine scherzhaft als *Clarteyhole* (»Schlammloch«) bezeichnete Farm, die er bald im Gedenken an die Mönche der Melrose Abbey »Abbotsford« nannte. Er ließ das Gehöft abreißen und finanzierte mithilfe der Einnahmen, die er durch den Verkauf seiner Romane erzielte, den Bau des mit Türmen ausgestatteten Herrenhauses.

Das Schwert des schottischen Volkshelden Rob Roy zählt zu den wertvollsten Schätzen der Waffensammlung von Sir Walter Scott, die auch mittelalterliche Rüstungen beinhaltet. Von Scotts Vorliebe für eine romantisierende Darstellung der schottischen Geschichte zeugen seltene Bücher und Memorabilien aus dem Hause Stuart, darunter ein reich verziertes Kruzifix von Mary, Queen of Scots und eine Locke von Bonnie Prince Charlie. Im Arbeitszimmer von Abbotsford schuf Sir Walter Scott viele seiner Werke.

Der von Scott selbst angelegte Abbotsford Estate, ein rund 50 Hektar großer Park mit Wäldern und Formgärten, bietet heute ein preisgekröntes Besucherzentrum und viele Aktivitäten für Familien.

↑ *Die prächtige Abbotsford Library birgt viele seltene Werke*

← *Mittelalterliche Turnierrüstung, Teil der Waffensammlung von Abbotsford*

Sir Walter Scott

Zu Scotts umfangreichem Schaffen (1771–1832) zählen Biografien, Versdichtungen und historische Romane. Scotts erstes Prosawerk *Waverley* erschien 1814. Für die Organisation des Besuchs von König George IV in Schottland 1822 wurde Scott mit dem Ritterschlag geehrt. Gaetano Donizetti wurde durch einen Roman von Scott zu seiner Oper *Lucia di Lammermoor* inspiriert. Heute ist *Rob Roy*, der Roman über den schottischen Volkshelden, das wohl bekannteste Werk von Scott.

Highlight

9000

seltene Bücher stehen in den Regalen der Bibliothek von Abbotsford.

↑ *Das Herrenhaus ist von wunderschönen Blumengärten umgeben*

Das moderne Holzgebäude des Robert Burns Birthplace Museum in Alloway ↑

3

Burns Heritage Trail

C6 South Ayrshire, Dumfries and Galloway

Robert Burns (1759–1796), der neben Sir Walter Scott als schottischer Nationaldichter gilt, wird bis heute große Verehrung entgegengebracht. Sein beeindruckendes Werk reicht von satirischen politischen Schriften bis zu wunderschönen Liebesgedichten. Der Burns Heritage Trail führt Besucher zu verschiedenen Orten in Südwestschottland, die Wohnsitz und Arbeitsplatz des Dichters waren.

Das südlich von Ayr gelegene Dorf Alloway ist Zentrum des Burns Heritage Trail. Das **Robert Burns Birthplace Museum** besitzt eine große Sammlung von Manuskripten und persönlichen Gegenständen des Dichters. Zum Museum gehört das Burns Cottage, in dem Robert Burns geboren wurde und die ersten sieben Jahre seines Lebens verbrachte. In Alloway befinden sich zudem die Ruinen der Alloway Kirk – der Begräbnisstätte von Burns' Vater – und die Brig o'Doon, die Brücke aus dem 13. Jahrhundert, die in einem der bekanntesten Gedichte von Burns erwähnt wird.

Zu den Exponaten im **Robert Burns Centre** in Dumfries zählen ein Modell, das die Stadt in den 1790er Jahren zeigt, sowie ein Stück Eichenrinde von der Ellisland Farm, in die Burns seinen Namen ritzte. Außerdem sind Originalmanuskripte ausgestellt. Abends dient das Zentrum als Kino. Das **Robert Burns House** auf der gegenüberliegenden Seite des Flusses bewohnte der Dichter in den letzten drei Jahren seines Lebens. In dem Haus, in dem einige der bedeutendsten Werke Burns' entstanden, sind Erstausgaben und Fotografien zu sehen. Robert Burns wurde auf dem nahe gelegenen Friedhof der St Michael's Church in einem Mausoleum griechischen Stils beigesetzt.

Das Robert Burns House auf der gegenüberliegenden Seite des Flusses bewohnte der Dichter in den letzten drei Jahren seines Lebens.

Highlight

→ *Im Robert Burns Centre zeigt ein Modell die Stadt Dumfries, wie sie im 18. Jahrhundert aussah*

18 Kilometer östlich von Ayr, nahe dem Fluss Nith, liegt das **Ellisland Museum and Farm.** Burns ließ das Bauernhaus 1788 für seine Frau, Jean Armour, erbauen. Besucher erhalten Einblick in das Familienleben des Dichters. Das Areal lädt zu Spaziergängen ein.

Robert Burns Birthplace Museum
Alloway · +44 1292 443 700 · tägl. 10–16:30 (Apr–Okt: bis 17) · nts.org.uk

Robert Burns Centre
Mill Rd, Dumfries · +44 1387 264 808 · variierende Öffnungszeiten · rbcft.co.uk

Robert Burns House
Burns Street, Dumfries · +44 1387 255 297 · Apr–Sep: tägl. 10–17 (So ab 14); Okt–März: Di–Sa 10–13, 14–17 · dgculture.co.uk

Ellisland Museum and Farm
Holywood Rd, Auldgirth · +44 1387 740 426 · Do–So 11–16 · ellislandfarm.co.uk

Burns Night

An Burns' Geburtstag (25. Jan.) wird das Burns Supper begangen: Erst wird das von Burns verfasste Gebet *Selkirk Grace* gesprochen, dann zu Dudelsackklängen Haggis serviert. Es werden das Gedicht *Address to a Haggis*, das das schottische Nationalgericht feiert, und weitere Texte von Burns vorgetragen. Der bissige Trinkspruch »Toast to the Lassies« wird von den Adressaten, den Frauen, sarkastisch gekontert. Dann singt man *Auld Lang Syne*.

Der kleine Hafen von Seacliff mit dem Tantallon Castle im Hintergrund

SEHENSWÜRDIGKEITEN

4

East Lothian Coast

E5 East Lothian
Edinburgh and The Lothians; +44 845 225 5121

Die Küste von East Lothian, die sich östlich von Musselburgh über 65 Kilometer erstreckt, prägen Klippen, Wälder, Ackerland und Strände. Sie lädt zum Windsurfen, Golfspielen und Wandern sowie zur Vogelbeobachtung ein. Die A198 und die A1 führen zwar nur kurz an der Küste entlang, bieten aber eine Reihe öffentlicher Parkplätze (im Sommer wird eine geringe Gebühr erhoben) mit guten Zugängen zu den Stränden. Gullane Beach ist bei Wassersportlern beliebt. Yellowcraig Beach, ein Strand in einer hübschen Bucht nahe Dirleton, liegt etwa 400 Meter vom Parkplatz entfernt. Der Limetree Walk bei Tyninghame, ein in zehn Minuten zu bewältigender Waldweg, führt zum Strand Ravensheugh Sands. Der lange Strand Belhaven Bay westlich von Dunbar bietet Spazierwege an der Mündung des Tyne. In Barns Ness, östlich von Dunbar, gibt es einen geologischen Naturpfad und einen Leuchtturm. Zum Strand von Seacliff führt eine mautpflichtige Privatstraße, die etwa drei Kilometer östlich von North Berwick von der A198 abzweigt.

Expertentipp
East Lothian Coastal Walk

Der Wanderweg führt von der Gullane Bay nach North Berwick – durch Heideland an hübschen Sandstränden vorbei und über felsige Landspitzen. Er bietet schöne Ausblicke auf die nördlich gelegene Küste von Fife.

5

North Berwick

E5 5600 North Berwick X5, X24

Die hübsche Küstenstadt lockt mit Bootsausflügen, Spazierwegen am Ufer und Golfplätzen. Es gibt nette Läden, (Eis-)Cafés und gute Fish-and-Chips-Lokale. Im Sommer legen im Hafen Boote zu den nahe gelegenen Inseln ab – einschließlich der Insel Bass Rock, die die größte Basstölpelkolonie Großbritanniens beherbergt.
Im **Scottish Seabird Centre** kann man durch Live-Übertragungen von Kamerabildern die auf den Inseln lebenden Tiere beobachten, ohne sie zu stören. Golfspieler zieht es zu den Clubs North Berwick, The Glen und Muirfield.

Scottish Seabird Centre
North Berwick Harbour +44 1620 890 202 variierende Öffnungszeiten seabird.org

6

Tantallon Castle

E5 East Lothian
+44 1620 892 727
North Berwick 120
Apr – Sep: tägl. 9:30 – 17:30; Okt – März: tägl. 10 – 16; letzter Einlass 30 Min. vor Schließung
historicenvironment.scot

Die malerische Burgruine mit den 15 Meter hohen und vier Meter dicken Mauern ist ein

lohnenswertes Ziel für einen Tagesausflug von Edinburgh aus. Sie bietet herrlichen Blick auf die Nordsee und die Insel Bass Rock. Die Burg war Sitz eines Zweigs des Douglas-Clans, der zu den mächtigsten im mittelalterlichen Schottland gehörte.

7 Dirleton Castle

E5 Dirleton
+44 1620 850 330
X5 Apr – Sep: tägl. 9:30 –17:30; Okt – März: tägl. 10 –16; letzter Einlass 30 Min. vor Schließung
historicenvironment.scot

Die Burgruine ist von Edinburgh aus schnell mit dem Bus zu erreichen. Die von der Familie de Vaux im 13. Jahrhundert errichteten Turmbauten zählen zu den ältesten Schottlands. Die Burg war Wohnsitz von mehreren Adeligen, darunter der erste Earl of Gowrie, der 1585 als Anführer einer Verschwörung gegen James VI hingerichtet wurde. Im Verlies unter der dreistöckigen Burg darbten Gefangene der Edelleute. Das steinerne Taubenhaus (16. Jh.) diente für 1000 Vögel. Die Staudenrabatte im Park ist die längste weltweit.

Schon gewusst?

Im Firth of Forth sind Robben, Delfine und mehrere Arten von Walen beheimatet.

8 Haddington

E6 East Lothian
9100 Edinburgh and The Lothians; +44 845 225 5121

Die bezaubernde Kleinstadt liegt 24 Kilometer östlich von Edinburgh. Sie wurde während der Unabhängigkeitskriege im 13. und 14. Jahrhundert und ein weiteres Mal im 16. Jahrhundert zerstört. Die Agrarrevolution verhalf Haddington zu Reichtum – historische Häuser, Kirchen und andere öffentliche Gebäude zeugen von jener Zeit. Ein Restaurierungsprogramm half, den Charakter der Stadt zu erhalten. Der Fluss Tyne fließt durch Haddington und lädt zu schönen Uferspaziergängen ein (die Broschüre *A Walk around Haddington* ist in Zeitschriftenläden erhältlich). Die St Mary's Collegiate Church südöstlich des Zentrums, eine der größten Kirchen in der Region, wurde 1462 vollendet. Die bei der Belagerung von Haddington 1548 zerstörten Teile der Kirche wurden wieder aufgebaut.

Restaurants

The Lobster Shack

Das Angebot beinhaltet vor Ort gefischten Hummer sowie Muscheln, Krebse und Tintenfisch.

E5 North Berwick Harbour
lobstershack.co.uk

£££

Marmions Brasserie

Serviert werden regionale Gerichte wie Kroketten mit Schweinehack und Apfelmus.

E6 5 Buccleuch St, Melrose So
marmionsbrasserie.co.uk

£££

→

St Mary's Collegiate Church am Ufer des Tyne in Haddington

9

National Museum of Flight

E6 East Fortune Airfield, East Lothian +44 300 123 6789 X5, ab Haddington 121 Richtung Museum of Flight, East Fortune Drem, dann Bus 121 Richtung North Berwick Apr–Okt: tägl. 10–17; Nov–März: Sa, So 10–16 nms.ac.uk

Highlight des Museums auf einem ehemaligen Militärflugplatz ist die einzige Concorde Schottlands. Neben weiteren Passagiermaschinen sind Kampfflugzeuge wie der Tragschrauber Weir W-2, eine Supermarine Spitfire, das Überschallflugzeug English Electric Lightning und eine Avro Vulcan, die mit Nuklearwaffen bestückt war, zu sehen. Die Ausstellung »The Concorde Experience« infomiert über die Geschichte von Überschallflugzeugen. Der kostenlose Airfield Explorer fährt zu den einzelnen Hangars und zu den Exponaten im Außenbereich.

↑ *Supermarine Spitfire, National Museum of Flight*

Im Mai und Juni nisten im St Abb's Head National Nature Reserve über 50 000 Vögel, darunter Eissturmvögel, Trottellummen, Dreizehenmöwen und Papageitaucher.

10 NTS

St Abb's Head National Nature Reserve

E6 Scottish Borders +44 1890 771 443 Berwick-upon-Tweed ab Edinburgh Nature Centre: Apr–Okt: tägl. 10–17 nts.org.uk

Aussichtspunkte auf den Klippen von St Abb's Head, die an der Südspitze Schottlands 90 Meter hoch aufragen, bieten Blick auf die Vogelwelt: Im Mai und Juni nisten in dem Naturschutzgebiet über 50 000 Vögel, darunter Eissturmvögel, Trottellummen, Dreizehenmöwen und Papageitaucher. Der Weg zu den Klippen beginnt am Nature Centre, das über die veschiedenen Vogelarten informiert.

Der alte Hafen im Dorf St Abb's ist als einer der wenigen an der Ostküste Schottlands noch in Betrieb.

11

Pentland Hills Regional Park

D6 Lothians Edinburgh, dann Bus Regional Park Headquarters: Hermitage House, 69A Braid Rd, Edinburgh; +44 131 529 2401; pentlandhills.org

Die Pentland Hills – eine Hügelkette, die sich südwestlich von Edinburgh über 26 Kilometer erstreckt – sind eines der schönsten Wandergebiete Südschottlands. Spaziergänger finden eine Vielzahl von markierten Wegen vor. Ambitionierte Wanderer können den 493 Meter hohen Allermuir erklimmen. Noch anspruchsvoller ist die Gipfelroute von Caerketton nach West Kip. Diejenigen, die ihre Wanderung in einer höher gelegenen Region beginnen

Das Fischerdorf St Abb's; Trottellummen im Naturschutzgebiet (Detail) ↑

möchten, können den Sessellift des **Midlothian Snowsports Centre** – der längsten künstlichen Skipiste Großbritanniens – nutzen.

Midlothian Snowsports Centre
Biggar Rd, Hillend, Midlothian +44 131 445 4433 tägl. 9:30 – 21 (Sa, So bis 19)
midlothian.gov.uk

12

Rosslyn Chapel

D6 Rosslyn +44 131 440 2159 37, 140 Eskbank Mo – Sa 9:30 – 17 (Juni – Aug: bis 18); So 12 –16:45; letzter Einlass 30 Min. vor Schließung
rosslynchapel.com

Die reich verzierte Rosslyn Chapel (15. Jh.) befindet sich östlich der A 703. Sie zählt zu den Schauplätzen des Bestsellerromans *The Da Vinci Code – Sakrileg* von Dan Brown und des gleichnamigen Films aus dem Jahr 2006.

Ursprünglich sollte die Kapelle als Kirche dienen, nach dem Tod ihres Erbauers, William Sinclair, wurde sie jedoch zur Grabstätte für dessen Nachkommen. Die Rosslyn Chapel ist seit 1446 in Familienbesitz und wird noch heute als Andachtsstätte genutzt. Der grazile Apprentice Pillar erinnert an den Lehrling, der den Pfeiler verzierte und anschließend aus Neid über das gelungene Werk von seinem Meister erschlagen wurde.

In der Rosslyn Chapel sind Fotografieren und Videoaufnahmen untersagt.

Whisky

Glenkinchie Distillery
In der nahe dem Dorf Pencaitland gelegenen Glenkinchie Distillery kann man das schottische Nationalgetränk kosten, ohne in die Highlands zu reisen. Führungen beinhalten die Besichtigung einer Ausstellung und der Brennerei sowie ein Tasting.

E6 Pencaitland, Tranent, East Lothian tägl. 10 –17 (Nov – Feb: bis 16)
malts.com

← *Die Rosslyn Chapel ist noch immer im Besitz der Nachkommen ihres Erbauers*

13

Linlithgow Palace

D5 Kirkgate, Linlithgow +44 1506 842 896 Linlithgow ab Edinburgh Apr–Sep: tägl. 9:30–17:30; Okt–März: tägl. 10–16 historic environment.scot

Der ehemalige Königspalast am Ufer des Linlithgow Loch zählt zu den meistbesuchten historischen Stätten Schottlands. Die Ruinen stammen größtenteils von dem unter James I 1425 errichteten Bauwerk, die älteren Teile aus dem 14. Jahrhundert. Die 28 Meter lange Great Hall mit dem riesigen Kamin und den großen Fenstern lässt die gewaltige Größe des Palasts erahnen. Den Hofbrunnen, der im Juli und August sonntags in Betrieb ist, schenkte James V 1538 seiner Frau Marie de Guise zur Hochzeit. 1542 wurde die Tochter des Paares Mary, Queen of Scots *(siehe S. 62f)* im Palast geboren.

Die St Michael's Church (13. Jh.) nahe dem Palast ist Schottlands größter vorreformatorischer Kirchenbau und Musterbeispiel schottischer Gotik. Sie wurde 1424 durch einen Brand beschädigt und wiederaufgebaut.

14

Kelso

E6 Scottish Borders 5600 ab Edinburgh

Die am Zusammenfluss von Teviot und Tweed gelegene Stadt besitzt einen hübschen Ortskern. Den Hauptplatz säumen georgianische und viktorianische Bauten. Die Ruinen von Kelso Abbey sind Hauptattraktion der Stadt. Das von David I gegründete Kloster (12. Jh.) war das älteste und reichste in der Region. Es wurde 1545 im Krieg gegen England beschädigt.

Das am Nordrand von Kelso gelegene **Floors Castle** wurde in den 1720er Jahren von William Adam entworfen und 1837 von William Playfair umgestaltet. Das ebenfalls von Adam gestaltete **Mellerstain House** liegt eine kurze Autofahrt entfernt. Zum Anwesen gehört der Borders Sculpture Park mit zeitgenössischen Arbeiten.

Floors Castle

+44 1573 223 333 Mai–Okt: tägl. 10:30–17 (Okt: Sa, So) floorscastle.com

Mellerstain House

Gordon +44 1573 410 225 Mai–Sep: Fr–Mo mellerstain.com

Die bezaubernde Stadt Peebles liegt am Ufer des Flusses Tweed

15

Peebles

D6 Scottish Borders 8400 ab Edinburgh 23 High St; +44 1721 728 095

Die bezaubernde Stadt liegt am Ufer des Tweed. Das **Tweeddale Museum and Gallery** besitzt Abgüsse von Teilen des Parthenon-Frieses und eines Frieses, der den Einzug von Alexander dem Großen in Babylon zeigt. Die **Kailzie Gardens** bieten sich für einen Tagesausflug an. Der **Glentress Forest** am Stadtrand ist bei Wanderern und Mountainbikern beliebt.

Tweeddale Museum and Gallery

Chambers Institution, High St +44 1721 724 820 Mo–Fr 10:30–12:30, 13–16, Sa 9:30–12:30 24. Dez–1. Jan

Kailzie Gardens

Kailzie, Peebles +44 1721 720 007 variierende Öffnungszeiten kailziegardens.com

Glentress Forest

tägl. forestryandland.gov.scot

←

Ruine der mittelalterlichen Kelso Abbey

Schon gewusst?

Zur Begrüßung von Bonnie Prince Charlie floss im Brunnen des Linlithgow Palace Wein.

16

Drumlanrig Castle

D6 Thornhill, Dumfries and Galloway +44 1848 331 555 Dumfries, dann Bus Schloss: Ostern, Juli, Aug: tägl. 11–16; Park: Apr–Sep: tägl. 10–17 drumlanrigcastle.co.uk

Drumlanrig Castle wurde 1679 bis 1691 am Standort einer Burg des Douglas-Clans (15. Jh.) errichtet. Das mit Türmen und Erkern versehene Bauwerk birgt eine wertvolle Kunstsammlung und Memorabilien aus der Zeit der Jakobiten.

Die Wände der eichengetäfelten Zimmer zieren Werke von Thomas Gainsborough und Alan Ramsay. Unter den Gemälden von Rembrandt ist *Alte Frau, lesend* besonders eindrucksvoll. Das Wappen mit dem geflügelten Herzen erinnert an James Douglas, auch »The Good Sir James« genannt, der der Überlieferung nach bei dem Versuch, das Herz von Robert the Bruce ins Heilige Land zu bringen, in einer Schlacht in Spanien fiel.

17

Traquair House

D6 Innerleithen, nahe Peebles, Scottish Borders +44 1896 830 323 ab Peebles Apr–Okt: tägl. 11–17 (Okt: bis 16); Nov: Sa, So 11–15 traquair.co.uk

Das älteste durchgängig bewohnte Herrenhaus Schottlands ist untrennbar mit der religiösen und politischen Geschichte des Landes der vergangenen 900 Jahre verbunden. Das Herrenhaus (17. Jh.) hat seinen Ursprung in einem befestigten Tower House. Es war 500 Jahre lang Trutzburg des katholischen Hauses Stuart. Das Bett, in dem Mary, Queen of Scots einst schlief, ziert eine von der Königin selbst bestickte Decke. Persönliche Briefe und mit Gravuren versehene Gläser der Jakobiten erinnern an die Zeit der Aufstände in den Highlands. Die großen Tore (»Bear Gates«), die seit dem Besuch von Bonnie Prince Charlie 1745 geschlossen sind, werden – einem Schwur des fünften Earls von Traquair folgend – erst wieder geöffnet, wenn ein Stuart die Königswürde erlangt.

Eine Geheimtreppe führt zur Priesterkammer, in der das Ornat zur Tarnung als Bettdecke verwendet wurde. Die Kammer verdeutlicht, wie schwer es die Katholiken hatten, bis ihr Glaube 1829 gesetzlich anerkannt wurde.

In der auf das 18. Jahrhundert zurückgehenden Traquair House Brewery werden originale Gerätschaften und 200 Jahre alte Eichenholzfässer verwendet.

Das aus 1500 Leyland-Zypressen bestehende, 1981 angelegte Traquair Maze ist der größte Irrgarten Schottlands. Am Ostersonntag kann man dort Ostereier suchen. Im Mai findet auf dem Anwesen ein Mittelalterfestival mit Ritterspielen und anderen Attraktionen statt.

Hotel

Cringletie House

Das historische Gebäude ist von einer wunderschönen Parkanlage umgeben. Die Zimmer sind in traditionellem Stil eingerichtet, die Ausstattung ist modern. Das preisgekrönte Restaurant bietet köstlichen Nachmittagstee; die abends servierten Menüs wechseln nach Saison.

D6 Edinburgh Rd, Peebles cringletie.com

£££

Blick auf den Linlithgow Palace (siehe S. 122)

18 Jedburgh

E6 Scottish Borders
4000 Murray's Green; +44 1835 863 170

Das um 1820 im mittelalterlichen Stil erbaute **Jedburgh Castle, Jail and Museum** war einst ein Gefängnis. Heute dient es als Museum, das über die Regionalgeschichte und den Gefängnisalltag im 19. Jahrhundert informiert.

Das **Mary, Queen of Scots' Visitor Centre** (ca. 1500) erhielt seinen Namen, da sich Mary 1566 in dem Haus aufhielt. Zum 400. Jahrestag ihrer Hinrichtung wurde es in ein Museum umgewandelt. Ausgestellt ist u. a. eine Kopie von Marys Totenmaske.

Jedburgh Abbey war neben Dryburgh, Melrose und Kelso Abbey eines der vier großen, im 12. Jahrhundert erbauten Klöster in den Scottish Borders.

Jedburgh Castle, Jail and Museum
+44 1835 864 750
Ende März – Okt: Mo – Sa 10 –16:30, So 13 –16

Mary, Queen of Scots' Visitor Centre
+44 1835 863 331
März – Nov: tägl. 10 –15

Jedburgh Abbey
+44 1835 863 925 Apr – Sep: tägl. 9:30 –17:30; Okt – März: tägl. 10 –16 historic environment.scot

19 Eildon Hills

E6 Scottish Borders
ab Melrose

Die drei Gipfel der Eildon Hills beherrschen die Landschaft im Zentrum der Scottish Borders. Der Mid Hill ist die höchste Erhebung (422 m). Auf dem North Hill befand sich eine bronzezeitliche Festung (ca. 500 v. Chr.). Die Römer erbauten auf dem strategisch günstig zwischen Hadrians- und Antoninuswall *(siehe S. 191)* gelegenen Hügel die Militäranlage Trimontium (2. Jh. v. Chr.), um den Übergang über den Tweed bei Newstead zu sichern. In Melrose beginnen am **Trimontium Museum of Roman Scotland** im Sommer Führungen zu Sehenswürdigkeiten im mittelalterlichen Stadtkern. Das Museum zeigt römische Artefakte und Luftaufnahmen der Militäranlage. Sir Walter Scott *(siehe S. 114)* besaß eine besondere Vorliebe für die Eildon Hills. Der Aussichtspunkt Scott's View östlich von Melrose nahe Dryburgh Abbey bietet grandiosen Blick auf die Gipfel.

Trimontium Museum of Roman Scotland
The Ormiston, Market Square, Melrose
+44 1896 822 651
Apr – Okt: Mo – Sa 10:30 – 16:30 trimontium.co.uk

20 Melrose Abbey

E6 Abbey Street, Melrose, Scottish Borders
+44 1896 822 562
Apr – Sep: tägl. 9:30 – 17:30; Okt – März: tägl. 10 –16; letzter Einlass 30 Min. vor Schließung
historicenvironment.scot

Die Ruinen des Klosters, eines der vier großen in den Scottish Borders, sind Zeugnis der Zerstörungen durch englische Invasionen. Die 1136 von König David I für den Orden der Zisterzienser erbaute Anlage wurde mehrmals beschädigt, am stärksten in den Jahren 1322 und 1385. 1545 wurde sie durch Henry VIII endgültig zerstört, um das Land dafür zu bestrafen, dass es der Heirat seines Sohnes mit Mary, Queen o Scots nicht zugestimmt hatte. Von der Kirche, den Kreuzgängen und der Klosterküche sind Ruinen verblieben. Zu den Steinmetz-

← *Grabmal im lichtdurchfluteten Mausoleum der Jedburgh Abbey*

arbeiten an der Südseite zählt ein Wasserspeier in Form eines Dudelsack spielenden Schweins.

Das 1920 auf dem Gelände entdeckte, einbalsamierte Herz wird Robert the Bruce zugeschrieben. Der schottische König hatte verfügt, dass sein Herz nach seinem Tod ins Heilige Land gebracht werden sollte. Nachdem Sir James Douglas, der das Herz mit sich führte, in Spanien umgekommen war, wurde es wohl in die Melrose Abbey verbracht.

21 New Lanark

D6 Clyde Valley Lanark

Das an den Falls of Clyde gelegene Dorf wurde 1785 von dem Industriellen David Dale gegründet. Dank der einfachen Versorgung der Wassermühlen wurde New Lanark um 1800 zum bedeutendsten Zentrum der Baumwollproduktion in Großbritannien. Die Anlage ist UNESCO-Welterbestätte. Im **New Lanark Visitor Centre**, das über das Arbeitsleben im 19. Jahrhundert informiert, sind Tickets für den Besuch der historischen Gebäude erhältlich.

Etwa 24 Kilometer nördlich von New Lanark liegt Blantyre mit dem Geburtshaus von David Livingstone, das heute als Museum über den Afrikaforscher infomiert.

New Lanark Visitor Centre
+44 1555 661 345 tägl. 10–17 (Nov–März: bis 16) newlanark.org

22 Dumfries

D7 Dumfries and Galloway 33 000 64 Whitesands; +44 1387 253 862

Dumfries ist die größte Stadt Südwestschottlands. Das Robert Burns Centre *(siehe S. 116)* informiert über den Dichter, der jahrzehntelang in Dumfries lebte. Zu den Exponaten im **Dumfries Museum**, das in einer Windmühle aus dem 18. Jahrhundert ansässig ist, zählt die älteste noch immer funktionierende Camera obscura der Welt. An der Devorgilla Bridge, die sechs Rundbogen aufweist, steht das vermutlich älteste Gebäude der Stadt. Einst eine Schenke (in der wohl auch Robert Burns einkehrte), dient es nun als **Old Bridge House Museum**. Die Räume mit historischer Ausstattung zeigen u. a. ein viktorianisches Schlafzimmer.

Schon gewusst?
New Lanark war einst das größte Baumwollfabrikationszentrum Großbritanniens.

↑ Die Falls of Clyde nahe der historischen Industriestadt New Lanark

Dumfries Museum
Rotchell Rd +44 1387 253 374 Ostern–Sep: tägl. 10–17 (So ab 12); Okt–Ostern: Di–Sa 10–17 dgculture.co.uk

Old Bridge House Museum
Mill Rd Ostern–Sep: tägl. 10–17 (So ab 12) dgculture.co.uk

↑ *Die Ruinen der Sweetheart Abbey (13. Jh.) bieten einen imposanten Anblick*

Shopping

Wigtown ist ein Paradies für Leseratten. In den vielen (Secondhand-) Buchläden findet man Werke zu allen erdenklichen Themen.

Beltie Books
Die Regale in dem urigen Laden sind prall gefüllt mit dicken Bänden. Zum Haus gehört ein hervorragendes kleines Café.

C7 6 Bank St beltiebooks.co.uk

The Bookshop
Der Secondhand-Buchladen ist der größte und älteste in Wigtown.

C7 17 North Main St the-bookshop.com

Foggie Toddle Books
Der Laden bietet neben neuen und gebrauchten Büchern für Kinder auch Spielwaren an.

C7 18 North Main St foggie toddlebooks.co.uk

23 Wigtown

C7 Dumfries and Galloway 900 wigtownbooktown.co.uk

Wigtown ist seit 1998 Schottlands erste offizielle »Buchstadt«. Die kleine Ortschaft bietet mehr als ein Dutzend Buchläden. Das Ende September stattfindende Wigtown Book Festival lockt viele große Namen der Literaturszene an.

Auf dem gut erhaltenen mittelalterlichen Dorfplatz von Wigtown findet von Ostern bis September samstags ein lebhafter Markt statt.

24 Sweetheart Abbey

NTS

D7 New Abbey von Dumfries +44 1387 850 397 Apr–Sep: tägl. 10–17; Okt–März: Sa–Mi 10–16; letzter Einlass 30 Min. vor Schließung historicenvironment.scot

Das Zisterzienserkloster wurde 1273 von der schottischen Adligen Devorgilla de Balliol, Lady of Galloway, zu Ehren ihres Gatten John Balliol – des englischen Magnaten, der das Balliol College der University of Oxford stiftete – gegründet. Der Überlieferung nach trug Devorgilla de Balliol nach dem Tod ihres Mannes dessen einbalsamiertes Herz bis zu ihrem eigenen Ableben in einem Elfenbeinkästchen bei sich. Das Kästchen wurde ihrer Grabstätte in der Klosterkriche beigelegt. Der Name der Kirche geht auf diese Sage zurück.

Das mittelalterliche Bauwerk aus rotem Sandstein weist an den Fenstern wunderschönes Maßwerk auf. Auch die Auskragung an dem imposanten Turm ist bemerkenswert.

25 Dawyck Botanic Garden

D6 Stobo von Peebles +44 1721 760 254 Feb, Nov: tägl. 10–16; März–Okt: tägl. 10–17 rbge.org.uk

Der in malerischer Umgebung in den Scottish Borders gelegene botanische Garten gehört zum Royal Botanic Garden Edinburgh *(siehe S. 100)*. Das Arboretum zählt zu den schönsten weltweit. Das milde Klima in der Region lässt die Bäume und

→ *Blick von der Kirkcudbright Bridge auf die bezaubernde Ortschaft Kirkcudbright*

Pflanzen herrlich gedeihen. Im Februar sorgen Schneeglöckchen, im Juni blauer Mohn und im Mai und Juni Azeleen für Blütenpracht.

Der Garten wurde in den 1680er Jahren angelegt und anschließend beständig erweitert. Er beherbergt einige der höchsten und ältesten Bäume Großbritanniens. Besucher können Riesenmammutbäume bewundern und zwischen Weißtannen, Douglasien und Mähnenfichten spazieren gehen.

Der Dawyck Botanic Garden beinhaltet das weltweit erste Schutzgebiet für Kryptogamen, in dem u. a. Moose, Flechten und Pilze gedeihen.

Den Garten durchziehen bestimmten Themen folgende Spazierwege. Es gibt ein hervorragendes Besucherzentrum.

Den Dawyck Botanic Garden durchziehen bestimmten Themen folgende Spazierwege. Es gibt ein hervorragendes Besucherzentrum.

26 Colvend Coast

D7 Dumfries and Galloway

Die als »schottische Riviera« bezeichnete Colvend Coast erstreckt sich 32 Kilometer südwestlich von Dumfries. Der malerische Küstenstreifen, der wegen des Nordatlantikstroms von mildem Klima geprägt ist, lädt zu einem Tagesausflug ein. Zwischen hoch aufragenden Klippen liegen kleine Buchten. In dem Gebiet befinden sich bezaubernde Dörfer wie das von Sandstränden gesäumte Sandyhills, das Blick auf den Solway Firth bietet. Von Rockcliffe führt ein bewaldeter Weg an der Küste entlang nach Kippford. In dem an einer schmalen Bucht gelegen Ort gibt es einen kleinen Yachthafen sowie nette Restaurants und Unterkünfte.

27 Kirkcudbright

D7 Dumfries and Galloway 3400 Harbour Square; +44 1557 330 494 kirkcudbright.town

Der an nahe der Mündung des Flusses Dee gelegene Ort brachte viele Künstler hervor. Das **Tolbooth Art Centre** in einem Gebäude aus dem frühen 17. Jahrhundert, das einst als Gefängnis diente, präsentiert Werke einheimischer Künstler von 1880 bis zur Gegenwart.

Edward Atkinson Hornel (1864–1933), der bekannteste der aus Kirkcudbright stammenden Maler, gehörte der Glasgow School, einer bedeutenden Gruppe von Künstlern und Designern des 19. bis frühen 20. Jahrhunderts, an. Im Broughton House, dem einstigen Wohnhaus Hornels an der High Street, sind einige seiner Werke ausgestellt.

Das imposante **MacLellan's Castle** ließ 1582 der Provost von Kirkcudbright erbauen. In der Nähe befinden sich die Ruinen der im 12. Jahrhundert errichteten Dundrennan Abbey. Im Mai 1568 verbrachte Mary, Queen of Scots die Nacht vor ihrer Flucht nach England in dem Kloster.

Tolbooth Art Centre

High St +44 1557 331 556 Mo–Sa 10–13, 13:30–16, So 13–16 dgculture.co.uk

MacLellan's Castle

Zentrum von Kirkcudbright +44 1557 331 856 Apr–Sep: tägl. 9:30–17:30 historicenvironment.scot

Ausflug auf dem River Dee zum Threave Castle in Kirkcudbrightshire

Threave Castle war Stammsitz der schwarzen Linie des Douglas-Clans. Das beeindruckende Tower House aus dem 14. Jahrhundert steht auf einer Insel im Fluss Dee.

28 Caerlaverock Castle

D7 bei Dumfries, Dumfries and Galloway +44 1387 770 244 Apr – Sep: tägl. 9:30 – 17:30; Okt – März: tägl. 10 – 16; letzter Einlass 30 Min. vor Schließung historicenvironment.scot

Das 1270 erbaute Caerlaverock Castle mit dem dreieckigen Grundriss und dem Wassergraben ist die schönste mittelalterliche Burg Südschottlands. Es liegt 14 Kilometer südlich von Dumfries. Nach der ersten Belagerung während der schottischen Unabhängigkeitskriege im Jahr 1300 durch den englischen König Edward I war die Burg 300 Jahre lang umkämpft. Chronisten Edwards beschrieben sie fast so, wie man sie heute vorfindet, obwohl sie bei Kämpfen mit den Engländern im 14. und 16. Jahrhundert teils zerstört und wiederaufgebaut wurde.

Die Burg war einst Sitz des Maxwell-Clans, dessen Wappen über dem Tor prangt. Im Jahr 1640 wurde Caerlaverock Castle bei einem Kampf Robert Maxwells, der Charles I unterstützte, gegen die Covenanters teilweise zerstört und aufgegeben.

Die malerische Burgruine wird gern von Familien im Rahmen eines Tagesausflugs besichtigt. Junge Besucher erleben mit der von Historic Environment Scotland kostenlos zur Verfügung gestellte App »Caerlaverock Castle Quest« einen besonders spannenden Rundgang, denn das Augmented Reality Game macht die Geschichte der Burg erlebbar. Während sie die Anlage erkunden, »begegnen« Spieler Bewohnern des Caerlaverock Castle, die vor Kurzem die Belagerung im Jahr 1300 überstanden haben. Das Spiel wird für die Betriebssysteme iOS und Android angeboten.

29 Threave Castle

D7 Castle Douglas, Dumfries and Galloway Dumfries +44 7711 223 101 Apr – Okt: tägl. 10 – 16:30 (Okt: bis 15) historicenvironment.scot

Das Tower House aus dem 14. Jahrhundert war Stammsitz der schwarzen Linie des Douglas-Clans. Es steht auf einer Insel im Dee. 1455 kapitulierte James Douglas, der sich gegen die Stuart-Könige stellte, nach zweimonatiger Belagerung seiner Burg. Threave Castle wurde 1640 zerstört, nachdem die presbyterianischen Covenanters die katholischen Burgherren bezwungen hatten. Ruinen der Great Hall, der Küche und weiterer Räume sind verblieben.

Von Mai bis Juli sind die beiden oberen Stockwerke des Tower House für Besucher geschlossen, da dort regelmäßig Wanderfalken nisten.

Um die Burg erstreckt sich das von außerordentlicher

Dumfries House ist von wunderschönen Landschaftsgärten umgeben

Artenvielfalt gekennzeichnete Naturschutzgebiet Threave Garden and Estate. Das Gelände mit der reichen Flora und Fauna erreicht man auf ungewöhnliche Weise: Nach einem rund zehnminütigen Fußmarsch zum Ufer des Flusses Dee ruft man durch Läuten einer Messingglocke ein Boot herbei und wird zu der Insel, auf der sich das Schutzgebiet befindet, übergesetzt.

30

Whithorn

C7 Dumfries and Galloway 830
Stranraer

Der Name der ältesten christlichen Andachtsstätte Schottlands (Whithorn bedeutet »weißes Haus«) geht auf eine 397 von St Ninian gebaute weiße Kapelle zurück, von der Ruinen erhalten sind. Ausgrabungen bezeugen Siedlungen von Wikingern, Northumbriern und Schotten ab dem 5. Jahrhundert. **The Whithorn Story** informiert über die Ausgrabungen und präsentiert antike Steinreliefs.

The Whithorn Story
45–47 George St Apr–Okt: tägl. 10:30–17
whithorn.com

Expertentipp
Kurse im Dumfries House

Am ersten Montag im Monat finden im Dumfries House Kurse statt – von Gartenbau über Nähen, Kochen und Backen bis zum Anfertigen von Steinmetzarbeiten. Informationen bietet die Website des Hauses.

31

Dumfries House

C6 Cumnock, Ayrshire
+44 1290 425 959 variierende Öffnungszeiten
dumfries-house.org.uk

Die palladianische Villa ist trotz ihrer abgeschiedenen Lage einen Besuch wert. Sie wurde 1754 bis 1759 für den fünften Earl of Dumfries errichtet, der mit dem prächtigen Bauwerk heiratswillige Frauen anlocken wollte. Das Interieur zeigt den zu jener Zeit beliebten Rokoko-Stil.

2007 beabsichtigte der siebte Marquess of Bute, Earl of Dumfries, das Herrenhaus zu verkaufen und das Inventar zu versteigern. Dumfries House wurde schließlich von einem Konsortium unter der Leitung von Charles III, dem damaligen Prince of Wales, erworben, um das Ensemble zu erhalten.

Besucher können die prachtvollen Räume im Rahmen von Führungen besichtigen. Zur exquisiten Sammlung von Chippendale-Möbeln gehört ein Bücherschrank aus Palisander, dessen Wert auf 20 Millionen Pfund geschätzt wird. Bemerkenswert ist auch das Grand Orrery aus dem 18. Jahrundert – das mechanische Gerät veranschaulicht den Umlauf der Planeten um die Sonne.

Über die Avenue Bridge erreicht man den bezaubernden Park mit reichem Baumbestand, Wildblumen und Sträuchern. An das Areal grenzt der Queen Elizabeth Walled Garden, der Blumenrabatten, Gemüsebeete und Gewächshäuser birgt. In der Nähe steht ein Taubenhaus aus dem 17. Jahrhundert. Der Park bietet schöne Spazierwege. Kinder begeistern der Abenteuerspielplatz und der Irrgarten. Nach der Besichtigung des Anwesens kann man im Woodlands Restaurant einkehren – Reservierung ist erforderlich.

Hotel

Dumfries House Lodge

Die im traditionellen Stil gehaltenen, großen Zimmer bieten modernen Komfort. Wer eine noch geräumigere Unterkunft wünscht, kann sich in einem der nahe gelegenen Cottages einquartieren.

C6
Dumfries House, Cumnock
£££

32

Firth of Clyde

B7–C7 mehrere Grafschaften westl. von Glasgow Helensburgh und Dumbarton im Norden; Troon und Ayr im Süden von Largs nach Great Cumbrae; von Gourock nach Dunoon

Am Firth of Clyde erinnert vieles an die industrielle Vergangenheit: Der Meeresarm verbindet Glasgow – einst bedeutendes wirtschaftliches Zentrum des British Empire – mit der Irischen See und dem Atlantik.

Das etwa 40 Kilometer westlich von Glasgow gelegene Greenock war früher ein wichtiges Schiffbauzentrum. Die Stadt ist wenig attraktiv, lohnt aber wegen der Ausstellungen im **McLean Museum and Art Gallery** über den Ingenieur James Watt den Besuch. Am Princes Pier starten Schiffe zu Ausflugsfahrten auf dem Clyde.

Das 24 Kilometer von Glasgow entfernte Dumbarton am Nordufer des Clyde wurde im 5. Jahrhundert gegründet. Auf einem Felsen nahe der Stadt befindet sich das Dumbarton Castle.

Der L-förmige Firth of Clyde verbreitert sich im Nordwesten hinter der Erskine Bridge. Ab dem westlich von Greenock gelegenen Gourock verläuft er Richtung Süden und geht in offeneres Gewässer über. Inverkip verfügt mit der Kip Marina über einen großen Yachthafen. An der Küste von Ayrshire liegen viele seit viktorianischer Zeit beliebte Ferienorte.

In Largs erinnert ein Denkmal an die Schlacht der Schotten gegen die Wikinger im Jahr 1263. Ein Ausstellungszentrum informiert über die Wikinger. Fähren steuern die nicht weit vor der Küste liegende Insel Great Cumbrae an, deren größte Stadt Millport an einer malerischen Bucht liegt.

Die Region im Westen des Firth of Clyde, die an die von Hügeln und Seen geprägte Halbinsel Cowal grenzt, ist wenig erschlossen. Dunoon, die einzige größere Stadt, ist seit viktorianischer Zeit ein beliebter Ferienort und lebt noch heute vom Tourismus. Lange Zeit waren am Holy Loch nahe Dunoon Atom-U-Boote der USA stationiert.

Schon gewusst?

Vom Mull of Galloway, dem südlichsten Punkt Schottlands, sieht man Irland und die Isle of Man.

McLean Museum and Art Gallery

15 Kelly St, Greenock
+44 1475 715 624
Mi–Fr 10–14
inverclyde.gov.uk.

33

Scottish Maritime Museum

C6 6 Gottries Rd, Irvine +44 1294 277 177 tägl. 10–17 scottishmaritimemuseum.org

Die Stadt Irvine, einst Haupthafen für den Handel mit Irland, ist heute wenig ansehnlich, bietet mit dem Scottish Maritime Museum jedoch eine bedeutende Sehenswürdigkeit. In dem Museum in einem ehemaligen Lokschuppen kann man leicht mehrere Stunden verbringen. Zu den Exponaten zählen ein Fallschirm-Rettungsboot, das der britische Konstrukteur Uffa Fox entwarf, und die Jolle *Bass Conqueror*, mit der Kenneth Kerr den Atlantik zu überqueren

↑ *Der malerische Loch Trool im Galloway Forest Park, Dumfries and Galloway*

versuchte. Das Boot wurde wenige Monate nach dem Start bei Stavanger in Norwegen gefunden, der Skipper blieb verschollen. An der Harbour Street liegen weitere Schiffe, darunter das Küstenschiff MV *Kyles* und die SY *Carola*, die älteste Dampfyacht Großbritanniens.

34

Galloway Forest Park

C7 Dumfries and Galloway Stranraer Clatteringshaws, Glentrool, Kirroughtree Vistor Centres; alle +44 300 067 6800 gallowayforestpark.com

Der wildeste Landstrich Südschottlands ist von einzigartiger Schönheit und reich an historischen Sehenswürdigkeiten. Der Park dehnt sich nördlich von Newton Stewart über 670 Quadratkilometer aus. Im Caldons Wood am Westufer des Loch Trool markiert das Martyrs' Monument die Stelle, an der 1685 sechs Covenanters beim Gebet getötet wurden. Der Bruce's Stone am Nordufer des Sees erinnert an Robert the Bruce' Sieg über englische Truppen 1307. Nördlich des Sees befinden sich einige Hügel. Der Bennan ist 562 Meter, der Benyellary 719 Meter hoch. Der Merrick ist mit 843 Metern der höchste Berg Südschottlands. Durch das Gelände führt eine der Mountainbike-Routen des rennomierten Sportzentrums 7stanes.

Der Galloway Forest Park ist ein Lichtschutzgebiet mit besonders klarem Nachthimmel. Informationstafeln erläutern die Sterne.

←

Exponate in einer der Hallen des Scottish Maritime Museum

35

Rhinns of Galloway

C7 Dumfries and Galloway Stranraer Stranraer, Portpatrick Cairnryan 28 Harbour St, Stranraer; +44 1776 702 595

Die Halbinsel im äußersten Südwesten Schottlands trennen Loch Ryan und Luce Bay vom Festland. Im **Logan Botanic Garden** gedeihen dank des durch den Nordatlantikstroms milden Klimas subtropische Pflanzen. Stranraer ist zehn Kilometer von Cairnryan, dem Fährhafen nach Nordirland, entfernt. Hübscher ist das Dorf Portpatrick mit der Ruine einer Kirche (17. Jh.) und den Ruinen des Dunskey Castle (16. Jh.).

Logan Botanic Garden
Port Logan, Stranraer +44 1776 860 231 Feb: So 10–17; März–Mitte Nov: tägl. 10–17 rbg.org.uk

Restaurants

The Waterside Hotel
Das Restaurant des direkt am Wasser gelegenen Hotels verwendet für seine köstlichen Gerichte regionale Zutaten.
C6 Ardrossan Rd, West Kilbride waterside ayrshire.com
££

Braidwoods
Das mit einem Michelin-Stern gekrönte Restaurant serviert exquisite Speisen wie Hasenlende mit Pilzen und Kapern-Jus.
C6 Drumcastle Mill Cottage, Dalry braidwoods.co.uk
£££

Klöster in den Scottish Borders

Länge 50 km **Rasten** An der Dryburgh Abbey kann man einen kurzen Spaziergang am Fluss Tweed unternehmen

In den Scottish Borders befinden sich zahlreiche Ruinen von historischen Bauwerken, die in den Kämpfen zwischen England und Schottland zerstört wurden. Am beeindruckendsten sind die Relikte der vier großen Klöster, deren prächtige Architektur bezeugt, dass sie einst bedeutende religiöse und politische Zentren waren. Die im 12. Jahrhundert unter der Herrschaft von David I gegründeten Klöster wurden 1545 auf Geheiß von Henry VIII zerstört.

An dem **Scott's View** genannten Aussichtpunkt genoss Sir Walter Scott oft den Anblick der Landschaft. Bei Scotts Beisetzung hielt der Leichenwagen kurz an der Stelle an.

Auf dem Gelände der **Melrose Abbey** *(siehe S. 126f)*, die zu den reichsten Klöstern Schottlands gehörte, wurde ein menschliches Herz entdeckt, das Robert the Bruce zugeschrieben wird.

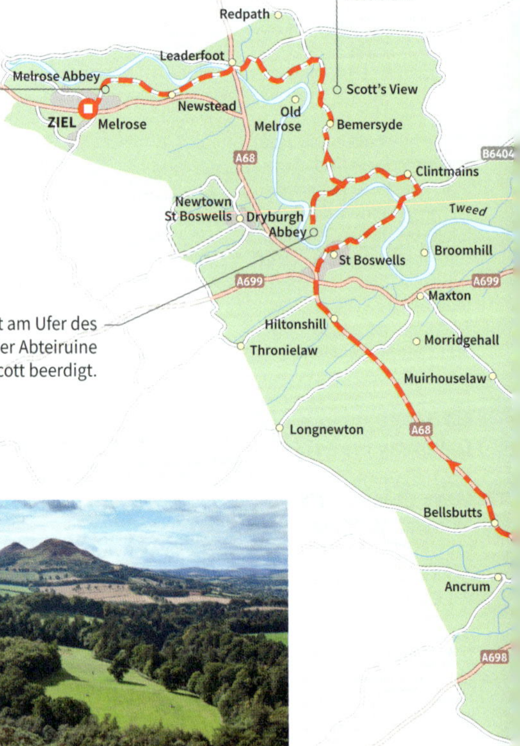

Dryburgh Abbey liegt am Ufer des Flusses Tweed. In der Abteiruine wurde Sir Walter Scott beerdigt.

← *Ein Spaziergänger genießt am Scott's View den Blick auf die Eildon Hills*

Zur Orientierung
Siehe Karte S. 110f

→ *Vor der Ruine der Kelso Abbey liegen hübsche Blumenbeete*

Floors Castle *(siehe S. 122)* ist Sitz des Duke of Roxburghe. Es wurde im 18. Jahrhundert erbaut.

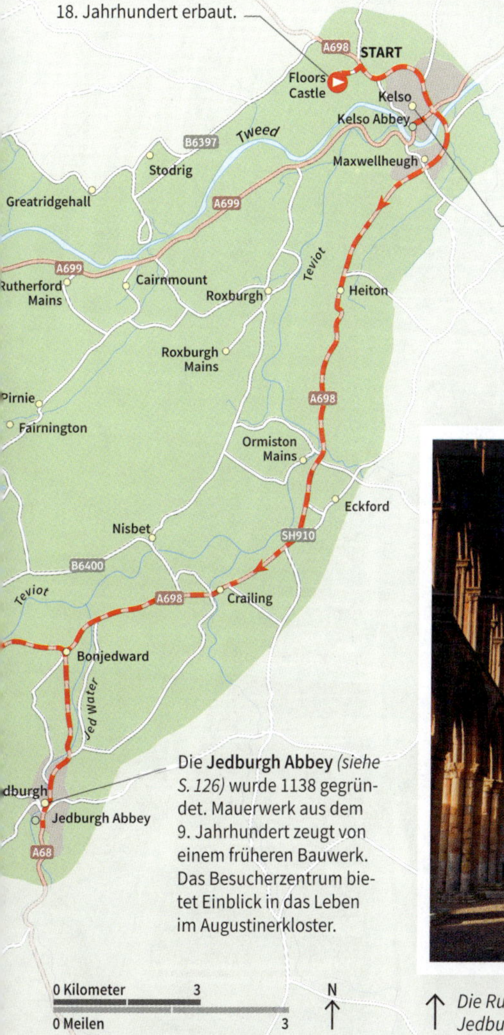

Kelso Abbey *(siehe S. 122)* war das größte Kloster in den Scottish Borders. Der 1128 begonnene Bau wurde 84 Jahre später fertiggestellt.

Die **Jedburgh Abbey** *(siehe S. 126)* wurde 1138 gegründet. Mauerwerk aus dem 9. Jahrhundert zeugt von einem früheren Bauwerk. Das Besucherzentrum bietet Einblick in das Leben im Augustinerkloster.

↑ *Die Ruine des Augustinerklosters Jedburgh Abbey in Roxburghshire*

Blick zur Spitze des Glasgow Tower (siehe S. 144f)

Glasgow

Der Stadtteil am Nordufer des Clyde, das heutige Zentrum Glasgows, ist seit Jahrtausenden besiedelt. Die Römer kamen vor über 2000 Jahren in die Region, im 6. Jahrhundert erfolgte die Stadtgründung durch einen christlichen Missionar. Ab dem 12. Jahrhundert gewann Glasgow als Handelsstadt Bedeutung.

Historische Gebäude wie das Stadthaus Provand's Lordship aus dem 15. Jahrhundert erinnern an die vorindustriellen Wurzeln der Stadt. Das moderne Glasgow gedieh jedoch durch den Reichtum des British Empire und die industrielle Revolution. Im 18. Jahrhundert importierte die Stadt Zucker, Rum und Tabak aus den Kolonien in Übersee. Im 19. Jahrhundert wurde Glasgow zu einem bedeutenden Zentrum der Baumwollproduktion. Später sorgten Schiff- und Maschinenbau für Wohlstand und lockten unter Armut leidende Menschen aus den Highlands, von den Inseln und aus Irland an. Zwischen 1780 und 1880 stieg die Bevölkerungszahl von 40 000 auf über 500 000 an. Die Stadtgrenzen dehnten sich beträchtlich aus.

Glasgow hielt trotz der weltweiten Wirtschaftskrise zwischen den beiden Weltkriegen, in der traditionelle Produktionszweige an Boden verloren, bis in die 1970er Jahre am Status des Industriegiganten fest. Der Abschwung war jedoch unvermeidlich. In jüngster Zeit erholte sich die Stadt: 1990 war Glasgow Europäische Kulturhauptstadt, 1999 Architekturhauptstadt Großbritanniens und 2003 Europäische Hauptstadt des Sports. 2014 fanden in Glasgow die Commonwealth Games statt. Die Werften und Kais am Hafen wurden im Rahmen eines rund 500 Millionen Pfund teuren Sanierungsprojekts in ein attraktives Areal mit Wohnungen, Restaurants und Unterhaltungsangeboten verwandelt.

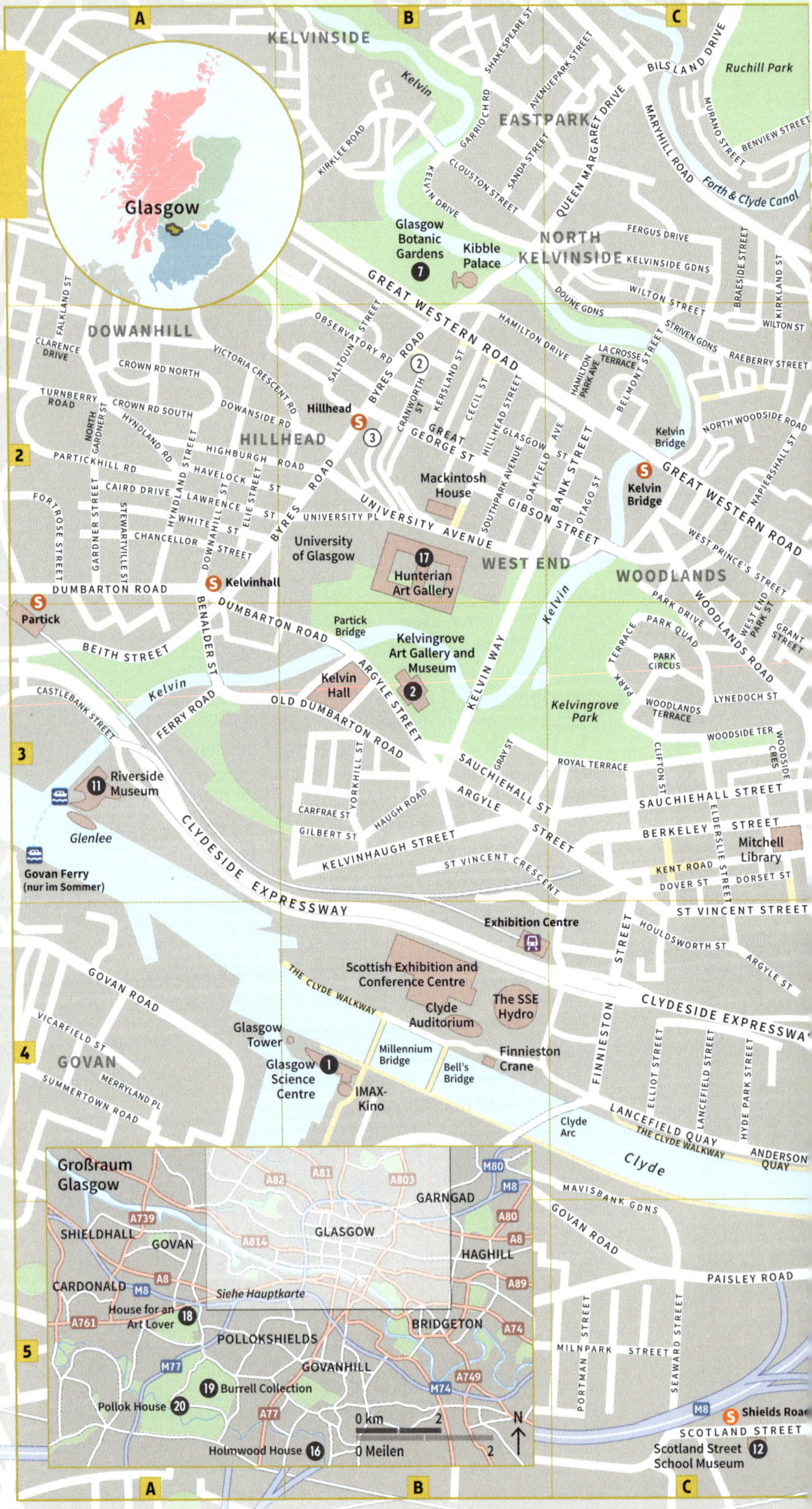
A
B
C
1
2
3
4
5
Glasgow
KELVINSIDE
Kelvin
EASTPARK
Ruchill Park
BILSLAND DRIVE
MURANO STREET
BENVIEW STREET
MARYHILL ROAD
Forth & Clyde Canal
SHAKESPEARE ST
AVENUEPARK STREET
GARRIOCH RD
QUEEN MARGARET DRIVE
SANDA STREET
CLOUSTON STREET
KELVIN DRIVE
KIRKLEE ROAD
Glasgow Botanic Gardens
7
Kibble Palace
NORTH KELVINSIDE
FERGUS DRIVE
KELVINSIDE GDNS
BRAESIDE STREET
KIRKLAND ST
WILTON STREET
WILTON ST
DOUNE GDNS
HAMILTON DRIVE
STRIVEN GDNS
RAEBERRY STREET
LA CROSSE TERRACE
HAMILTON PARK AVE
BELMONT STREET
GREAT WESTERN ROAD
DOWANHILL
FALKLAND ST
CLARENCE DRIVE
CROWN RD NORTH
VICTORIA CRESCENT RD
OBSERVATORY RD
SALTOUN STREET
BYRES ROAD
2
KERSLAND ST
CECIL ST
TURNBERRY ROAD
CROWN RD SOUTH
DOWANSIDE RD
Hillhead
3
CRANWORTH ST
GREAT GEORGE ST
HILLHEAD STREET
GLASGOW ST
OAKFIELD AVE
BANK STREET
OTAGO ST
NORTH WOODSIDE ROAD
Kelvin Bridge
NAPIERSHALL ST
NORTH GARDNER ST
HYNDLAND RD
HILLHEAD
HIGHBURGH ROAD
PARTICKHILL RD
HAVELOCK ST
HYNDLAND STREET
CAIRD DRIVE
LAWRENCE ST
ELIE STREET
UNIVERSITY PL
UNIVERSITY AVENUE
Mackintosh House
SOUTHPARK AVENUE
GIBSON STREET
FORTROSE STREET
GARDNER STREET
STEWARTVILLE ST
WHITE ST
CHANCELLOR STREET
DOWNAHILL ST
University of Glasgow
17
Hunterian Art Gallery
WEST END
WOODLANDS
WEST PRINCE'S STREET
DUMBARTON ROAD
Kelvinhall
Partick
BENALDER ST
Partick Bridge
Kelvingrove Art Gallery and Museum
KELVIN WAY
PARK DRIVE
PARK QUAD
WOODLANDS ROAD
WEST END PARK ST
GRANT STREET
BEITH STREET
Kelvin Hall
ARGYLE STREET
PARK TERRACE
PARK CIRCUS
CASTLEBANK STREET
FERRY ROAD
OLD DUMBARTON ROAD
Kelvingrove Park
WOODLANDS TERRACE
LYNEDOCH ST
WOODSIDE TER
WOODSIDE CRES
Riverside Museum
11
GRAY ST
ROYAL TERRACE
CLIFTON ST
YORKHILL ST
SAUCHIEHALL ST
SAUCHIEHALL STREET
CARFRAE ST
HAUGH ROAD
ARGYLE
STREET
Glenlee
GILBERT ST
KELVINHAUGH STREET
BERKELEY STREET
ELDERSLIE STREET
Mitchell Library
Govan Ferry
(nur im Sommer)
CLYDESIDE EXPRESSWAY
ST VINCENT CRESCENT
KENT ROAD
DOVER ST
DORSET ST
ST VINCENT STREET
Exhibition Centre
HOULDSWORTH ST
ARGYLE ST
GOVAN ROAD
THE CLYDE WALKWAY
Scottish Exhibition and Conference Centre
FINNIESTON STREET
Clyde Auditorium
The SSE Hydro
VICARFIELD ST
Glasgow Tower
Millennium Bridge
Finnieston Crane
ELLIOT STREET
LANCEFIELD STREET
HYDE PARK STREET
GOVAN
Glasgow Science Centre
1
Bell's Bridge
MERRYLAND PL
SUMMERTOWN ROAD
IMAX-Kino
Clyde Arc
LANCEFIELD QUAY
THE CLYDE WALKWAY
ANDERSON QUAY
Clyde
Großraum Glasgow
A82
A81
A803
M80
M8
GARNGAD
A739
A80
SHIELDHALL
GOVAN
A814
GLASGOW
A8
HAGHILL
CARDONALD
M8
A8
A89
Siehe Hauptkarte
House for an Art Lover
18
A761
BRIDGETON
A74
POLLOKSHIELDS
M77
GOVANHILL
A749
Burrell Collection
19
M74
Pollok House
20
A77
0 km
2
N
0 Meilen
2
Holmwood House
16
MAVISBANK GDNS
GOVAN ROAD
PAISLEY ROAD
PORTMAN STREET
MILNPARK STREET
SEAWARD STREET
M8
Shields Road
SCOTLAND STREET
Scotland Street School Museum
12

Glasgow

Highlights

1. Glasgow Science Centre
2. Kelvingrove Art Gallery and Museum

Sehenswürdigkeiten

3. George Square
4. Gallery of Modern Art
5. Glasgow School of Art
6. St Mungo Museum of Religious Life and Art
7. Glasgow Botanic Gardens
8. Tenement House
9. Glasgow Cathedral und Necropolis
10. Provand's Lordship
11. Riverside Museum
12. Scotland Street School Museum
13. People's Palace
14. National Piping Centre
15. The Lighthouse
16. Holmwood House
17. Hunterian Art Gallery
18. House for an Art Lover
19. Burrell Collection
20. Pollok House

Restaurants & Bar

① Mackintosh at the Willow
② Hillhead Bookclub
③ Ubiquitous Chip

Shopping

④ The Barras
⑤ Princes Square
⑥ Argyll Arcade

Hotels

⑦ Grasshoppers
⑧ Z Hotel

1

2

3

4

←

1 *Ashton Lane mit weihnachtlicher Beleuchtung*

2 *Kleidung auf dem Markt The Barras*

3 *Glasgow Botanic Gardens*

4 *Graffiti des Künstlers Rogue-One, City Centre Mural Trail*

Die Sehenswürdigkeiten Glasgows ermöglichen in zwei Tagen eine spannende Zeitreise - von der Kathedrale des 13. Jahrhunderts über viktorianische Ingenieurskunst bis zu Museen mit modernen Werken und Graffiti aus dem 21. Jahrhundert.

2 TAGE IN GLASGOW

Tag 1

Vormittags Beginnen Sie den Tag in den Glasgow Botanic Gardens *(siehe S. 152)*. In den riesigen Gewächshäusern gedeihen Palmen und tropische Pflanzen. Spazieren Sie durch den Kelvingrove Park zur Kelvingrove Art Gallery and Museum *(siehe S. 146–149)* mit Werken der Scottish Colourists und der »Glasgow Boys« sowie Arbeiten von Charles Rennie Mackintosh.
Nachmittags Stärken Sie sich in einem der Pubs in der Argyle Street, bevor Sie das Riverside Museum *(siehe S. 153)* aufsuchen. In dem von der Architektin Zaha Hadid entworfenen Gebäude mit der beeindruckenden Glasfront sind historische Fahrzeuge ausgestellt. Vor dem Museum liegt die *Glenlee* vor Anker. Der Großsegler wurde im 19. Jahrhundert in einer Werft am Clyde gebaut.
Abends Unternehmen Sie mit einem Speedboat eine Fahrt auf dem Clyde. Bewundern Sie die modernen Brücken, die den Fluss überspannen, und das neu gestaltete Hafenviertel. Zurück an Land lockt das Brasserie-Restaurant Òran Mór (www.oran-mor.co.uk) mit einer breit gefächerten Auswahl köstlicher Gerichte. Das in einer Kirche aus dem 19. Jahrhundert untergebrachte Lokal bietet auch Livemusik, Comedy-Shows und Club-Nächte.

Tag 2

Vormittags Im Tenement House *(siehe S. 152)* gewinnen Sie einen Eindruck vom Alltagsleben der Einwohner Glasgows in der Vergangenheit. Nachdem Sie Ihre Erkenntnisse im People's Palace *(siehe S. 154f)* vertieft haben, führt Sie ein Spaziergang durch den Park Glasgow Green zu The Winged Ox Bar and Kitchen in St Luke's. Nach dem Lunch lockt The Barras zum Shopping *(siehe S. 151)*.
Nachmittags Besichtigen Sie die Glasgow Cathedral *(siehe S. 152f)*. In der Krypta befindet sich das Grab von St Mungo, dem Schutzheiligen der Stadt. Nehmen Sie an einer Führung durch die Glasgow Necropolis mit den Grabstätten weiterer Berühmtheiten teil. Über den City Centre Mural Trail mit faszinierender Straßenkunst gelangen Sie zur Gallery of Modern Art *(siehe S. 150)*, die Werke von Künstlern aus Glasgow zeigt.
Abends Besuchen Sie eine Vorstellung im Theatre Royal, Sitz der Scottish Opera. Kehren Sie dann zu einem späten Abendessen im Ubiquitous Chip an der Ashton Lane im West End ein. Das Restaurant bietet gehobene Küche in legerer Atmosphäre mit Gerichten wie Haggis mit Rotwild und Steckrübencreme und eine hervorragende Weinkarte.

Titan Clydebank

Der riesige Hammerkran wurde 1906 aus Stahl gebaut, um schwere Lasten für den Export auf Schiffe zu verladen. Heute können Besucher den atemberaubenden Blick von der Aussichtsplattform genießen. Wagemutige nutzen den mächtigen Ausleger des Krans zum Bungee-Jumping oder seilen sich aus 50 Metern Höhe ab.

→ *Der Hammerkran Titan Clydebank; mutige Bungeespringer* (Detail)

Schon gewusst?

In den beiden Weltkriegen war Glasgow ein Zentrum des Schiffbaus und der Rüstungsindustrie.

GLASGOWS INDUSTRIELLES ERBE

Kohle, Stahl und Dampfkraft ließen die blühende Handelsstadt Glasgow zum größten Industriezentrum des British Empire werden. Auch nach dem Niedergang der Schwerindustrie erfüllt das industrielle Erbe die Stadt mit Stolz.

An Bord der *Glenlee*

Die *Glenlee* ist eines der letzten großen Segelschiffe, die am Clyde gebaut wurden. Führer in historischen Kostümen vermitteln einen Eindruck vom Leben an Bord des Dreimasters. Die im Jahr 1896 gebaute *Glenlee* segelte viermal um die Welt. 1992 wurde sie vor dem Verfall gerettet. Heute liegt der Großsegler vor dem futuristischen Riverside Museum *(siehe S. 153)* vor Anker.

← *Besucher erkunden den Großsegler* Glenlee *auf dem Clyde*

Dampfschifffahrt auf dem Clyde

Eine Fahrt mit der PS *Waverley*, dem letzten noch in Betrieb befindlichen Raddampfer der Welt, ist ein faszinierendes Erlebnis. Das 1947 am Clyde gebaute Schiff transportierte einst Passagiere aus Glasgow nach Ayr, Campbeltown, Rothesay, Helensburgh und zu weiteren Hafenstädten am Firth of Clyde *(siehe S. 132)*.

Zucker, Tabak und Sklaven

Glasgow arrangiert sich nur langsam mit der unschönen Erinnerung daran, dass der Zucker und der Tabak, die den Kaufleuten im 18. Jahrhundert zu Wohlstand verhalfen, von Plantagen in den USA und in der Karibik stammten, auf denen Sklaven arbeiteten. Nach Abschaffung der Sklaverei im Jahr 1833 steckten die Plantagenbesitzer ihr Geld in die Industriewirtschaft.

→ *Der Raddampfer* Waverly *legt am Pacific Quay zu Fahrten auf dem Clyde ab*

Schon gewusst?

Der Glasgow Tower ist mit 127 Metern das höchste frei stehende Gebäude Schottlands.

Die futuristischen Gebäude des Glasgow Science Centre spiegeln sich im Wasser des Clyde ↑

1

Glasgow Science Centre

B4 · 50 Pacific Quay · Cessnock · X19, 90, 23, 26 · +44 141 420 5000 · Apr–Okt: tägl. 10–17; Nov–März: Mi–Fr 10–15, Sa, So 10–17 · glasgowsciencecentre.org

Die futuristischen Gebäude des Glasgow Science Centre – der Glasgow Tower und die mit Titan verkleideten Bauten – bieten einen imposanten Anblick. Die innovativen Ausstellungen zu verschiedenen Themen der Wissenschaft begeistern Besucher jeden Alters.

Das Glasgow Science Centre wurde 2001 von Königin Elizabeth II eröffnet. Die an einen Schiffsrumpf erinnernden Gebäude sind Hommage an Glasgows Vergangenheit als Seefahrerstadt und Industriezentrum. Die Gebäude sind durch ein Dach aus Glasfasergewebe und den »Discovery«-Tunnel verbunden.

Die interaktiven Ausstellungen, Laboratorien und Multimedia-Präsentationen in der dreistöckigen Science Mall informieren über jüngste Erkenntnisse der angewandten Wissenschaften – von Solarenergie über künstliche Intelligenz bis zur Quantenphysik.

Im Nachbargebäude befindet sich das einzige IMAX-Kino Schottlands. Auf der 24 mal 18 Meter großen Leinwand sind Filme über die Natur und über wissenschaftliche Themen zu sehen.

Zum Zentrum gehören auch ein Labor, in dem Besucher ihre Haut und ihre Haare untersuchen können, und ein mit moderner Technologie ausgestattetes Planetarium.

↑ *Die interaktiven Ausstellungen in der Science Mall sprechen nicht nur Kinder an*

↑ *Die Ausstellung »A Question of Perception« spielt mit optischen Täuschungen*

Nicht versäumen

Bodyworks
Die Abteilung in der Science Mall widmet sich den medizinischen Wissenschaften. Besucher können ihre Ausdauer in einem riesigen Hamsterrad erproben und eine virtuelle Autopsie durchführen.

Planetarium
Modernste digitale Bildtechnik entführt Besucher auf eine Reise durch das Sonnensystem. Die Erläuterungen werden live von Astronomen, Astronauten und Raketentechnikern gesprochen.

Space Zone
In der Abteilung spaziert man an den Planeten des Sonnensystems vorbei – vom Merkur bis zu den Jupitermonden.

Quantum Technologies
Die interaktive Ausstellung macht Unsichtbares sichtbar und präsentiert die noch immer nicht gelösten Rätsel der Quantenphysik.

Powering the Future
Die Abteilung informiert junge Besucher über die Energiequellen, die Licht und Wärme in Häusern schaffen. Interaktive Bereiche beschäftigen sich mit dem Klimawandel und mit alternativen Energieträgern.

Schon gewusst?

1996 wurden Exponate aus dem Museum gestohlen und auf dem Schwarzmarkt angeboten.

2

Kelvingrove Art Gallery and Museum

B3 · Argyle St, Kelvingrove · Partick · 2, 3, 11 · +44 141 276 9599
tägl. 10–17 (Fr, So ab 11) · glasgowlife.org.uk/museums

Das Museum befindet sich in einem imposanten, aus rotem Sandstein errichteten Gebäude, das spanischen Barockstil zeigt. Es ist das größte und meistbesuchte Museum Schottlands. Die umfangreichen Sammlungen beschäftigen sich mit antiken Kulturen aus aller Welt, mit europäischer und schottischer Kunst aus mehreren Jahrhunderten und mit der Geschichte Glasgows vom Mittelalter bis zur Gegenwart.

Das Museum beherbergt 8000 Exponate. Die Kunstsammlung beinhaltet zahlreiche bedeutende Werke, u. a. von britischen Malern des 19. Jahrhunderts wie Turner und Constable, von französischen Impressionisten und von Vertretern der niederländischen Renaissance. Auch das Gemälde *Christus des Heiligen Johannes vom Kreuz* von Salvador Dalí ist zu sehen. Ein eigener Schwerpunkt liegt auf schottischer Kunst und Design, mit Sälen zu den Scottish Colourists und dem Glasgow Style.

Das Museum widmet sich zudem der Geschichte Glasgows vom Mittelalter bis zur wirtschaftlichen und kulturellen Neuausrichtung im 19. und 20. Jahrhundert. Zu den herausragenden Exponaten zählen eine Spitfire, die im West Court ausgestellt ist, und ein »Sir Roger« genannter Asiatischer Elefant.

Expertentipp
Orgelkonzerte

In der Centre Hall finden täglich (Mo–Sa 13, So 14 Uhr) Orgelkonzerte statt. Das prächtige Instrument befindet sich seit 1902 im Museum und wurde schon von vielen namhaften Organisten gespielt.

Highlight

↑ *Im West Court des Kelvingrove Art Gallery and Museum hängt eine Spitfire von der Decke herab*

1 *Im Westflügel der Natural History Gallery sind Exponate zur Tierwelt zu sehen*

2 *Das Museumsgebäude wurde aus rotem Sandstein erbaut*

3 *Die Kunstsammlung des Museums beinhaltet klassizistische Gemälde*

Kurzführer

Die Haupthalle erstreckt sich über die gesamte Länge des Gebäudes. Von den Bogengängen im Erdgeschoss und den Emporen im ersten Stock gehen zu beiden Seiten Ausstellungsräume ab.

Die Ausstellungsanordnung folgt zwei übergeordneten Themen: Der Bereich »Life« im Westteil des Museums umfasst die Abteilungen zur Archäologie – zu den Exponaten zählen Artefakte aus dem alten Ägypten – zur Regionalgeschichte, zur schottischen Kultur und zur Tierwelt Schottlands. Der Bereich »Expression« im Ostteil beschäftigt sich fast ausschließlich mit Kunst und Design. Zu der erstklassigen Kunstsammlung gehören Werke von europäischen Meistern wie Rembrandt, van Gogh und Dalí. Außerdem besitzt das Museum einen großen Bestand an Werken der Scottish Colourists. Charles Rennie Mackintosh *(siehe S. 158)* ist im Erdgeschoss des Ostflügels eine eigene Ausstellung gewidmet. Bewunderer des aus Glasgow stammenden Architekten und Designers sollten diese Abteilung keinesfalls versäumen.

Christus des Heiligen Johannes vom Kreuz

Das Werk von Salvador Dalí, das berühmteste Exponat des Museums, ist in einem eigenen Raum auf der Südempore ausgestellt. Es wurde 1952 vom Museum erworben. Das Gemälde zeigt den gekreuzigten Christus aus der Vogelperspektive, der über einem Gewässer schwebt und auf ein Fischerboot blickt.

8000

Exponate bilden den Museumsbestand.

In der Ausstellung »Mackintosh: Making the Glasgow Style« sind u. a. Drucke zu sehen

Niederländische und flämische Malerei

Rembrandts *Mann mit Rüstung* ist Highlight der Sammlung niederländischer und flämischer Kunst des 17. Jahrhunderts, die zu den besten in Großbritannien zählt. Die Abteilung beherbergt auch das Gemälde *Der Quacksalber* von Benjamin Gerritsz. Cuyp sowie Werke von Nicolaes Pietersz. Berchem, Daniël de Blieck und Abraham van Beijeren.

Französische Malerei

Raoul Dufys *Segelboote im Hafen von Trouville-Deauville* hängt neben Werken weiterer namhafter Künstler des 19. und 20. Jahrhunderts wie Gauguin, Monet, Braque, Pissarro und Renoir.

Scottish Colourists

◁ Das Museum verfügt über beeindruckende Werke der Künstlergruppe. Cadells elegantes Porträt *A Lady in Black* und Peploes *Roses* sind hervorragende Beispiele für den jeweiligen Stil der Maler. Mit Hunters *A Summer Day*, *Largo* und Fergussons *On the Beach at Tangier* sind Seestücke vertreten, die die bevorzugte Werksform der beiden Künstler darstellten.

Glasgow Boys

Das Museum besitzt die bedeutendste Sammlung von Werken dieses Künstlerkollektivs. James Guthries sympathisches Porträt eines alten Mannes *Old Willie: The Village Worthy* steht in starkem Kontrast zu dem mystischen Gemälde *The Druids: Bringing in the Mistletoe* von George Henry und E. A. Hornel. Die beiden Werke verdeutlichen die stilistische Bandbreite der Künstlergruppe.

Charles Rennie Mackintosh

Die Rekonstruktion der Ingram Street Tearooms, deren Interieur Mackintosh zwischen 1900 und 1912 gemeinsam mit seiner Frau Margaret MacDonald gestaltete, zeigt mit elegantem Mobiliar und verspielten Lampen den typischen Stil des Designers. Teestuben boten in edwardianischer Zeit Damen erstmals Gelegenheit zu gesellschaftlichen Zusammenkünften ohne männliche Begleitung.

Ausstellungsbereich mit mittelalterlichen Rüstungen und Waffen

SEHENSWÜRDIGKEITEN

3

George Square

E4

Der George Square geht auf ein Ende des 18. Jahrhunderts angelegtes Wohnviertel zurück. Umbauten in der viktorianischen Zeit ließen den Platz zum prächtigen Mittelpunkt der Stadt werden. Die Umgestaltung Ende des 19. Jahrhunderts ließ nur das Millennium Hotel (1807) an der Nordseite des Platzes unberührt. In den 1870er Jahren entstanden viele Gebäude, u. a. die ehemalige Post (1876) an der Südostecke sowie das Merchants House (1877) an der Westseite, der Sitz der Handelskammer von Glasgow. Die 1781 gegründete Organisation ist die älteste ihrer Art in Großbritannien.

Die **Glasgow City Chambers** an der Ostseite sind das imposanteste Gebäude am George Square. Das von William Young im Stil der italienischen Renaissance erbaute Rathaus wurde im Jahr 1888 von Königin Victoria eröffnet. Die Räume sind mit Marmor und Mosaiken verziert.

Glasgow City Chambers
82 George St
+44 141 287 4018
nur Führungen: Mo – Fr 10:30, 14:30 glasgow.gov.uk

4

Gallery of Modern Art

E4 Royal Exchange Sq +44 141 287 3050 tägl. 10 – 17 (Fr – So ab 11, Do bis 20) glasgowlife.org.uk/museums

Der einstige Sitz der Royal Exchange (Börse) von Glasgow wurde 1829 errichtet. Das Herrenhaus aus dem 18. Jahrhundert, das sich ursprünglich an der Stelle befand, wurde in das Bauwerk integriert. Nach dem Zweiten Weltkrieg übernahm die Stadtverwaltung das Gebäude. Viele Jahre lang diente es als Bibliothek. Seit 1996 ist es Sitz der Gallery of Modern Art, die zu den bedeutendsten Museen für zeitgenössische Kunst in Großbritannien zählt.
Die Gallery of Modern Art besitzt eine ständig wachsende Sammlung an Werken von Künstlern aus Glasgow. Die in Wechselausstellungen präsentierten Werke schottischer und internationaler Künstler beschäftigen sich oft mit aktuellen sozialkritischen Themen. Häufig stehen von der Gesellschaft ausgegrenzte Gruppen im Mittelpunkt der Arbeiten.

5

Glasgow School of Art

D3 167 Renfrew St
+44 141 353 4500
wegen Renovierung
gsa.ac.uk

Das Gebäude der Kunsthochschule ist das berühmteste Bauwerk von Charles Rennie Mackintosh. Es wurde 1897 bis 1909 nach den Plänen des aus Glasgow stammenden Jugendstil-Architekten errichtet.

Neben der zu jener Zeit äußerst innovativen Fassadengestaltung beeindruckt die detailverliebte Ausschmückung der Innenräume – von dekorativen Holzelementen über die großen unterteilten Fenster bis zu den Türklinken und Lichtschaltern. Das Gebäude wurde 2014 durch einen Brand schwer beschädigt und 2018 erneut durch ein Feuer in großen Teilen zerstört.

←

Walter Scott Memorial Column vor den Glasgow City Chambers am George Square

←

Die Gallery of Modern Art im einstigen Gebäude der Börse, mit Lichterketten überspannt

6 St Mungo Museum of Religious Life and Art

F4 2 Castle St +44 141 276 1625 Di–So 10–17 (Fr, So ab 11); Führungen auf Anfrage glasgowlife.org.uk/museums

Die Stadt Glasgow hat ihren Ursprung in einer kleinen Siedlung, die um ein Kloster entstand, das der Priester Mungo im 6. Jahrhundert gründete. Mungo starb Anfang des 7. Jahrhunderts. Er liegt unter der Glasgow Cathedral begraben. Die Kathedrale wurde im 12. Jahrhundert auf Boden erbaut, der von dem Heiligen Ninian von Whithorn im Jahr 397 gesegnet worden war.

Die stetig wachsenden Besucherzahlen der Kathedrale legten in jüngster Zeit die Einrichtung eines Informationszentrums nahe. Nachdem die Society of Friends of Glasgow Cathedral nicht genügend Gelder aufbringen konnte, beschlossen die städtischen Behörden, mit dem St Mungo Museum of Religious Life and Art ein noch größeres Projekt zu finanzieren. Das Gebäude wurde neben der Kathedrale an der Stelle errichtet, an der sich einst das Bishop's Castle (13. Jh.), die Residenz der Bischöfe von Glasgow, befand. Das 1993 fertiggestellte Bauwerk wurde im Stil einer mittelalterlichen Burg gestaltet.

Im Obergeschoss wird die Religionsgeschichte des Landes erzählt. Katholizismus, Protestantismus und andere Glaubensrichtungen des modernen Schottland sind gleichberechtigt vertreten. Auch über das Leben der muslimischen Gemeinde, die seit 1984 in Glasgow eine Moschee besitzt, und über die Bewohner Glasgows, die dem Bahaitum angehören, wird berichtet.

Die übrigen Etagen des Museums zeigen religiöse Kunst. Zu den Exponaten zählen das moderne Gemälde *Crucifixion VII* von Craigie Aitchison ebenso wie Grabplatten aus dem neolithischen China (ca. 2000 v. Chr.), zeitgenössische Malereien der australischen Aborigines und schottisches Buntglas aus dem frühen 20. Jahrhundert.

Ausstellungen diskutieren Fragen, die für Angehörige aller Glaubensrichtungen von zentraler Bedeutung sind: Krieg, Verfolgung, Tod und Leben nach dem Tod. Außerdem werden Exponate aus entfernten Kulturkreisen wie Westafrika und Mexiko präsentiert.

Der Zen-Garten im Außenbereich des Museums wurde von dem japanischen Architekten Yasutaro Tanaka angelegt. Zen-Gärten dienen in buddhistischen Tempeln Japans seit dem 16. Jahrhundert als Kontemplationshilfe.

Schon gewusst?

Der Name Glasgow geht auf das gälische Wort für »grünes Tal« zurück.

Shopping

The Barras

Die Stände auf diesem Markt zeigen eine große Bandbreite an Waren. Am Wochenende wird in The Barras der Glasgow Vintage and Flea Market abgehalten.

F5 244 Gallowgate theglasgowbarras.com

Princes Square

In dem Atrium mit einer Glaskuppel aus viktorianischer Zeit erstrecken sich Designerboutiquen über fünf Etagen – mit Mode von Vivienne Westwood, Kurt Geiger, Kate Spade und anderen großen Namen.

E4 48 Buchanan St princessquare.co.uk

Argyll Arcade

Die in der Passage ansässigen Juwelierläden bieten Luxusuhren, Diamantringe und kostbaren Vintage-Schmuck an.

E4 Argyle St argyll-arcade.com

↑ *Skulptur* Eve *von Scipione Tadolini in den Glasgow Botanic Gardens*

7

Glasgow Botanic Gardens

B1 Great Western Rd Byres Road 6, 6A +44 141 276 1614 tägl. 7–Sonnenuntergang; Gewächshäuser: tägl. 10–18 (Okt–März: bis 16:15) glasgowbotanicgardens.com

Der 1817 an anderer Stelle angelegte Botanische Garten befindet sich seit 1842 am heutigen Standort am Ufer des Kelvin in Glasgows West End. Unter den Gewächshäusern mit Palmen und tropischen Pflanzen ist der Kibble Palace besonders sehenswart. Das von dem viktorianischen Ingenieur John Kibble (1815–1894) entworfene Gebäude aus Glas und Gusseisen wurde am Loch Long in den Highlands erbaut und 1870 an den heutigen Platz gebracht. Es birgt fleischfressende Pflanzen, Orchideen und Baumfarne.

Schöne Aussicht
Glasgow Necropolis

Von den Hügeln der Glasgow Necropolis eröffnet sich ein herrlicher Blick über die Dächer der Stadt. Die Anlage wurde nach dem Vorbild des Friedhofs Père Lachaise in Paris gestaltet.

Tenement House – eine Wohnung in einem für Glasgow einst typischen Mietshaus – zeigt den Originalzustand des frühen 20. Jahrhunderts.

8 NTS

Tenement House

D3 145 Buccleuch St +44 141 333 0183 März–Okt: tägl. 10–17; Nov–Feb: Fr–Mo 11–16 24. Dez–2. Jan nts.org.uk

Die Wohnung in einem für Glasgow einst typischen Mietshaus zeigt den Originalzustand des frühen 20. Jahrhunderts. Glasgow verdankte einen großen Teil seiner Vitalität und Nachbarschaftlichkeit dem Leben in den Mietshäusern. Später gerieten die in viktorianischer und edwardianischer Zeit errichteten Wohnäuser wegen der dort herrschenden Armut und Überbevölkerung in Verruf.

In der Wohnung im Tenement House lebte Miss Agnes Toward von 1911 bis 1965. Die Räume wurden in jener Zeit kaum verändert. Da Miss Toward selten etwas wegwarf, ist die Wohnung heute ein Schatzkästchen der Sozialgeschichte. Im Salon, der nur zu besonderen Anlässen genutzt wurde, ist der Tisch zum Nachmittagstee gedeckt. Die Küche mit Kohleofen und Etagenbett ist voller Utensilien aus vergangener Zeit, wie einem gusseisernen Bügeleisen, einem Waschbrett und einem als Wärmflasche dienenden Stein. Im Bad stehen Lavendelwasser und Arzneien. Die Räume erwecken den Anschein, als wären sie noch immer bewohnt.

9

Glasgow Cathedral und Necropolis

F4 Cathedral Sq Cathedral: +44 141 552 6891 Apr–Sep: Mo–Sa 9:30–17, So 13–17; Okt–März: Mo–Sa 10–16, So 13–17 glasgowcathedral.org Necropolis: tägl. 24 Std.

Die Kathedrale zählt zu den wenigen, die der Zerstörung während der schottischen Reformation *(siehe S. 63)* entgingen, und ist damit ein seltenes Beispiel einer Kirche aus dem 13. Jahrhundert. Sie wurde am Standort einer Kapelle errichtet, die St Mungo, der erste Bischof (6. Jh.) Glasgows, gründete. Der Legende nach legte Mungo den Leichnam eines Heiligen auf einen von Stieren gezogenen Karren und erbaute dort, wo die Tiere anhielten, die Kapelle. Mungos Grab befindet sich in der Krypta der Glasgow Cathedral. Der Blacader Aisle soll über einem vom heiligen Ninian geweihten Friedhof erbaut worden sein.

→ *Das eindrucksvolle Riverside Museum am Ufer des Clyde*

Die Necropolis, der viktorianische Friedhof hinter der Kathedrale, birgt Grabstätten reicher Einwohner Glasgows und eine Statue von John Knox *(siehe S. 83)*.

10

Provand's Lordship

F4 · 3 Castle St · +44 141 276 1625 · Di – So 10 – 17 (Fr, So ab 11) · glasgowlife.org.uk/museums

Das einstige Pfarrhaus von 1471 ist das älteste Gebäude Glasgows. In den niedrigen Räumen mit aus Holz gefertigtem Mobiliar erhalten Besucher einen Eindruck vom Leben einer wohlhabenden Familie im 15. Jahrhundert. Wahrscheinlich weilte Mary, Queen of Scots *(siehe S. 62f)* 1566 in dem Haus, um ihren Cousin und späteren Ehemann, Lord Darnley, zu treffen.

11

Riverside Museum

A3 · 100 Pointhouse Place · Partick · 59 · +44 141 287 2720 · tägl. 10 – 17 (Fr, So ab 11) · glasgowlife.org.uk/museums

Das beeindruckende, mit Zink verkleidete Gebäude wurde von Zaha Hadid entworfen.

Das der Geschichte des Transportwesens gewidmete Museum präsentiert verschiedenste Verkehrsmittel – von Straßenbahnen und Zügen über Schiffe und Autos bis hin zu Fahrrädern und Skateboards. Einige Ausstellungen beschäftigen sich mit den gesellschaftlichen Auswirkungen, die der Ausbau des Personenverkehrs in Glasgow nach sich zog.

Eisenbahnfans begeistert die breit gefächerte Sammlung von Lokomotiven. Unter den Ausstellungsstücken befindet sich ein Modell der Reihe South African Class 15F, das in den 1940er Jahren von der North British Locomotive Company in Glasgow gebaut wurde. Der Nova 2 der britischen Eisenbahngesellschaft TransPennine Express führt die Zukunft des Zugreisens vor Augen: Der elektrisch betriebene Hochgeschwindigkeitszug bietet modernsten technischen Komfort. Für Autoliebhaber hält die »Wall of Cars« faszinierende Eindrücke bereit: In der clever gestalteten Ausstellung stehen Oldtimer auf »Regalbrettern« an der Wand. Zu den Exponaten im »Velodrome« zählen das Fahrrad, mit dem Graeme Obree einen Stundenrekord im Bahnradfahren aufstellte, und das Motorrad, auf dem Ewan McGregor 2004 die in der TV-Serie *Long Way Round* dokumentierte Weltreise unternahm. Das Museum zeigt auch eine Sammlung von Modellschiffen. Nachbildungen von historischen Straßenzügen mit Läden, Cafés und Restaurants machen das Gesellschaftsgefüge vergangener Zeiten erlebbar. Am Museum liegt der Großsegler *Glenlee* (1896) vor Anker.

Schon gewusst?

Das mit Zink verkleidete Dach des Riverside Museum ist rund 2500 Tonnen schwer.

12 Scotland Street School Museum

C5 · 225 Scotland St, · Shields Road · +44 141 287 0500 · wegen Renovierung geschl. · glasgowlife.org.uk/museums

Das Gebäude, das von 1906 bis 1979 als Grundschule diente, war die zweite Arbeit, die Charles Rennie Mackintosh für die schottische Schulbehörde ausführte. Die Handschrift des berühmten Architekten ist an jedem Detail des Bauwerks erkennbar – von den farbenfrohen geometrischen Mustern in der Drill Hall bis zu den dicken Bleiglasscheiben der Fenster. Das Gebäude ist heute ein Museum, in dem restaurierte und rekonstruierte Klassenzimmer die Entwicklung des Unterrichts von der viktorianischen Zeit bis in die 1970er Jahre verdeutlichen. Besucher erhalten durch Niederschriften und Tonaufnahmen von ehemaligen Schülern Informationen zu verschiedenen Themen wie Disziplinierungsmaßnahmen, Evakuierungen während des Zweiten Weltkriegs, Schuluniformen und Pausenspielen. In einem Raum sind u. a. Bücher, Fotos und Gasmasken ausgestellt, in einem anderen Mackintoshs Entwürfe für das Bauwerk.

Kinder können bei Veranstaltungen z. B. an einer Unterrichtsstunde im Stil der viktorianischen Zeit teilnehmen.

13 People's Palace

F5 · Glasgow Green · +44 1412 760 788 · tägl. 10–17 (Fr, So ab 11) · glasgowlife.org.uk/museums

Das Gebäude aus rotem Sandstein wurde 1898 als Kulturzentrum für die Einwohner Glasgows errichtet. Es beherbergt heute ein Museum, in dem Besucher anhand von thematisch gruppierten Ausstellungsstücken Einblick in das Leben der Stadtbevölkerung vom 12. Jahrhundert bis zur Gegenwart gewinnen. Zu den Exponaten in dem Saal, der dem Bereich »Schuld und Sühne« gewidmet ist, zählt die Glocke des Gefängnisses an der Duke Street, mit der einst Hinrichtungen angekündigt wurden. In dem Raum zum Thema »Politik« steht der Schreibtisch des Revolutionärs und Sozialisten John MacClean. In dem Saal zum Thema »Alkohol« ist u. a. ein Handkarren zu sehen, mit dem Betrunkene nach Hause transportiert wurden. Der Raum zu »Tanz und Unterhaltung« enthält Poster aus dem nahe gelegenen Barrowland Ballroom. Ein bei Besuchern besonders beliebtes Exponat ist ein Paar bananenförmiger Schuhe des Glasgower Comedians Billy Connolly.

An das Gebäude schließt rückwärtig ein Ge-

Ein bei Besuchern besonders beliebtes Exponat ist ein Paar bananenförmiger Schuhe des Glasgower Comedians Billy Connolly.

Hotels

Grasshoppers
Das Hotel nimmt die obere Etage des direkt neben dem Bahnhof gelegenen Gebäudes ein, das einst Sitz der Caledonian Railway Company war. Die Einrichtung ist skandinavischen Stils.

E4 · 87 Union St · grasshoppersglasgow.com

£££

Z Hotel
Understatement kennzeichnet das elegante Hotel in einer ehemaligen Druckerei nahe dem George Square. Das von 17 bis 20 Uhr gratis angebotene Büfett beinhaltet ein Glas Wein.

E4 · 36 North Frederick St · thezhotels.com

£££

wächshaus mit exotischen Pflanzen und Sträuchern an, in dem sich ein kleines Café befindet. Das Gewächshaus ist zurzeit wegen Renovierung geschlossen.

⑭

National Piping Centre

E3 30–34 McPhater St +44 141 353 0220 Cowcaddens Mo–Do 9–19, Fr 9–17, Sa 9–12 thepipingcentre.co.uk

Das Zentrum ist dem Studium und der Geschichte des Dudelsackspielens gewidmet. Es bietet (auch online) Kurse an. Das Museum of Piping in dem Gebäude zeichnet die Entwicklung des Instruments nach. Dudelsäcke sind seit dem 14. Jahrhundert in Schottland bekannt, im 17. und 18. Jahrhundert erlebten die Great Highland Bagpipes ihre Blütezeit, als die MacCrimmons über mehrere Generationen hinweg dem Clan der MacLeod als Spieler dienten. Die MacCrimmons gelten als Erfinder des *piobaireachd*, auch *ceòl mór* (große Musik) genannt. Die ausgefeilten Kompositionen, die heute den typischen Klang der Highlands bilden, wurden bei Zusammenkünften des Clans, in der Schlacht oder als Totenklage gespielt.

↑ *The Lighthouse beherbergt eine Ausstellung mit Arbeiten von Charles Rennie Mackintosh*

⑮

The Lighthouse

E4 11 Mitchell Lane Glasgow Central +44 1412 765 365 tägl. 10:30–17 (So ab 12) thelighthouse.co.uk

Das von Charles Rennie Mackintosh entworfene Bauwerk war ursprünglich Sitz des Zeitungsverlags Glasgow Herald. Seit Glasgow 1999 Architekturhauptstadt Großbritanniens war, ist in dem Gebäude das National Centre for Architecture and Design untergebracht. In der dritten Etage des beeindruckenden, lichtdurchfluteten Bauwerks präsentiert das Mackintosh Interpretation Centre von dem berühmten Architekten angefertigte Pläne und Modelle. Außerdem sind originale Einrichtungsgegenstände ausgestellt, darunter ein für einen ehemaligen Leiter des Verlagshauses angefertigter Schrank. The Lighthouse bietet zudem einen Laden, ein Besucherzentrum und Wechselausstellungen. Von der Aussichtsterrasse im sechsten Stock genießt man einen herrlichen Blick auf die Stadt. Es werden Führungen angeboten.

← *Vor dem People's Palace steht der reich verzierte Doulton Fountain*

⑯

Holmwood House

B5 61–63 Netherlee Rd Muirend 374 +44 1415 710 184 variierende Öffnungszeiten nts.org.uk

Die Villa aus viktorianischer Zeit befindet sich in dem sechs Kilometer vom Stadtzentrum entfernten Vorort Cathcart. Sie wurde im Jahr 1858 von dem schottischen Architekten Alexander »Greek« Thomson für den Papierindustriellen James Couper entworfen. Zu den Architekturelementen im klassischen griechischen Stil gehören Kuppeln und Säulen.

Die Einrichtung der Räume wurde im Originalzustand erhalten. Besonders beeindruckend ist das Speisezimmer mit einem umlaufenden Fries, der Szenen aus Homers *Ilias* zeigt. Im Salon im oberen Stockwerk steht ein prachtvoller Kamin aus italienischem Marmor.

Besucher können nach der Besichtigung des Hauses wunderschöne Spaziergänge entlang des Flusssufers unternehmen. Die gepflegten Rasenflächen von Holmwood House laden zum Picknicken ein. Auf dem Anwesen befinden sich ein kleines Café, das Cream Tea und Snacks serviert, und ein Souvernirladen.

Wendeltreppe, The Lighthouse (siehe S. 155)

17

Hunterian Art Gallery

B2 · 82 Hillhead St · Hillhead · 4, 4A · +44 141 330 4221 · Di–Sa 10–17, So 11–16; Eintritt für Mackintosh House · gla.ac.uk/hunterian

Die University of Glasgow ließ das Gebäude für die Gemälde errichten, die der frühere Student und Mediziner Dr. William Hunter (1718–1783) der Universität hinterließ. Heute beherbergt das Museum eine der bedeutendsten Gemäldesammlungen Schottlands mit Werken europäischer Künstler ab dem 16. Jahrhundert.

Zudem sind Arbeiten von Charles Rennie Mackintosh zu sehen. Der Architekt und Designer gilt als Gründer der als »Glasgow Boys« oder »Glasgow School« bezeichneten Künstlergruppe, die Anfang des 20. Jahrhunderts berühmt wurde. Das Mackintosh House ist eine Rekonstruktion des Hauses Nr. 6 Florentine Terrace, in dem der Designer 1906 bis 1914 lebte.

Die Hunterian besitzt auch eine Sammlung schottischer Kunst des 19. und 20. Jahrhunderts sowie Werke des US-amerikanischen Malers James McNeill Whistler (1834–1903), der die »Glasgow Boys« beeinflusste.

Charles Rennie Mackintosh

Glasgows berümtester Architekt und Designer (1868–1928) kam 1884 im Alter von 16 Jahren auf die Glasgow School of Art. Nach dem Erfolg der Willow Tea Rooms entwickelte er sich zum führenden Vertreter des Jugendstils. Seine Mischung aus geschwungenen und geraden Linien ist für das frühe 20. Jahrhundert typisch.

18

House for an Art Lover

A5 · Bellahouston Park, 10 Dumbreck Rd · Ibrox · +44 141 353 4770 · tägl. 10–17 · bei Veranstaltungen · houseforanartlover.co.uk

Die Pläne für das Haus wurden 1900 von Charles Rennie Mackintosh und seiner Partnerin Margaret MacDonald als Wettbewerbsbeitrag bei einer deutschen Zeitschrift eingereicht. Vorgabe war, einen Landsitz für einen Kunstliebhaber zu entwerfen, der Wert auf Eleganz und geschmackvolle Einrichtung legte. Da es sich um eine rein theoretische Aufgabenstellung handelte, konnte das Designerpaar ohne Rücksicht auf Kosten und Logistik planen. Es gewann für seinen Entwurf einen Sonderpreis.

Die Pläne blieben über 80 Jahre ungenutzt, bis der Ingenieur Graham Roxburgh, der schon einige von Charles Mackintosh entworfene Interieurs in Glasgow renoviert hatte, beschloss, das House for an Art Lover zu bauen. 1989 begannen die Arbeiten, 1996 wurde das Haus fertiggestellt. Es beherbergt ein Design-Studio und ein Studienzentrum für Studenten der Glasgow School of Art.

Die Räume im Erdgeschoss lassen die Visionen von Mackintosh und das künstlerische Talent seiner Partnerin MacDonald erkennbar werden. Der in einer einzigen

Ausstellung mittelalterlicher Buntglasfenster in der Burrell Collection ↓

hellen Farbe gehaltene Oval Room mit seinen harmonischen Proportionen war als Rückzugsort für die Damen geplant. Im Musikzimmer beeindruckt das in seiner Form einem Himmelbett nachempfundene Piano.

Die Haupthalle führt zum Speisesaal mit einem mit Steinmetzarbeiten versehenen Kamin. Die Inneneinrichtung wurde bis hin zu den Lichtschaltern mit Liebe zum Detail gestaltet, doch auch die Außenfassade stellt eine außergewöhnliche künstlerische Leistung dar.

Das von einem wunderschönen Park umgebene Pollok House ↑

19

Burrell Collection

A5 200 Pollokshaws Rd Pollokshaws West +44 141 616 6410 tägl. 10–17 (Fr, So ab 11) glasgowlife.org.uk/museums

Die Sammlung, die der Reeder Sir William Burrell (1861–1958) 1944 der Stadt schenkte, besitzt internationales Renommee. Zu den 9000 Artefakten zählen über 600 aus dem Mittelalter stammende Buntglasarbeiten, 150 Wandteppiche, Artefakte aus dem Nahen Osten, dem antiken Griechenland und aus dem alten Rom, chinesisches Porzellan, Teppiche und Stickereien aus dem Orient. Unter den Werken Alter Meister befindet sich ein Selbstporträt von Rembrandt aus dem Jahr 1632. Seit Abschluss der Renovierungsarbeiten im Jahr 2022 sind auch vormals nicht gezeigte Stücke ausgestellt.

Die Hunterian Art Gallery beherbergt eine der wichtigsten Gemäldesammlungen Schottlands mit Werken europäischer Künstler ab dem 16. Jahrhundert.

20

Pollok House

A5 2060 Pollokshaws Rd Pollokshaws West +44 141 616 6410 tägl. 10–17 nts.org.uk

Das Herrenhaus aus dem 18. Jahrhundert birgt eine der wertvollsten Sammlungen spanischer Malerei in Großbritannien. Der im klassizistischen Stil erbaute Hauptteil des Gebäudes wurde 1750 fertiggestellt. Die Räume zieren Stuckarbeiten.

Der Clan der Maxwell bewohnte das Haus ab dem 13. Jahrhundert. Mit Sir John Maxwell, der die Eingangshalle hinzufügte und die terrassierten Gärten und den Park entwarf, starb die männliche Linie jedoch aus.

Neben dem Familiensilber, Porzellan, Glaswaren aus der Zeit von James I und handbemalten chinesischen Tapeten kann man das Gemälde *Sir Geoffrey Chaucer and the Nine and Twenty Pilgrims* (1745) von William Blake und William Hogarths Porträt von James Thomson, dem Verfasser des Textes von *Rule, Britannia!*, bewundern. In der Bibliothek hängt El Grecos *Frau mit Pelz* (1541), den Salon zieren Werke von Goya und Estéban Murillo. Im Jahr 1966 übergab Anne Maxwell Macdonald Haus und Sammlung an die Stadt Glasgow.

Restaurants & Bars

Mackintosh at the Willow

In der berühmten historischen Teestube stehen auch glutenfreie und vegetarische Gerichte auf der Speisekarte.

E3 217 Sauchiehall St mackintoshatthewillow.com

£££

Hillhead Bookclub

Die Auswahl an Craftbeer-Sorten und Cocktails in der schicken Bar ist beeindruckend. Es werden auch Speisen angeboten.

B2 17 Vinicombe St hillheadbookclub.co.uk

£££

Ubiquitous Chip

Das Restaurant bietet experimentelle Gourmet-Küche aus regionalen Zutaten in legerer Atmosphäre.

B2 12 Ashton Lane ubiquitouschip.co.uk

£££

Herbstwald am Loch Ard, Trossachs National Park (siehe S. 176–179)

Zentral-schottland

Zentralschottland ist eine Region voller Kontraste, geprägt von malerischen, unberührten Landschaften mit reichem historischem Erbe ebenso wie von großen Städten und modernen Industriegebieten. Durch die Region verlief einst die Kultur- und Sprachgrenze zwischen den englischsprachigen Lowlands und den gälischen Highlands. Diese Gegensätze sind noch heute bei einer Reise in den schottischen Norden spürbar.

Durch Zentralschottland verläuft die Highland Boundary Fault: Die Verwerfung erstreckt sich von der Isle of Arran im Südwesten bis nach Stonehaven an der Nordostküste. Sie bildet die Grenze zwischen Highlands und Lowlands. Jahrhundertelang trennte diese geografische Linie zwei unterschiedliche Kulturen: Im Norden und Westen wurde Gälisch gesprochen, der Zusammenhalt der Menschen basierte auf der Loyalität zu den Clan-Chiefs. Im 18. Jahrhundert wurde diese Lebensweise durch die wachsende Dominanz der englisch geprägten Lowlands zurückgedrängt.

In den Lowlands setzte dank der Kohlevorkommen in Gebieten wie Lanarkshire und den Lothians der industrielle Aufschwung ein. Die Highlands dagegen wurden entvölkert und dienten schließlich nur noch zur Jagd und zur Schafzucht. Die erste mit einem Kohlehochofen betriebene Eisenhütte Schottlands wurde 1759 in Carron erbaut – unweit von Falkirk, wo Bonnie Prince Charlie 13 Jahre zuvor einen seiner letzten Siege als britischer Thronprätendent errungen hatte. Perth und Dundee stellten zu jener Zeit – nicht weit von der wilden Landschaft der südlichen Highlands entfernt – blühende Handelszentren dar.

Zentralschottland

Highlights

1. Aberdeen
2. Dundee
3. St Andrews
4. Scone Palace
5. Loch Lomond and The Trossachs National Park
6. Stirling Castle

Sehenswürdigkeiten

7. Stirling
8. Stonehaven
9. Dunnottar Castle
10. Pennan
11. Forvie National Nature Reserve
12. Duff House
13. Balmoral Castle und Royal Deeside
14. Ballater
15. Braemar
16. Alford
17. Findhorn
18. Elgin
19. Castle Fraser
20. Doune Castle
21. The Malt Whisky Trail
22. Loch Leven Castle
23. Perth
24. Glamis Castle
25. Dunkeld
26. Dunfermline
27. Culross
28. Falkirk Wheel
29. The Helix
30. Antoninuswall
31. Falkland Palace
32. East Neuk
33. Dunblane
34. Kirriemuir
35. Pitlochry
36. Tay Forest Park
37. Aberfeldy
38. Meigle Sculptured Stone Museum

Moray Firth
Burghead
Lossiemouth
Findhorn
17
Elgin
18
Forres
Lhanbryde
Fochabers
Dallas Dhu Distillery
Spey
Rothes
Archiestown
Craigellachie
Macallan Distillery
Cardhu Distillery
Aberlour
21
Dufftown
The Malt Whisky Trail
Lettoch
Glenfarclas Distillery
Grantown-on-Spey
Cromdale
Glenlivet Distillery
Knockandhu
Tomintoul
Portknockie
Cullen
Portsoy
Crovie
Pennan
10
Macduff
Banff
12
Duff House
Rosehearty
Fraserburgh
Inverallochy
Rathen
Crimond
Strichen
New Pitsligo
Cornhill
Aberchirder
Keith
Deveron
Turriff
Mintlaw
Peterhead
New Deer
Clola
Huntly
Fyvie
Methlick
Cruden Bay
Forvie National Nature Reserve
11
Ellon
Colpy
Insch
Rhynie
Cabrach
The Buck 721 m
Kildrummy Castle
Pitcaple
Oldmeldrum
Inverurie
Don
Newburgh
Newmachar
Balmedie
Castle Fraser
19
Kintore
16
Alford
Bucksburn
1
Aberdeen
Echt
Drum Castle
Craigievar Castle
Colnabaichin
Morven 871 m
Monadhliath Mountains
Logie Coldstone
Torphins
Crathes Castle
Peterculter
The Den And Glen
Aboyne
Crathie
14
Ballater
Dee
Banchory
Netherley
Cammachmore
13
Balmoral Castle und Royal Deeside
Braemar
15
Inverey
Strachan
8
Stonehaven
9
Dunnottar Castle
Lochnagar 1154 m
The Cairnwell 933 m
Braedownie
North Esk
Fettercairn
Inverbervie
Spittal of Glenshee
Clova
Laurencekirk
Edzell
Johnshaven
Marykirk
St Cyrus
Cortachy
Brechin
Montrose
South Esk
Montrose Basin Wildlife Centre
Nordsee
Kirkmichael
Kirkton of Kingoldrum
34
Kirriemuir
Ballinluig
Bridge of Cally
Alyth
Glamis Castle
24
Forfar
Friockheim
Inverkeilor
Blairgowrie
Isla
Glamis
38
Meigle Sculptured Stone Museum
Auchmithie
25
Dunkeld
Coupar Angus
Arbroath
Tay
Sidlaw Hills
Dundee
2
Carnoustie
Bankfoot
Guildtown
Monifieth
Balbeggie
Tayport
Methven
4
Scone Palace
Firth of Tay
Newport-on-Tay
Perth
23
Leuchars
Bridge of Earn
Newburgh
Dairsie
orteviot
Cupar
3
St Andrews
Pitscottie
Boarhills
Strathmiglo
Hill of Tarvit Mansion
Falkland Palace
31
Ladybank
East Neuk
32
Crail
Anstruther
Kinross
22
Glenrothes
Leven
Pittenweem
Earlsferry
Elie
Loch Leven Castle
Buckhaven
Kirkcaldy
Firth of Forth
26
Dunfermline
North Berwick
27
Culross
Rosyth
Dunbar
Edinburgh
Seiten 68–107
East Linton
Haddington
Cockburnspath
Südschottland
Seiten 108–135
Edinburgh
Dalkeith
Gifford
Grantshouse
Eyemouth
Penicuik
Gorebridge
Cranshaws
0 Kilometer 20
0 Meilen 20
N
A98
A941
A95
A96
A97
A947
A952
A90
A920
A939
A93
A957
A92
A937
A933
A94
A9
A91
A915
M90
A198
A1
A702
A703
A7
A68
A823

↑ *Aus grauem Granit errichtete Gebäude an der Union Street*

❶

Aberdeen

E4 · Grampian · 230 000 · 13 km nordwestl. von Aberdeen · Union Square · 23 Union Street; +44 1224 269 180 · visitabdn.com

Aberdeen ist die drittgrößte Stadt Schottlands. Aus silbergrauem Granit errichtete Gebäude bestimmen das Stadtbild. Nachdem in den 1970er Jahren in der Nordsee Erdölfelder entdeckt worden waren, wurde Aberdeen Zentrum der Erdölindustrie in Europa. Trotz des Rückgangs des Handels in jüngster Zeit besitzt Aberdeens Frachthafen noch immer große Bedeutung. Am östlichen Ende der Union Street grenzen moderne Bauten an das Marischal College mit der reich verzierten Granitfassade. Die nördlich des Zentrums gelegene Altstadt prägen Gebäude aus dem späten Mittelalter und eine der ältesten Universitäten Großbritanniens.

①

Marischal College

Broad St (nahe Union Street)

Das Marischal College ist nach dem Real Sitio de San Lorenzo de El Escorial in Madrid das größte aus Granit errichtete Bauwerk der Welt. Die Universität wurde im Jahr 1593 vom fünften Earl Marischal of Scotland als protestantisches Gegenstück zum King's College gegründet. Heute ist das Gebäude Hauptsitz des Aberdeenshire Council.

②

Kirk of St Nicholas

Union St · +44 1224 643 394 · Juni – Sep: Mo – Fr 12 – 15, So 9:30 – 13 · kirk-of-st-nicholas-org.uk

Die auch als »The Mither Kirk« bekannte Kirche wurde im 12. Jahrhundert gegründet. Sie ist die vermutlich größte Pfarrkirche Schottlands. Während der Reformation wurde die Kirche entlang der beiden Querschiffe in zwei Gotteshäuser unterteilt. Die West Church wurde von James Gibbs gestaltet, dem Architekten, der auch die Kirche St Martin-in-the-Fields in London erntwarf. Die East Church birgt historische Objekte wie Eisenringe, mit denen man im 17. Jahrhundert der Hexerei beschuldigte Frauen ankettete.

③

Tolbooth Museum

Castle St · wegen Renovierung geschl. · aberdeencity.gov.uk

Das Museum im ehemaligen Gefängnis der Stadt zeigt Exponate zur Kriminalgeschichte wie die Klinge einer Guillotine (17. Jh.). Das Gebäude weist Zellen aus dem 17. und 18. Jahrhundert sowie die originalen schweren Türen und vergitterten Fenster auf.

④

St Andrew's Cathedral

King St · +44 1224 640 119 · variierende Öffnungszeiten · standrewsaberdeen.org

In der Kathedrale der Episkopalkirche der Vereinigten Staaten von Amerika erinnert ein Denkmal an Samuel Seabury: Der erste Bischof der Episkopalkirche wurde 1784 in Aberdeen geweiht. Bunte Wappen repräsentieren die Staaten der USA und die Jakobiten.

⑤

King's College

College Bounds +44 1224 272 000 tägl. (Kapelle: Mo – Fr 10 – 15:30) abdn.ac.uk

Das 1495 von Bischof William Elphinstone gegründete King's College ist die älteste Universität Aberdeens und die fünfälteste Universität Schottlands. Heute bildet das College das Zentrum des Campus in der Altstadt. Die zum Gebäude gehörende Kirche mit markantem Tiburio, Holzrippengewölbe und einer Kanzel von 1540 ist besonders beeindruckend. Buntglasfenster von Douglas Strachan setzen moderne Akzente. Ein Besucherzentrum informiert über die Geschichte des King's College.

↑ *Radfahrer auf einem kopfsteingepflasterten Weg am King's College*

⑥

St Machar's Cathedral

The Chanonry +44 1224 485 988 Apr – Sep: tägl. 9:30 – 16:30; Nov – März: tägl. 10 – 16 stmachar.com

Die beiden aus Granit erbauten Türme der dem Schutzpatron der Stadt geweihten Kathedrale (15. Jh.) ragen in der Altstadt empor. Buntglasfenster zeigen den Heiligen aus dem 6. Jahrhundert und die ersten Bischöfe, die in der Kathedrale tätig waren. Die mit Wappen verzierte Holzdecke ist besonders sehenswert.

Restaurants

Wild Ginger
Das hervorragende indische Restaurant serviert u. a. köstliches Chicken Chili Masala.

367 Union St
wildginger unionstreet.co.uk
£££

Moonfish
Das Restaurant nahe der Union Street bietet kreative Vorspeisen und exzellente Hauptgerichte.

9 Connection Wynd
moonfishcafe.co.uk
So, Mo
£££

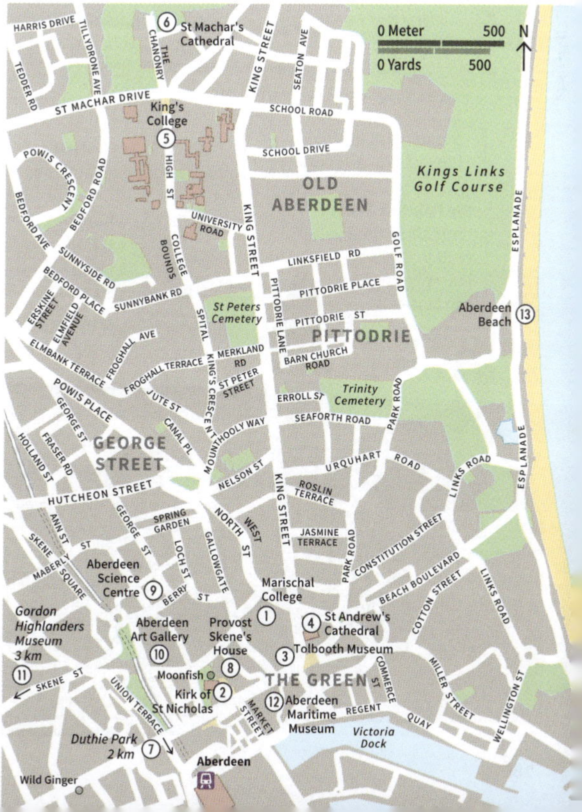

↑ *Im Wintergarten im Duthie Park wachsen riesige Kakteen*

⑦

Duthie Park

Polmuir Rd · Park: tägl. 24 Std.; Wintergarten: tägl. 9:30–16:30 (Mai–Aug: bis 19:30)

Der am Ufer des Dee gelegene Park ist vom Zentrum aus in 20 Minuten zu Fuß zu erreichen. Er wurde 1880 von Lady Elizabeth Crombie Duthie der Stadt vermacht. Die Anlage lohnt das ganze Jahr über einen Besuch, besonders schön ist sie zur Zeit der Rosenblüte im Sommer. Hauptattraktion ist der Wintergarten mit der erstklassigen Sammlung von Bromelien und Kakteen. An dem See im Park kann man Boote und Kajaks leihen.

⑧

Provost Skene's House

Guestrow · +44 3000 200 293 · Mo–Sa 10–17, So 11–16 · aagm.co.uk

Das älteste Wohnhaus der Stadt stammt aus dem 16. Jahrhundert. Es wurde nach George Skene benannt. Der schottische Kaufmann war von 1676 bis 1685 Bürgermeister (Provost) von Aberdeen. Das vor Kurzem renovierte Haus beherbergt ein Museum mit Räumen, die im Stil des 17. und 18. Jahrhunderts eingerichtet sind. Die Ausstellungsstücke reichen von archäologischen Funden über Exponate zur Regionalgeschichte bis zu mittelalterlichen Kleidungsstücken. Highlight ist die Painted Gallery mit Temperamalereien, die Szenen aus dem Leben Christi zeigen.

⑨

Aberdeen Science Centre

107 George St · +44 1224 640 340 · tägl. 10–17 · aberdeensciencecentre.org

Das älteste Wissenschaftsmuseum Schottlands ist in einem ehemaligen Straßenbahndepot untergebracht. Es präsentiert sich seit der vor Kurzem abgeschlossenen Renovierung als hochmoderne Einrichtung, die auf unterhaltsame Weise Informationen vermittelt. Die überwiegend interaktiven Exponate sprechen alle Altersgruppen an. Es werden auch spannende Vorführungen und Workshops angeboten, an denen man teilnehmen kann.

↓ *Das mittelalterliche Provost Skene's House*

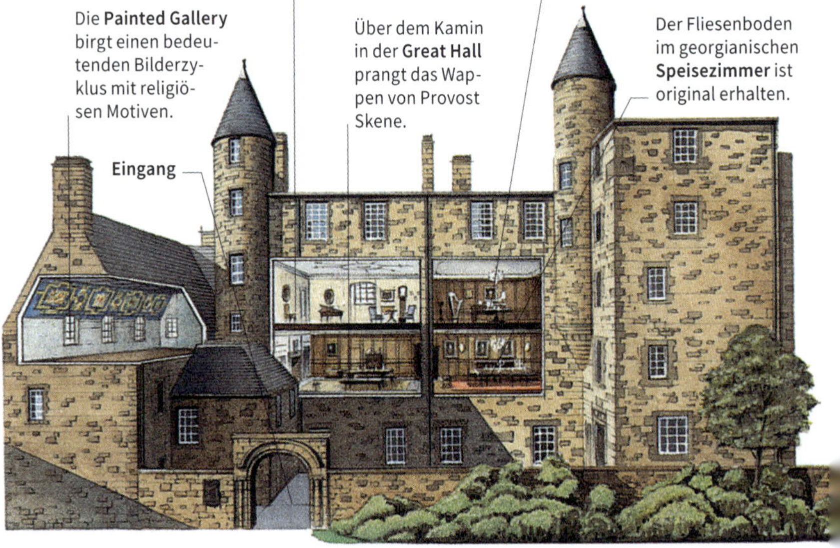

Highlight

Haupthalle der Aberdeen Art Gallery, die britische und europäische Kunst präsentiert ↑

⑩

Aberdeen Art Gallery

Schoolhill +44 3000 200 293 Mo–Sa 10–17, So 11–16 aagm.co.uk

Das Kunstmuseum wurde im Rahmen einer umfassenden Renovierung um eine Etage erweitert. Es beherbergt eine hervorragende Sammlung mit Werken von britischen Künstlern wie Henry Raeburn, Joshua Reynolds, William Hogarth, Paul Nash, Stanley Spencer, Barbara Hepworth und Francis Bacon. Auch die Arbeiten der Designer James Cromar Watt und Bill Gibb sind sehenswert. Zur Sammlung europäischer Kunst gehören Werke von Monet, Renoir, Degas und Toulouse-Lautrec.

⑪

Gordon Highlanders Museum

St Luke's, Viewfield Rd
+44 1224 311 200
Di–Sa 10–16:30
gordonhighlanders.com

Das westlich des Stadtzentrums gelegene Museum informiert über eines der berühmtesten schottischen Infanterieregimenter. Winston Churchill bezeichnete das 1794 gegründete Regiment als »das beste aller Zeiten«. Besucher sehen Uniformen, Orden, Waffen und die Nachbildung eines Schützengrabens aus dem Ersten Weltkrieg. Es gibt auch einen Gedenkgarten.

⑫

Aberdeen Maritime Museum

Shiprow +44 3000 200 293 Mo–Sa 10–17, So 11–16 aagm.co.uk

Das Museum im historischen Provost Ross's House (1593) am Hafen dokumentiert die Geschichte der Schifffahrt in Aberdeen vom Mittelalter bis zur Gegenwart. Es informiert auch über den Aufschwung, den die Stadt nach der Entdeckung von Erdölvorkommen in der Nordsee in den 1970er Jahren erlebte.

⑬

Aberdeen Beach

Der Strand von Aberdeen zählt zu den schönsten in Großbritannien. Die zwei Kilometer lange Strecke von der Union Street zum Aberdeen Beach lässt sich gut zu Fuß bewältigen. Die hübsche Promenade lädt das ganze Jahr über zu Spaziergängen ein.

Bars

Tippling House
Die in einem Kellergewölbe gelegene stimmungsvolle Bar bietet neben einer exzellenten Cocktailkarte eine gute Auswahl an Whiskys und Ales.
4 Belmont St
thetipplinghouse.com

Prince of Wales
Die sonntagabends in dem historischen Pub stattfindenden Folk-Sessions sind überaus beliebt.
7 St Nicholas Lane
belhavenpubs.co.uk

Das beeindruckende schiffsförmige Gebäude des V&A Dundee ↑

❷

Dundee

D5 · Tayside · 150 000 · 1 Riverside Esplanade; +44 1382 527 527 · dundee.com

Dundee war im 18. und 19. Jahrhundert ein bedeutendes Zentrum des Schiffbaus. In jüngster Zeit hat die Stadt vor allem durch die Aufwertung des Hafenareals eine grundlegende Veränderung erfahren. Kernstück des neu gestalteten Gebiets ist das beeindruckende V&A Dundee.

①

V & A Dundee

1 Riverside Esplanade
+44 1382 411 611
Mi – Mo 10 – 17
vam.ac.uk/dundee

Das 2018 eröffnete Designmuseum ist eine Außenstelle des renommierten Londoner Victoria and Albert Museum. Das spektakuläre moderne Gebäude wurde von dem japanischen Architekten Kengo Kuma entworfen. Das Museum präsentiert schottisches und internationales Design. In den Schottland gewidmeten Sälen sind u. a. Arbeiten von Charles Rennie Mackintosh, Eduardo Paolozzi und Basil Spence zu sehen. Neben der exzellenten Dauerausstellung locken die erstklassigen Wechselausstellungen zahlreiche Besucher an.

②

Discovery Point

Discovery Point
+44 1382 309 060
tägl. 10 – 18 (So ab 11)
rrsdiscovery.co.uk

Das innovative Ausstellungszentrum am Hafen informiert über das Expeditionsschiff *Discovery*, das 1901 in Dundee gebaut wurde. Mit dem Schiff unternahm Robert Falcon Scott seine ersten Reisen in die Antarktis. Die an dem Zentrum im Trockendock liegende *Discovery* ist für Besucher begehbar. Man kann die Decks, Kabinen und Korridore sowie die Offiziersmesse erkunden. Im Besucherzentrum vermitteln audiovisuelle Präsentationen und interaktive Exponate einen lebendigen Eindruck von den Forschungsreisen von Robert Falcon Scott.

③

The McManus

Albert Institute, Albert Square · +44 1382 307 200 · Mo – Sa 10 – 17, So 12:30 – 14:30 · mcmanus.co.uk

Das Museum beherbergt eine hervorragende Kunstsammlung. Besonders sehenswert sind die Victoria Gallery, in der sich u. a. Werke von Henry Raeburn befinden, und die 20th Century Gallery mit Arbeiten der Scottish Colourists. Das Museum widmet sich auch der Regionalgeschichte – mit Abteilungen zu Landschaft und Natur sowie den einst für die Stadt bedeutenden Industriezweigen Schiffbau und Walfang.

↑ *The McManus beherbergt die bedeutendste Kunstsammlung Dundees*

Highlight

④

Verdant Works

West Henderson's Wynd **+44 1382 309 060** **Apr – Okt: tägl. 10 – 18 (So ab 11); Nov – März: Mi – So 10:30 – 16:30** **verdantworks.co.uk**

Dundee war einst das bedeutendste Zentrum der Textilindustrie in Großbritannien. Die 1833 erbaute Fabrik Verdant Works ist nun Museum.

⑤

HMS *Unicorn*

Victoria Docks **+44 1382 200 900** **Apr – Okt: Di – So 10 – 16; Nov – März: Do – So 10 – 16** **frigateunicorn.org**

Die 1824 gebaute Fregatte ist das älteste noch immer fahrtüchtige Kriegsschiff Großbritanniens und eines von nur sechs erhaltenen Kriegsschiffen weltweit, die aus der Zeit vor 1850 stammen.

⑥

Mills Observatory

Balgay Hill **+44 1382 435 967** **variierende Öffnungszeiten** **leisureandculturedundee.com**

Das rund drei Kilometer westlich des Stadtzentrums auf dem Balgay Hill gelegene Observatorium ist die älteste Sternwarte Großbritanniens, die eigens für die öffentliche Nutzung erbaut wurde. Sie wurde 1935 eröffnet. Eine Ausstellung informiert über die Entwicklung des Sonnensystems. Besucher können durch verschiedene Teleskope spähen. Von Oktober bis März werden im Planetarium Shows gezeigt. Das ganze Jahr über kann man an bestimmten Abenden den Sternenhimmel beobachten.

⑦

Broughty Castle Museum

Castle Approach **+44 1382 436 916** **tägl. 10 – 16 (So ab 12:30)** **leisureandculturedundee.com**

Die in dem bezaubernden Fischerdorf Broughty Ferry, heute ein Vorort Dundees, am Ufer des Tay gelegene Burg wurde 1496 zum Schutz vor Angriffen durch die englische Flotte errichtet. Im 19. Jahrhundert wurde das Bauwerk umgestaltet.

Die vier Stockwerke der Burg beherbergen Exponate zur Regionalgeschichte. Ein Besuch des Broughty Castle lohnt aber vor allem wegen des herrlichen Ausblicks auf die Mündung des Tay.

3

St Andrews

E5 Fife 17 000 Leuchars Station Rd
70 Market St; +44 1334 472 021

Die Universität in St Andrews ist die älteste Schottlands. Die Stadt war im Mittelalter eine bedeutende Pilgerstätte und lange Zeit Zentrum der schottischen Kirche. St Andrews ist auch die Heimat des Golfsports.

1

St Andrews Cathedral

The Pends +44 1334 472 563 tägl. 10–17 (März–Okt: bis 16)
historicenvironment.scot

Die um 1160 gegründete Kathedrale war einst die größte in Schottland. Während der Reformation wurde das Bauwerk beschädigt und aufgegeben. Die Stätte wurde geplündert, und es wurden Steine zum Bau der Stadt entnommen.

2

University of St Andrews

st-andrews.ac.uk

Die Universität wurde 1413 auf Veranlassung von Henry Wardlaw, dem Bischof von St Andrews, gegründet. Sie ist die älteste Schottlands und nach Oxford und Cambridge die drittälteste Großbritanniens. Die Gebäude sind auf die ganze Stadt verteilt. Die wichtigsten Zentren sind das United College an der North Street und das St Mary's College (1538) an der South Street. Letzteres ist Sitz der School of Divinity und der King James Library. Das Collections Centre beherbergt zahlreiche Artefakte. Besuche sind nur nach Voranmeldung möglich.

3

St Andrews Castle

The Scores +44 1334 477 196 tägl. 10–17 (März–Okt: bis 16)
historicenvironment.scot

Die Bischofsburg wurde um 1200 erbaut und während der Reformation fast vollständig zerstört. Unter den Relikten ist der Fore Tower (14. Jh.) besonders bemerkenswert. Ein Besucherzentrum informiert über die Geschichte der Burg. Auf dem Gelände sind piktische Symbolsteine ausgestellt.

4

R & A World Golf Museum

Bruce Embankment
+44 1334 460 046
tägl. 9:30–17 (So ab 10)
britishgolfmuseum.co.uk

Das Museum erzählt die Geschichte des 1754 gegründetern Royal and Ancient Golf Club. Zu den Exponaten zählen das weltweit älteste erhaltene Golfschläger-Set (17. Jh.), Schuhe von Severiano Ballesteros sowie Trophäen und Fotografien von Spielern wie Tom Watson und Tiger Woods. Auf einem Putting Green können Besucher ihr Talent testen.

5

St Andrews Museum

Kinburn Park +44 1334 659 380 Apr–Sep: Mo–Sa 10:30–16; Okt–März: Mi–Sa 10:30–16
onfife.com

Das wenig besuchte Museum informiert auf unterhaltsame Art über die Geschichte von St Andrews.

6

St Andrews Botanic Garden

Canongate +44 1334 461 200 tägl. 10–18 (Okt–März: bis 16)
standrewsbotanic.org

Die Anlage ist eine Oase der Ruhe im geschäftigen Stadtzentrum. Der ursprünglich am St Mary's College angelegte botanische Garten wurde in den 1960er Jahren an den heutigen Standort verlegt. Er bezaubert mit einer Sammlung von Rhododendren, einer 100 Meter langen Staudenrabatte und zwei Gewächshäusern, in denen exotische Pflanzen gedeihen. Von April bis Oktober kann man ein Schmetterlingshaus besuchen.

Die auf einer Landzunge gelegenen Ruinen des St Andrews Castle

7

West Sands und East Sands

St Andrews bietet zwei wunderschöne Sandstrände. East Sands, der kleinere Strand, erstreckt sich südlich des alten Hafens. Er ist bei Wassersportlern beliebt. Die beiden Gezeitentümpel am südlichen Ende eignen sich hervorragend als Planschbecken für Kinder. An dem nördlich der Stadt gelegenen langen Sandstrand West Sands wurde die Eröffnungssequenz des mit einem Oscar ausgezeichneten Films *Die Stunde des Siegers* (1981) gedreht. Im Sommer bevölkern Sonnenanbeter den Strand. Da an diesem Küstenabschnitt häufig starke Winde wehen, ist West Sands für Einheimische ganzjährig ein beliebter Ort, wo sie Drachen steigen lassen.

Restaurants

Little Italy
Das italienische Restaurant mit authentischem Flair serviert hervorragende Speisen.
2 Logies Lane
littleitaly.cc
£££

Tailend
In dem renommierten Seafood-Restaurant kann man u. a. Arbroath Smokies genießen.
130 Market St
thetailend.co.uk
£££

Golfsport in Schottland

In Schottland wird seit Jahrhunderten Golf gespielt – die Schotten gelten sogar als Erfinder dieser Sportart. Hinsichtlich der Anzahl, der Qualität und der Vielseitigkeit der Golfplätze nimmt Schottland eine weltweit führende Rolle ein – laut der letzten Erhebung bietet Schottland über 500 Plätze. Die meisten befinden sich in wunderschöner Landschaft. Golf ist in Schottland Volkssport. Er wird von Spielern aller Altersgruppen und Leistungsklassen ausgeübt. Auch Besucher können den Schläger schwingen. Versierte Spieler reizen die altehrwürdigen Plätze, auf denen Meisterschaften ausgetragen werden. Für Amateure und Anfänger gibt es viele Möglichkeiten, dem Spiel auf weniger anspruchsvollen Plätzen nachzugehen.

Schon gewusst?

1457 vebot James II das Golfspielen, da es seiner Meinung nach vom Erlernen des Bogenschießens abhielt.

Die Anfänge

Vorläufer des Golfsports waren in Europa bereits im 14. Jahrhundert bekannt. Hinweise auf ein Spiel mit Ball und Schlägern gibt es sogar für das antike Rom. Von allen Frühformen des Golfspiels ist jedoch nur die schottische Variante bis heute erhalten. Ab der Mitte des 16. Jahrhunderts war die Sportart in Schottland in allen Gesellschaftsschichten überaus populär. Mary, Queen of Scots und James VI waren begeisterte Golfspieler. 1744 brachten die Gentlemen Golfers of Leith das erste formale Regelwerk heraus und begründeten damit die moderne Form des Golfsports.

↑ *Golfspieler in St Andrews im 19. Jahrhundert*

TOP 3 Berühmte Golfplätze

St Andrews Links
A E5 St Andrews
W standrews.com
Zu den sieben Plätzen gehört der Old Course, der älteste Golfplatz der Welt.

Royal Burgess
A D6 Edinburgh
W royalburgess.co.uk
Der vermutlich älteste Golfclub der Welt existiert seit 1735.

Gleneagles
A D5 Auchterarder
W gleneagles.com
Der über vier Plätze verfügende Golfclub ist der einzige in Europa, der sowohl den Ryder Cup als auch den Solheim Cup austrug.

→ *Golfplatz in Gleneagles, einem der besten Golfresorts in Schottland*

Schläger und Bälle

Im 18. Jahrhundert waren viele professionelle Spieler in Schottland versierte Tischler. Sie trieben die Entwicklung der Schläger und Bälle voran. Die ursprünglich ausschließlich hölzernen Schläger wurden lange Zeit von Hand gefertigt. Auch Eisen entstanden zunächst in Handarbeit. Es folgten mit Aluminium legierte Schläger, von denen sich die heutigen Spielgeräte kaum unterscheiden. Golfbälle waren ursprünglich aus Leder und mit gepressten Federn gefüllt. 1848 wurde die Guttapercha-Schale erfunden. Heute bestehen Golfbälle aus einer Kunststoffschale mit Hartgummi- oder Mehrschichtkernen.

Altehrwürdige Plätze

Schriftliche Quellen belegen, dass in St Andrews *(siehe S. 170f)* seit 1457 Golf gespielt wird. Der St Andrews Links Trust unterhält sieben an der Küste gelegene Plätze. Der Old Course gilt als der älteste Golfplatz der Welt. Jeder Golfer träumt davon, einmal auf diesem Platz zu spielen. Der Old Course steht Besuchern offen – Berechtigungen werden kurzfristig nach dem Losverfahren verteilt. Interessierte können sich täglich anmelden, die Genehmigungen werden online bekannt gegeben.

Turniere

In Schottland liegen fünf der Golfplätze, auf denen turnusmäßig die Open Championships ausgetragen werden. Zudem finden in Schottland die Turniere Aberdeen Standard Investments Scottish Open (Spätsommer), Alfred Dunhill Links Championship (Sep) und Women's Scottish Open statt, zuweilen auch die Women's British Open. St Andrews Links Trophy (Juni) und Scottish Amateur Championship (Juli / Aug) sind beliebte Amateurturniere. In St Andrews (Apr), Pitlochry (Juni), Royal Deeside (Mai) und Machrihanish (Mai) stehen die Golfclubs eine Woche lang Nichtmitgliedern offen.

4

Scone Palace

D5 Scone, Perthshire von Perth +44 1738 552 300 Mai – Sep: tägl. 9:30 – 17; März, Apr, Okt: tägl. 10 – 16 bei Veranstaltungen scone-palace.co.uk

Das im gotischen Stil erbaute Schloss mit dem prächtigen Interieur, einst Krönungsstätte der schottischen Monarchen, beherbergte den Stone of Destiny. Auf dem Gelände werden die Perth Highland Games veranstaltet und mittelalterliche Schlachten nachgespielt.

Die Geschichte des Schlosses reicht ins 12. Jahrhundert zurück. Auf dem Gelände, das ursprünglich den Pikten als Versammlungsstätte diente, entstanden zunächst eine christliche Kirche, dann ein Augustinerkloster und schließlich der Palast, in dem die schottischen Monarchen gekrönt wurden und residierten. Die letzte Krönung im Scone Palace fand 1651 statt, als Charles II auf dem Moot Hill als Herrscher eingesetzt wurde. Anfang des 19. Jahrhunderts wurde das Schloss für William Murray, den ersten Earl of Mansfield, umgebaut. Es ist heute prächtiges Beispiel für den in georgianischer Zeit beliebten Stil des Gothic Revival. Die Räume bergen Porträts der Murray-Familie, mit Intarsien verziertes Mobiliar, Marmorbüsten und wunderschöne Uhren aus dem 18. und 19. Jahrhundert.

In dem riesigen, baumbestandenen Schlosspark leben Eichhörnchen, Rehe, Kernbeißer und Pfauen. Besucher können einen Spaziergang auf dem idyllischen Laburnum Walkway unternehmen oder zum Gipfel des Moot Hill wandern, auf dem die Krönungszeremonien von berühmten schottischen Herrschern wie Macbeth und Robert the Bruce stattfanden.

Stone of Destiny

Auf dem Stein wurden seit der Gründung des schottischen Reichs alle Monarchen des Landes gekrönt. 1296 verbrachte Edward I den Stein als Kriegsbeute nach England. 1996 erhielt Schottland den Stein zurück. Er wird im Edinburgh Castle *(siehe S. 76 – 79)* verwahrt. Am ursprünglichen Standort auf dem Moot Hill befindet sich eine Replik.

1 *Das Murray Star Maze im Park besteht aus 2000 Bäumen. Im Zentrum steht eine Statue der Nymphe Arethusa. Die Wege durch das Labyrinth haben insgesamt eine Länge von 800 Metern.*

2 *Dudelsackspieler bei der Eröffnung des restaurierten Torbogens aus dem 16. Jahrhundert*

3 *An den Wänden der prächtigen Long Gallery hängen Porträts der Murray-Familie.*

←

Der aus rotem Sandstein erbaute, mit Türmen versehene Scone Palace

5

Loch Lomond and The Trossachs National Park

C5 West Dunbartonshire, Argyll and Bute, Trossachs Balloch; Arrochar und Tarbet Callander; Balloch; Balmaha Balmaha; +44 1389 722 100 lochlomond-trossachs.org

Der Nationalpark vereint typische Landschaftsformen der Lowlands und Highlands: Das Gebiet ist von der zerklüfteten Bergwelt der Grampian Mountains ebenso wie von der Weite der Scottish Borders geprägt. In dem Nationalpark, dem ältesten Schottlands, befinden sich einige malerische Seen und wunderschöne Wasserfälle.

Loch Lomond

Loch Lomond zählt zu den schönsten Seen Schottlands. Er liegt rund 30 Kilometer nordöstlich von Glasgow und ist für Besucher leicht zugänglich. Etwa fünf Kilometer nordöstlich von Balloch am Südufer des Loch Lomond liegt Duncryne Hill – vom Gipfel des Hügels eröffnet sich eine herrliche Aussicht auf den See. Am Westufer befinden sich mehrere hübsche Dörfer. Luss und Tarbet sind bei Besuchern besonders beliebt. In Luss, Balloch, Tarbet und Balmaha werden Schifffahrten auf dem Loch Lomond angeboten.

Am Loch Lomond führen zwei Fernwanderwege vorbei: Der West Highland Way, der älteste und beliebteste Wanderweg Schottlands, führt von Glasgow nach Fort William. Der rund 50 Kilometer lange Great Trossachs Path verläuft von Callander nach Inversnaid. Die Strecken der beiden Fernwanderwege verlaufen zum Teil direkt an den Ufern des Loch Lomond.

Schöne Aussicht
Ben Lomond

Für die zwölf Kilometer lange Wanderung auf den 990 Meter hohen Ben Lomond sind festes Schuhwerk und eine gute Konstitution erforderlich. Der Weg führt von Rowardennan durch Eichen- und Birkenwälder an den Berghängen. Die Aussicht vom Gipfel ist atemberaubend.

Ein Wanderer genießt die Aussicht vom Ben A'an auf Loch Katrine

Highlight

Blick vom Gipfel des Beinn Dubh auf Loch Lomond; Hafen des Inversnaid Hotel (Detail) ↑

Trossachs
2002 wurden 1865 Quadratkilometer der von Bergen und Seen geprägten Region zum Nationalpark erklärt. Die schöne Landschaft mit ihrer reichen Fauna – Goldadlern, Wanderfalken, Rotwild und Wildkatzen – inspirierte viele Schriftsteller, darunter Sir Walter Scott *(siehe S. 114)*. Der nördlich von Loch Lomond gelegene Loch Katrine ist Schauplatz in Scotts Gedicht *The Lady of the Lake* (1810). Die SS *Sir Walter Scott*, ein Dampfschiff aus viktorianischer Zeit, legt am Trossachs Pier zu Fahrten auf Loch Katrine ab. Die Stadt Callander ist ideale Basis für die Erkundung der Trossachs. Der Elizabeth Forest Park zwischen Loch Lomond und Aberfoyle bietet schöne Wanderwege.

Schon gewusst?

Mit einer Fläche von 45 Quadratkilometern ist der Loch Lomond der größte See Großbritanniens.

Bezaubernde Orte

① Balloch

Balloch ist die größte Ortschaft am Loch Lomond. Es liegt an der Südwestspitze des Sees. Zu den Attraktionen gehört das **Lomond Bird of Prey Centre**, in dem man faszinierenden Vorführungen mit Turmfalken, Eulen und Adlern beiwohnen kann, und der Raddampfer *Maid of the Loch* aus den 1950er Jahren. **Sweeney's Cruises** veranstaltet Schiffsrundfahrten auf dem Loch Lomond.

Loch Lomond Bird of Prey Centre
Ben Lomond Way +44 1389 729 239 tägl. 10–17 (März–Okt: bis 16) llbopc.co.uk

Maid of the Loch
Pier Road +44 1389 711 865 variierende Öffnungszeiten maidoftheloch.org

Sweeney's Cruises
sweeneyscruiseco.com

② Luss

Das Dorf wurde für die Arbeiter des einst lukrativen Schieferbergwerks erbaut, das dem Clan der Colquhoun gehörte. Heute ist Luss die beliebteste Ortschaft am Loch Lomond. Abseits der Hauptstraße bezaubern am Westufer des Sees blumengeschmückte Cottages; der Sandstrand und mehrere hervorragende Restaurants locken Besucher an. Am Hafen legen Schiffe zu Ausflugsfahrten ab. Luss war Drehort der schottischen TV-Serie *Take the High Road* (1980).

③ Balmaha und Inchcailloch

Balmaha ist Ausgangspunkt für Wanderungen auf dem West Highland Way *(siehe S. 33)*. In der kleinen Ortschaft befindet sich das Besucherzentrum des Nationalparks, das eine Ausstellung über die Flora und Fauna präsentiert. Balmaha bietet einige gute Restaurants und Pubs. Vom Hafen legen Fähren zu der Insel Inchcailloch (»Insel der alten Frau«) ab. Der Name der Insel geht wohl auf die heilige Kentigerna zurück, die sich im Jahr 717 in dem Gebiet aufgehalten haben soll. Die unter der Verwaltung von Scottish Natural Heritage stehende Insel bietet schöne Spazierwege und einen Strand.

④ Loch Katrine

Der zwölf Kilometer lange See im Zentrum des Nationalparks inspirierte Sir Wal-

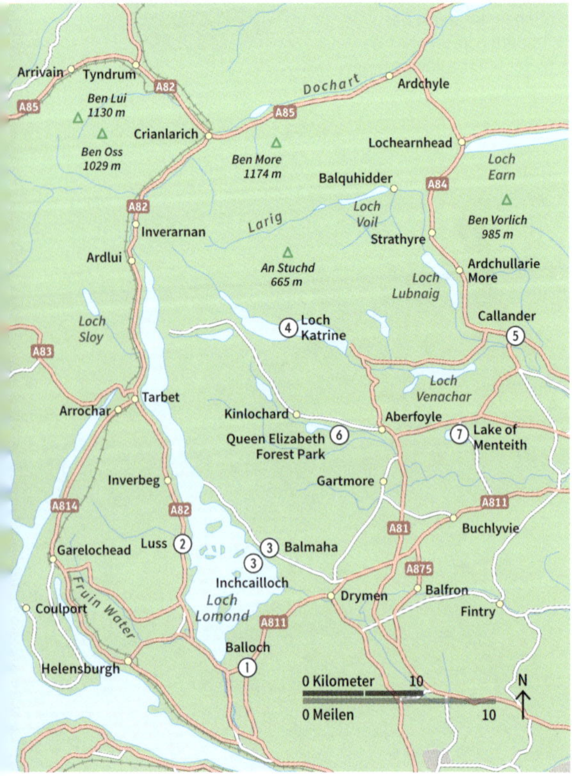

Hotel

Mhor 84
Das Motel mit Restaurant und Café eignet sich hervorragend als Unterkunft bei einem längeren Aufenthalt im Nationalpark, aber auch für einen Zwischenstopp auf dem Weg in die Highlands.

84 Kingshouse, Balquhidder
mhor84.net
£££

↑ *Radfahrer passieren ein Ausflugsschiff, das am Loch Katrine vor Anker liegt*

ter Scott zu seinem Gedicht *The Lady of the Lake*. Heute sind bei Besuchern Ausflugsfahrten mit dem Raddampfer *Sir Walter Scott*, der seit 1899 in Betrieb ist, beliebt. Die Umgebung des Sees lädt zu Radtouren ein, Katrine Wheelz (www.katrinewheelz.co.uk) bietet Leihräder. Es empfiehlt sich, mit dem Dampfer nach Stronachlachar zu fahren und mit dem Fahrrad entlang des Nordufers zurückzukehren. Wanderer können den anspruchsvollen Aufstieg auf den Ben Venue wagen.

⑤
Callander

Die geschäftige kleine Stadt liegt an einer der Hauptrouten in die Highlands. Die Hauptstraße von Callander säumen Cafés und Läden.

In Callander waren einst römische Legionäre stationiert, Relikte des Lagers sind verblieben. In der Umgebung der Stadt kann man schöne Wanderungen unternehmen – ein drei Kilometer langer Rundweg führt zu den Wasserfällen Bracklinn Falls.

⑥
Queen Elizabeth Forest Park

Die Landschaft des Parks, der sich vom östlichen Ufer des Loch Lomond bis zu den Bergen bei Strathyre erstreckt, prägen Wälder, Moore und Seen. Besucher finden in der Abgeschiedenheit Ruhe. Im Lodge Forest Visitor Centre kann man von Kameras übertragene Livebilder von Fischadlern, Rothirschen und anderen Parkbewohnern sehen.

Den Park durchziehen Rad- und Wanderwege.

Autofahrer können das Gebiet auf dem Achray Forest Drive erkunden, der wenige Kilometer vom Besucherzentrum entfernt beginnt. Abenteuerlustigen bietet der tief im Wald gelegene Outdoor-Park Go Ape Seilbrücken, Seilrutschen und andere Attraktionen.

⑦
Lake of Menteith

Der Lake of Menteith ist der vermutlich einzige See in Schottland, der nicht die Bezeichnung »Loch« im Namen trägt. Von Mai bis August bietet er Fliegenfischern ideale Bedingungen. Auf einer Insel im See liegen die Ruinen der Inchmahome Priory. Das Augustinerkloster wurde 1238 gegründet. Die Stätte mit Relikten der Kirche und des Kreuzgangs bietet einen imposanten Anblick. Die Mauern zieren Steinmetzarbeiten. Nach der Niederlage der schottischen Armeen in der Schlacht bei Pinkie Cleugh 1547 wurde die fünf Jahre alte Mary Stewart, die spätere Mary, Queen of Scots, in dem Kloster versteckt. Von Port of Menteith am Nordufer des See bestehen Fährverbindungen zu der Insel.

Rob Roy (1671-1734)

Der Rinderhändler Robert MacGregor, wegen seiner roten Haare Rob Roy (»Roter Robert«) genannt, lebte in der Nähe des Loch Arklet. Nach mehreren harten Wintern stahl er Vieh von reichen Grundbesitzern in den Lowlands, um seinen Clan zu ernähren. Der Duke of Montrose erklärte Rob Roy zum Geächteten und brannte dessen Wohnhaus nieder. In seinem Wunsch nach Rache schloss sich Rob Roy den Jakobiten an. Er errang den Ruf eines schottischen Robin Hood, da er wiederholt die Ländereien des Herzogs plünderte und mehrfach aus dem Gefängnis entkam. 1725 wurde Rob Roy begnadigt. Er verbrachte den Rest seines Lebens in Balquhidder.

6

Stirling Castle

D5 Castle Esplanade, Stirling +44 1786 450 000 Apr – Sep: tägl. 9:30 – 18; Okt – März: tägl. 9:30 – 17; letzter Einlass 45 Min. vor Schließung 25. Dez, 26. Dez stirlingcastle.scot

Der hoch auf einem Felsen gelegenen Burg kam jahrhundertelang eine Schlüsselrolle in der Geschichte Schottlands zu. Sie ist prächtiges Beispiel schottischer Renaissance-Architektur.

Stirling Castle zählte zu den bedeutendsten Festungen Schottlands. Die Ebenen um das Schloss waren Schauplatz großer Schlachten. Der Sage nach eroberte König Artus die Burg von den Sachsen, belegt ist ihre Existenz aber erst ab 1100. Die heutige Anlage stammt aus dem 15. und 16. Jahrhundert. Von 1881 bis 1964 wurde das Schloss vom Regiment der Argyll and Sutherland Highlanders genutzt.

Auf dem Schloss finden viele Veranstaltungen wie Workshops mit mittelalterlichem Handwerk statt. Darsteller in historischen Kostümen lassen die Geschichte von Stirling Castle lebendig werden.

↑ *Hochlandrinder auf einer unterhalb von Stirling Castle gelegenen Weide*

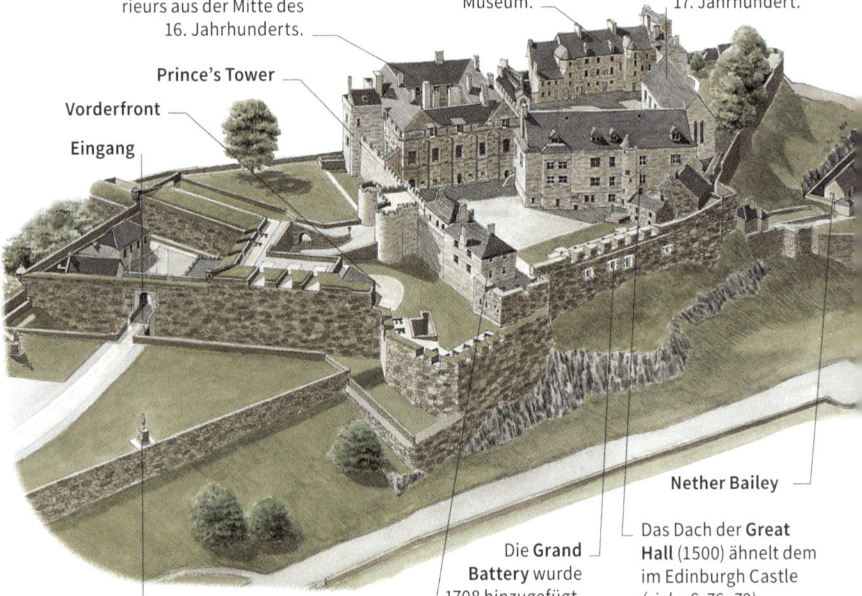

Die Gebäude der Schlossanlage sind von einer Befestigungsmauer umgeben ↑

Highlight

Die Schlachten von Stirling

Stirling besaß wegen seiner Lage über dem Forth und an der Grenze zu den Highlands eine Schlüsselposition in den schottischen Unabhängigkeitskriegen. Vom Schloss sind sieben Schlachtfelder zu sehen. Das 67 Meter hohe Wallace Monument bei Abbey Craig erinnert an den Sieg von William Wallace über die Engländer 1297 an der Stirling Bridge, Vorbote des Siegs von Robert the Bruce 1314.

1745

In diesem Jahr wurde Stirling Castle letztmals angegriffen – von den Jakobiten.

SEHENSWÜRDIGKEITEN

7 Stirling

D5 Stirlingshire 36 000 Old Town Jail, St John St; +44 1786 475 019 yourstirling.com

Die Stadt entstand um eine der bedeutendsten Burgen Schottlands. Die Mauer, die die Altstadt umgibt, wurde im 16. Jahrhundert erbaut – als Schutz für Mary, Queen of Scots vor Henry VIII. In der mittelalterlichen Church of the Holy Rude in Castle Wynd wurde James VI gekrönt. Die Kirche besitzt ein Hammerbalken-Gewölbe. Von dem durch die Jakobiten 1746 zerstörten Palast Mar's Wark vor der Kirche ist nur die Fassade verblieben.

Drei Kilometer südlich von Stirling liegt das Schlachtfeld, auf dem Robert the Bruce *(siehe S. 62)* 1314 die Engländer schlug. Bruce riss anschließend die Vorläuferburg von Stirling Castle ab, um sie vor einer Übernahme durch den Feind zu bewahren. Eine Statue zeigt den schottischen König hoch zu Ross. In der **Battle of Bannockburn Experience** können Besucher die historisch bedeutende Schlacht nacherleben.

Restaurant

Birds and Bees

Das kinderfreundliche Gastropub bietet gute Brasserie-Küche.

D5
Easter Cornton Rd
thebirdsandthebees-stirling.com

£££

Battle of Bannockburn Experience

Bannockburn Visitor Centre, Glasgow Rd +44 1786 812 664 Anfang Feb – Ende Dez: tägl. 10–17 battleofbannockburn.com

Statue von Robert the Bruce nahe Stirling Castle

8

Stonehaven

E4 · Aberdeenshire · 11 400 · Stonehaven · visitabdn.com

Die an einem langen Sandstrand gelegene Stadt ist für das an Silvester stattfindende Festival Stonehaven Fireball und den **Open Air Pool**, ein beheiztes Freibad, bekannt. In einem am Hafen gelegenen Gebäude aus dem 16. Jahrhundert, das einst als Gericht und Gefängnis diente, ist das **Stonehaven Tolbooth Museum** untergebracht. Die Ausstellung präsentiert verschiedenste Folterinstrumente, mit denen Straftäter im Mittelalter auf grausame Weise misshandelt wurden.

Stonehaven Tolbooth Museum
Old Pier, Stonehaven Harbour · +44 7512 466 329 · variierende Öffnungszeiten · stonehaventolbooth.co.uk

Open Air Pool
Queen Elizabeth Park · variierende Öffnungszeiten · stonehavenopenairpool.co.uk

9

Dunnottar Castle

E4 · X7, 107 von Stonehaven · +44 1569 766 320 · Apr – Sep: tägl. 9 – 17:30; Okt – Mai: variierende Öffnungszeiten · bei schlechtem Wetter · dunnottarcastle.co.uk

Die Burgruine ist spektakulär auf einer Landzunge drei Kilometer südlich von Stonehaven gelegen. Sie diente in dem auf dem Roman (1818) von Mary Shelley basierenden Film *Victor Frankenstein – Genie und Wahnsinn* von 2015 als Kulisse. In Franco Zeffirellis Verfilmung des Shakespeare-Dramas *Hamlet* (1990) fungierte die Burg als Elsinore Castle. Dunnottar Castle ist auf drei Seiten von steil abfallenden Klippen umgeben. Im 17. Jahrhundert wurden in der Anlage die schottischen Kronjuwelen vor den Truppen Cromwells versteckt. Die Burg wurde im 12. Jahrhundert für den Earl of Marischal erbaut. Die erhaltenen Teile stammen aus dem 15. und 16. Jahrhundert, das Tower House aus dem 14. Jahrhundert. Dunnottar Castle erreicht man mit dem Auto oder über einen beschilderten Wanderweg entlang der Klippen von Stonehaven aus.

Schon gewusst?

Der gälische Name *Dùn Fhoithear* von Dunnottar Castle bedeutet »Fort am Abhang«.

10

Pennan

E3 · Aberdeenshire · von Aberdeen

Über dem winzigen Fischerdorf an der Nordseeküste ragen hohe Klippen auf.

> **Die karge, windumtoste Landschaft des Forvie National Nature Reserve zählt zu den schönsten Küstengebieten Großbritanniens.**

→

Die auf einer Landzunge gelegenen Ruinen von Dunnottar Castle

Pennan besteht aus einer Reihe weiß getünchter Häuser, die eine Straße säumen. In dem Film *Local Hero* von 1983 diente Pennan als das fiktive Dorf Ferness. Die für die Dreharbeiten aufgebaute rote Telefonzelle steht noch immer direkt am Meer.

11 Forvie National Nature Reserve

E4 Forvie, Collieston, Ellon 61, 63 von Aberdeen Visitor Centre: +44 1358 751330; Apr – Okt: tägl. nature.scot

Das Naturschutzgebiet erstreckt sich nahe Balmedie, einem verschlafenen Vorort von Aberdeen. Die karge, windumtoste Landschaft zählt zu den schönsten Küstengebieten Großbritanniens. Die ausgedehnten Sanddünen reichen bis an das Mündungsgebiet des Ythan heran, das Lebensraum von Eiderenten, Austernfischern, Robben und vielen anderen Tierarten ist.

2012 entstand nur 2,5 Kilometer südlich des Naturschutzgebiets der Golfplatz Trump Aberdeen. Die Anlage löste heftige Kontroversen aus, da ihr das bislang unter Schutz stehende Gebiet Menie Estate geopfert wurde. Donald Trumps Versprechen, 1,25 Milliarden Dollar in ein 6000 Arbeitsplätze schaffendes Projekt zu investieren, veranlasste die schottische Regierung, Aspekte des Umweltschutzes hintanzustellen. Der erhoffte wirtschaftliche Aufschwung in der Region blieb jedoch aus: Die von Trump erbaute Anlage besteht aus nur einem Golfplatz, der fünf Monate im Jahr geschlossen ist. In dem Hotel mit 16 Zimmern arbeiten nur 100 Angestellte.

↑ *Duff House beherbergt eine äußerst kostbare Gemäldesammlung*

12 Duff House

E3 Banff Banff 35, 300 +44 1261 818 181 Apr – Sep: Do – So 9:30 – 13, 14 – 17; Okt – März: Fr – So 10:15 – 12, 13 – 16; vormittags nur Führungen; letzter Einlass 45 Min. vor Schließung historic environment.scot

Das prächtige georgianische Herrenhaus lockt wenige Besucher an, doch die exzellente Sammlung von Meisterwerken schottischer und europäischer Maler lohnt die Besichtigung. Unter den Gemälden nimmt El Grecos *Der heilige Hieronymus in Buße* eine herausragende Stellung ein, aber auch die Werke von Allan Ramsay und Sir Henry Raeburn beeindrucken. Auch niederländische, deutsche und italienische Maler der Renaissance sind vertreten.

Das Herrenhaus wurde 1735 von William Adam für William Duff, den Earl of Fife, entworfen. Angeblich gerieten die beiden wegen eines Baufehlers in Streit, der jahrelange Gerichtsverhandlungen nach sich zog. Duff zog in das fertiggestelte Herrenhaus niemals ein.

Balmoral Castle ist als Sommerresidenz der königlichen Familie bekannt

13 Balmoral Castle und Royal Deeside

D4 Balmoral Estate, Ballater 201, 203 von Aberdeen +44 1339 742 534 Apr – Juli: tägl. 10 – 17; Okt – Dez: variierende Öffnungszeiten balmoralcastle.com

Das Schloss war Urlaubsdomizil von Königin Victoria. Die Bezeichnung »Royal Deeside« für die umliegende Landschaft geht auf die königlichen Besitzer zurück. Königin Victoria erwarb das Schloss im Jahr 1852 für 30 000 Guineen, nachdem der Eigentümer an einer Fischgräte erstickt war. Bei der Umgestaltung war Prinzgemahl Albert federführend. Elizabeth II diente Balmoral Castle als Sommerresidenz. 2022 verstarb die Königin in dem Schloss.

Besucher können den Ballsaal besichtigen, den prächtige Gemälde zieren, darunter Werke von Edwin Landseer und Carl Haag. Gelegentlich werden in dem Saal Wechselausstellungen veranstaltet.

Auch der wunderschöne Park steht Besuchern offen. Auf dem Gelände befinden sich formale Gärten mit Gewächshäusern aus viktorianischer Zeit, ein Wassergarten und ein ummauerter Küchengarten. Für Rundgänge sind Audioführer erhältlich. Es werden auch Touren mit Land Rovern angeboten. Bei den Ausflügen geht es nach der Fahrt durch den Park in den nahe gelegenen Caledonian Forest – ein Gebiet mit einem uralten Bestand von Waldkiefern, in dem man manchmal Auerwild zu sehen bekommt – und weiter in die Gebirgsregion um den Lochnagar.

Königin Victorias Balmoral Castle

Bei ihrem ersten Besuch in Balmoral 1848 war Königin Victoria von der bezaubernden Flusslandschaft begeistert. Ihr Gemahl entwarf gemeinsam mit dem aus Aberdeen stammenden Architekten das mit Granit verkleidete Bauwerk, das das ursprüngliche Schloss ersetzte. Mit den vielen Türmchen ist es ein herrliches Beispiel des Scottish Baronial Style.

14 Ballater

D4 1500 Old Royal Station; +44 1339 755 306 visitballater.com

Das bezaubernde Dorf mit zahlreichen Gebäuden aus viktorianischer Zeit liegt zwölf Kilometer östlich von Balmoral Castle im Zentrum von Royal Deeside. Viele Lä-

Die malerische Gebirgslandschaft nahe Braemar in Aberdeenshire

den tragen die Auszeichnung als königliche Hoflieferanten. Im 19. Jahrhundert wurde in Ballater eine Heilquelle entdeckt, die als wirksam gegen Skrofulose (Hautturberkulose) galt.

In der Old Royal Station, dem 1966 stillgelegten Bahnhof von Ballater, befinden sich ein Besucherzentrum, eine Bibliothek, ein Café und ein Restaurant. Der Bahnhof wurde 2015 durch einen Brand schwer beschädigt und vor Kurzem restauriert. Ballater eignet sich hervorragend als Basis für Bergwanderungen – der Lock Muick liegt 14 Kilometer südwestlich des Dorfs.

Old Royal Station
Station Square
tägl. 10–17; Restaurant: Mi–So 10–16, 18–21

15

Braemar

D4 800 braemarscotland.co.uk

Das Dorf ist vor allem für das Braemar Gathering *(siehe S. 204)* bekannt. Das Fest ist das berühmteste und meistbesuchte der Highland Games. Das **Highland Games Centre** in einem hellgrünen Gebäude am Eingang zur Arena, die Schauplatz der traditionellen Wettkämpfe ist, beherbergt ein Museum. Die Ausstellung informiert anhand von Fotografien, Kleidungsstücken, Bannern und anderen Objekten über die Geschichte der beliebten Veranstaltung und die damit verbundenen Traditionen.

Highland Games Centre
Princess Royal & Duke of Fife Memorial Park, Broombank Terrace +44 1339 749 220 Apr–Okt: tägl. 10–17 highlandgamescentre.org

16

Alford

E4 2100
braemarscotland.co.uk

Die Ortschaft selbst ist nicht unbedingt reizvoll, lohnt aber wegen des **Grampian Transport Museum** einen Besuch. Die faszinierende Ausstellung widmet sich der Geschichte des Transportwesens im Nordosten Schottlands. Die beeindruckende Sammlung reicht von Straßenbahnwagen und Feuerlöschfahrzeugen über Dampfwagen bis zu Strandbuggys. Die Exponate wechseln jährlich.

Zehn Kilometer südlich von Alford liegt das bezaubernde **Craigievar Castle**. Es heißt, das rosafarbene Tower House diente als Vorbild für das Schloss, das am Anfang jedes Disney-Films zu sehen ist. Besucher können das Gebäude aus dem 17. Jahrhundert im Rahmen von Führungen besichtigen. Die Räume zieren Holzvertäfelungen jakobinischen Stils und Stuckdecken.

Das Burggelände lädt zu Spaziergängen ein. In der Nähe erstrecken sich hübsche Waldwege. In dem Gebiet bekommt man gelegentlich Fichtenmarder und Eichhörnchen zu sehen.

Grampian Transport Museum
Montgarrie Rd +44 1975 562 292 Apr–Okt: tägl. 10–17 gtm.org.uk

Craigievar Castle
Station Square +44 1339 883 635 variierende Öffnungszeiten nts.org.uk

Schon gewusst?

In Ballater waren schon viele gekrönte Häupter zu Gast, 1896 der Zar des Russischen Reichs.

↑ *Dingis im malerischen Hafen von Findhorn an der Küste von Moray*

17
Findhorn

D3 · Moray · Findhorn Foundation · ecovillagefindhorn.com

Der Küstenort liegt am Südende des Moray Firth wenige Kilometer von der Royal-Air-Force-Station Kinloss entfernt. Er ist vor allem für das von der Findhorn Foundation erbaute »Ecovillage« bekannt. Die meisten Besucher lockt der wunderschöne, von Dünen gesäumte Strand, der sich über mehrere Kilometer bis zur Burghead Bay erstreckt. Das Dorf liegt an einem hübschen Hafen, an dem sich alte Fischerhütten befinden. Ein kleines Heimatmuseum widmet sich der Fischerei- und Schifffahrtsgeschichte.

Findhorn Foundation

Die spirituell orientierte Gemeinschaft wurde im Jahr 1962 von Eileen und Peter Caddy auf einem Campingplatz gegründet. Sie vertritt einen einfachen, nachhaltigen Lebensstil. Der Gemeinschaft gehören etwa 500 Mitglieder an, die in Findhorn in dem »Ecovillage« The Park leben. Das in den Dünen gelegene ehemalige Hotel Cluny Hill wird von der Gemeinschaft für Workshops und zur Einkehr genutzt.

18
Elgin

D3 · Moray · 3000 · Elgin Library, Cooper Park; +44 1343 562 608

Der kopfsteingepflasterte Marktplatz und die gewundenen Gassen machen die mittelalterliche Struktur der Stadt deutlich. Von der als »Licht des Nordens« bezeichneten Kathedrale (13. Jh.), der einst größten Schottlands, sind nur Ruinen verblieben: Sie wurde 1390 vom »Wolf of Badenoch«, dem Sohn Roberts II, aus Rache für seine Exkommunikation durch den Bischof zerstört. Weiterer Schaden entstand 1576, als der Gemeinderat das Abtragen des Dachs anordnete. Erhalten sind u. a. ein piktischer Symbolstein und ein Becken, in das einer der Wohltäter der Stadt, Andrew Anderson, als Kind von seiner obdachlosen Mutter gelegt wurde.

Das **Elgin Museum** zeigt anthropologische und geologische Ausstellungen, das **Moray Motor Museum** Autos und Motorräder ab 1904.

Elgin Museum
1 High St · +44 1343 562 608 · Apr–Okt: Mo–Fr 10–17, Sa 11–16 · elginmuseum.org.uk

Moray Motor Museum
Bridge St · Ostern–Okt: tägl. 11–17 · moraymotormuseum.org

19
Castle Fraser

E4 · Inverurie, Aberdeenshire · +44 1330 833 463 · Schloss: Apr–Okt: tägl. 10–16; März, Nov–Mitte Dez: Sa, So 11–14; Gärten: tägl. 10–16 · nts.org.uk

Das Schloss ist von wunderschönen Landschaftsgärten

→ *Die Whisky-Brennerei Cardhu in Speyside wurde im Jahr 1811 gegründet*

umgeben. Die vielen Türme und Staffelgiebel wurden im 18. Jahrhundert hinzugefügt, die ursprüngliche Anlage datiert aber aus dem 16. Jahrhundert. Michael Fraser of Muchalls begann 1575 mit dem Bau, sein Sohn Andrew, der erste Lord Fraser, stellte das Schloss fertig.

Castle Fraser ist das älteste und größte Schloss mit z-förmigem Grundriss in Schottland. In den Räumen begeistern prächtige mittelalterliche Säle, Porträts der Familie Fraser und kostbare Regency-Möbel.

20 Doune Castle

D5 Doune Doune von Stirling +44 1786 841 742 Apr – Sep: tägl. 9:30 – 17:30; Okt – März: tägl. 10 – 16; letzter Einlass 30 Min. vor Schließung historicenvironment.scot

Die Ende des 14. Jahrhunderts erbaute Residenz des Duke of Albany wurde bis zu ihrem Verfall im 18. Jahrhundert von den Stuarts genutzt. Seit der Restaurierung bietet die Burg Einblick in das Leben der königlichen Familie im Mittelalter. Durch das Torhaus gelangt man in den Burghof, dann in die Great Hall, die mit einer Holzdecke, einer Sängertribüne und einem Kamin ausgestattet ist. Angrenzend befinden sich die Lord's Hall und das Privatgemach. Geheimtreppen und -gänge dienten der Königsfamilie zum Schutz.

Doune Castle war in dem Monty-Python-Film *Die Ritter der Kokosnuss* sowie in den Serien *Game of Thrones* und *Outlander* Kulisse.

21 The Malt Whisky Trail

D3 Speyside, Moray maltwhiskytrail.com

Da Klima und Geologie in Speyside ideale Bedingungen für die Whisky-Produktion bieten, ist die Hälfte der Brennereien Schottlands in dieser Region ansässig. Der ausgeschilderte Malt Whisky Trail führt zu sieben Destillerien (Dallas Dhu ist allerdings stillgelegt) und einer Böttcherei.

Bei der Whisky-Herstellung *(siehe S. 50f)* lässt man Gerste in Wasser keimen (mälzen), dann wird sie in Torfrauch getrocknet, gemahlen und mit Wasser vermischt. Danach braucht sie Zeit zum Gären. Die Flüssigkeit wird zweimal destilliert. Ergebnis ist ein rauer Whisky, der in Eichenfässern bis zu 50 Jahre lang gelagert wird. Weltweit werden etwa 30 Flaschen schottischer Whisky pro Sekunde verkauft.

Die Brennereien am Malt Whisky Trail bieten Führungen und Ausstellungen zu ihrer Geschichte an. Oft erhält man den Eintritt zurück, wenn man eine Flasche Whisky kauft.

TOP 5 Brennereien in Speyside

Cardhu
Knockando, Aberlour
malts.com
Bei der Gründung 1811 war erstmals eine Frau federführend.

Macallan
Easter Elchies Estate, Aberlour
themacallan.com
In dem hochmodernen Besucherzentrum kann man den »Rolls-Royce« unter den Single-Malt-Whiskys verkosten.

Glenlivet
Castleton of Blairfindy
theglenlivet.com
Die abgeschieden gelegene Brennerei bietet exzellente Führungen.

Glenfiddich
Dufftown
glenfiddich.com
Der Familienbetrieb vereint traditionelles Handwerk mit Innovation.

Speyside Cooperage
D3 Craigellachie
speysidecooperage co.uk
Besucher können sich über die Herstellung der Holzfässer informieren, in denen Whisky gelagert wird.

22 Loch Leven Castle

D5 Pier Road, Kinross von Kinross +44 1577 862 670 Apr–Okt: tägl. 10–16:15 (Okt: bis 15:15); Reservierung empfohlen historicenvironment.scot

Die auf einer Insel im Loch Leven gelegene, oft nebelverhangene Burg aus dem 14. Jahrhundert zählt zu den ältesten Schottlands. In dem Tower House wurde Mary, Queen of Scots in den Jahren 1567 und 1568 gefangen gehalten. In dieser Zeit erlitt sie eine Fehlgeburt. Der Königin gelang die Flucht, kurz darauf sah sie sich gezwungen, abzudanken – ihr einjähriger Sohn James VI wurde König. Mary, Queen of Scots verbrachte den Rest ihres Lebens in englischer Gefangenschaft. In der Burg weilten zuvor auch Robert the Bruce und Robert II, schottischer König von 1371 bis 1390. Besucher erreichen die Insel auf einer zehnminütigen Bootsfahrt.

Der Loch Leven Heritage Trail, ein 21 Kilometer langer Kiesweg, führt zu Sehenswürdigkeiten rund um Loch Leven. Er lässt sich zu Fuß oder per Fahrrad (Leihräder am Kinross Pier) erkunden.

Die Kinderbuchautorin Beatrix Potter wurde während eines Urlaubs in Dunkeld von der Landschaft zu ihrem Buch *Die Geschichte von Peter Hase* inspiriert.

23 Perth

D5 Perthshire 47 000 45 High St; +44 1738 450 600 perthcity.co.uk

Perth – im Mittelalter Hauptstadt Schottlands – besitzt ein reiches historisches Erbe. In der St John's Church (1126) hielt John Knox flammende Predigten, die zur Zerstörung vieler Klöster führten. Das im viktorianischen Stil restaurierte Fair Maid's House (um 1600), eines der ältesten Gebäude der Stadt, ist das fiktive Zuhause der Heldin in Sir Walter Scotts Roman *Das schöne Mädchen von Perth* (1828).

Im **Balhousie Castle** informiert das Museum of the Black Watch über das älteste schottische Regiment. Das **Perth Museum and Art Gallery** zeigt Ausstellungen zur Industrie in der Region und schottische Kunst.

Zwei Kilometer nördlich von Perth befindet sich der Scone Palace *(siehe S. 174f).*

Balhousie Castle

Hay St +44 1738 638 152 Apr–Okt: tägl. 9:30–16:30; Nov–März: tägl. 10–16; letzter Einlass 30 Min. vor Schließung theblackwatch.co.uk

Perth Museum and Art Gallery

78 George St +44 1738 632 488 Di–Sa 10–17 (Apr–Okt: auch So) culturepk.org.uk

24 Glamis Castle

D5 Glamis, nahe Forfar, Tayside Dundee, dann Bus +44 1307 840 393 Apr–Okt: tägl. 10–17 glamis-castle.co.uk

Kernstück des Schlosses ist das mit vielen Türmchen versehene Tower House, das im 11. Jahrhundert als Jagdsitz für die schottische Königsfamilie errichtet wurde. Im 17. Jahrhundert wurde das

↑ *Das imposante Glamis Castle; prächtiges Schlafzimmer im Schloss* (Detail)

Bauwerk umgestaltet. Elizabeth Bowes-Lyon, die Mutter von Königin Elizabeth II, verbrachte in dem Schloss ihre Kindheit. Im ehemaligen Schlafzimmer der Königinmutter hängt ein von Philip Alexius de László (1878–1956) angefertigtes Jugendporträt. Die jüngere Tochter von Elizabeth Bowes-Lyon, Prinzessin Margaret, wurde in Glamis Castle geboren.

Duncan's Hall, der älteste Raum von Glamis Castle, ist in Shakespeares *Macbeth* Schauplatz des Mordes an dem König. Das Schloss birgt Gemälde, Teppiche, Porzellan und Möbel aus fünf Jahrhunderten. Im Park steht ein 1980 zum 80. Geburtstag von Elizabeth Bowes-Lyon errichtetes schmiedeeisernes Tor. Die Gärten zeigen im Sommer herrliche Blütenpracht.

← *Loch Leven liegt in einem Naturschutzgebiet*

25

Dunkeld

D5 Tayside 1300
Dunkeld, Birnam
von Perth und Kinross

Das bezaubernde alte Dorf am Tay, den an dieser Stelle eine von Thomas Telford entworfene Brücke überspannt, wurde 1689 in der Schlacht von Dunkeld fast vollständig zerstört. Die Little Houses an der Cathedral Street wurden als erste wieder aufgebaut.

Auf schattigen Wiesen am Tay befindet sich vor steilen, bewaldeten Hügeln die zum Teil in Ruinen liegende Kathedrale aus dem 14. Jahrhundert. Der Chor wurde zur Gemeindekirche umgebaut. An der Nordwand befindet sich eine Lepraspalte – eine Öffnung, durch die Leprakranke die heilige Messe verfolgen konnten.

Die englische Kinderbuchautorin Beatrix Potter wurde während eines Urlaubs in Dunkeld von der umliegenden Landschaft zu ihrem Buch *Die Geschichte von Peter Hase* inspiriert.

Hotels

Parklands

Das in einem herrlichen Park gelegene Boutiquehotel bietet schicke Unterkunft und freundlichen Service. In den beiden von Kritikern hochgelobten Restaurants gibt es exzellente Speisen und köstlichen Nachmittagstee.

D5 2 St Leonard's Bank, Perth
theparklandshotel.com

£££

Gleneagles

Die als »Riviera der Highlands« bezeichnete Anlage umfasst ein Fünf-Sterne-Hotel, drei Golfplätze, ein Spa und ein mit einem Michelin-Stern ausgezeichnetes Restaurant. Es gibt Möglichkeiten zum Angeln und Reiten.

D5 Auchterarder
gleneagles.com

£££

↑ *Hübsch restaurierte Häuser im vom National Trust for Scotland verwalteten Culross*

26

Dunfermline

D5 Fife 50 000

Dunfermline war bis 1603 die Hauptstadt Schottlands. Die Ruinen der Kathedrale (12. Jh.) und des Palasts zeugen von der royalen Vergangenheit. Im 11. Jahrhundert wählte Malcolm III Dunfermline als Königssitz und gründete an der Stätte der heutigen **Dunfermline Abbey** ein Priorat. Die Abteikirche mit dem normannischen Hauptschiff und dem Chor aus dem 19. Jahrhundert birgt die Grabstätten von 22 schottischen Königen – auch die von Robert the Bruce. Die Ruinen des **Dunfermline Palace** ragen im Pittencrieff Park empor.

Dem berühmtesten Sohn der Stadt, Andrew Carnegie (1835–1919), war als Kind der Zutritt zum Park untersagt. Nachdem Carnegie zu einem der reichsten Männer der Welt aufgestiegen war, erwarb er Park und Palast und schenkte beides den Bewohnern der Stadt. Carnegie wanderte in jungen Jahren nach Pennsylvania aus und erlangte als Großindustrieller ein immenses Vermögen. Das **Andrew Carnegie Birthplace Museum** erzählt seine Geschichte.

Dunfermline Abbey and Palace
St Margaret's St +44 1383 724 586 Apr–Sep: tägl. 9:30–17:30 (So ab 13); Okt–März: Di–Sa 10–16; letzter Einlass 30 Min. vor Schließung historicenvironment.scot

Andrew Carnegie Birthplace Museum
Moodie St +44 1383 724 302 variierende Öffnungszeiten carnegiebirthplace.com

27 NTS

Culross

D5 Fife 400 von Dunfermline und Perth nts.org.uk

In dem Ort, im 6. Jahrhundert ein wichtiges religiöses Zentrum, wurde der Überlieferung nach im Jahr 514 der heilige Mungo geboren. Heute bezaubert Culross mit restaurierten Häusern des 16. und 17. Jahrhunderts.

Culross erlangte durch die Salz- und Kohleindustrie und den Einfallsreichtum des Kaufmanns und Ingenieurs Sir George Bruce Wohlstand. Der Nachkomme von Robert the Bruce entwickelte 1575 eine Entwässerungstechnik, die den Abbau von unter dem Meer gelegenen Kohlevorkommen ermöglichte.

Der National Trust for Scotland, der das Dorf 1932 restaurierte, bietet vom Besucherzentrum im einstigen Gefängnis Rundgänge an.

Culross Palace, der 1577 erbaute Wohnsitz von Sir George Bruce, ist mit den Treppengiebeln und dem roten Schindeldach typisches Beispiel für die Bauweise jener Zeit. Die Räume zieren herrliche Deckenmalereien. Auf der gegenüberliegenden Seite des Platzes liegt hinter dem Oldest House (1577) das **Town House**. Von dort führt die Gasse Back Causeway zum 1610 als Bischofssitz erbauten **Study** mit einer im norwegischen Stil bemalten Decke im Hauptraum. Nördlich gelangt man vorbei am »House with the Evil Eyes« mit den holländischen Giebeln zur Abteiruine, zur Kirche und zum Abbey House.

Culross Palace, Town House und Study
Apr–Sep: tägl. 10–17; Okt: tägl. 10–16; letzter Einlass 40 Min. vor Schließung

28

Falkirk Wheel

D5 Lime Rd, Tamfourhill, Falkirk Falkirk +44 8700 500 208 tägl. 10–17:30; Eintritt für Bootsfahrten scottishcanals.co.uk

Das Schiffshebewerk ist eine einzigartige rotierende Konstruktion. In den 1960er Jahren gingen aufgrund der Konkurrenz durch den Straßenverkehr wichtige Wasserwege für den Gütertransport verloren. Das Falkirk Wheel sorgt für eine direkte Strecke zwischen Glasgow und Edinburgh, indem es Union und Forth and Clyde Canal verbindet. Es hebt Schiffe in elf Minuten 35 Meter an.

Schon gewusst?

The Kelpies sind mit 30 Metern Höhe die größten Pferdeskulpturen weltweit.

29

The Helix

D5 Falkirk Visitor Centre: tägl. 9:30–17
25. Dez, 26. Dez, 1. Jan
thehelix.co.uk

Die von dem Bildhauer Andy Scott geschaffene Skulptur *The Kelpies* ist Kernstück des großen Parks an der Verbindung von Forth and Clyde und Union Canal. Die beiden aus Metall gefertigten Pferdeköpfe sind 30 Meter hoch. Der Park bietet Rad- und Spazierwege. Das Besucherzentrum informiert über die Geschichte der Wasserwege.

30

Antoninuswall

D5 Falkirk Falkirk
Falkirk Wheel, Lime Rd; +44 8700 500 208; tägl. 10–17:30 antoninewall.org

Die Römer rückten um 140 n. Chr. unter Kaiser Antonius zum zweiten Mal nach Schottland vor und errichteten einen rund 60 Kilometer langen Verteidigungswall, der sich vom Firth of Clyde bis zum Firth of Forth durch Zentralschottland zog. An strategisch wichtigen Stellen wurde der Wall durch Gräben und Festungen verstärkt. Das am besten erhaltene Teilstück des Antoninuswalls erstreckt sich um Rough Castle nahe Falkirk.

Pubs

Red Lion Inn
Das Pub lockt mit urigem Ambiente und bodenständiger Küche.
D5 Low Causeway, Culross redlionculross.co.uk
£££

The Wine Library
Die familiengeführte Weinbar bietet eine große Auswahl an Sorten unabhängiger Winzereien.
D5 1 Princes St, Falkirk thewinelibraryscotland.co.uk
£££

↑ *Das Falkirk Wheel verbindet den Union Canal mit dem Forth and Clyde Canal*

Skulptur The Kelpies *von Andy Scott in Falkirk* (siehe S. 191)

Restaurants, Café & Pub

Mason Belles Kitchen
Auf der Speisekarte der Brasserie im Old Churches House Hotel stehen köstliche Gerichte wie Lammfilets und Seeteufel. Die Speisen genießt man bei schönem Blick auf die Kathedrale.

D5 Cathedral Sq, Dunblane W masonbelleskitchen.co.uk

££££

Tappit Hen
In dem Pub mit gemütlicher Atmosphäre werden Real Ales ausgeschenkt. Jeden Abend gibt es Livemusik.

D5 Kirk St, Dunblane W belhavenpubs.co.uk

£££

Anstruther Fish Bar
Das Fish-and-Chips-Lokal halten viele für das beste in Großbritannien.

E5 42–44 Shore St, Anstruther W anstrutherfishbar.co.uk

£££

Wee Bear Cafe
Das gemütliche Café liegt westlich von Kirriemuir am Loch of Lintrathen. Es bietet Frühstück und Lunch sowie hausgemachte Kuchen.

D4 Bridgend of Lintrathen W lodgeatlochside.co.uk

£££

31 NTS

Falkland Palace

D5 Falkland, Fife Ladybank, dann Bus +44 1337 857 397 variierende Öffnungszeiten W nts.org.uk

Der Palast war ursprünglich ein Jagdsitz der Stuarts. Mit der Umgestaltung im Stil der Renaissance wurde 1500 unter James IV begonnen. In den 1530er Jahren ließ dessen Sohn James V das Gebäude fertigstellen. In der Zeit des Commonwealth verfiel der Palast. 1715 wurde er kurz von dem »schottischen Robin Hood« Rob Roy bewohnt. 1887 erwarb der dritte Marquess of Bute den Palast und ließ ihn restaurieren. Die mit Holzvertäfelung versehenen Räume zieren Porträts der Stuarts. Der im Jahr 1539 angelegte Tennisplatz ist der älteste Großbritanniens.

Auch die Palastgärten, die in den 1940er Jahren von Percy Cane angelegt wurden, sind überaus beeindruckend. Auf dem Gelände befinden sich formale Gärten, ein Medizingarten mit Heilpflanzen, die im 16. Jahrhundert verwendet wurden, und ein Obstgarten mit uraltem Baumbestand und einer Wildblumenwiese.

32

East Neuk

E5 Fife Leuchars Glenrothes und Leuchars St Andrews; +44 1334 472 021 W welcometofife.com

In dem East Neuk genannten Küstenstreifen reihen sich malerische Dörfer aneinander. Die flämisch inspirierte Architektur zeugt von der Tatsache, dass die Region im Mittelalter Zentrum des Handels mit Europa war.

Auch wenn der Fischfang zurückging, bestimmt das Meer das Leben in den Dörfern. Der Hafen von St Monans ist Zentrum des Orts, Pittenweem ist der größte Fischereihafen. In Crail befindet sich vor der Kirche ein Stein, den der Legende nach der Teufel persönlich von der Isle of May herbeischaffte. Heute ist der Ort vor allem für die Töpfereien und Keramikwerkstätten bekannt.

In Anstruther präsentiert das **Scottish Fisheries Museum** Boote, Interieurs aus Fischerhütten und weitere Ausstellungsstücke. Boote fahren zur unter Naturschutz stehenden Isle of May.

In Lower Largo steht ein Denkmal für den Abenteurer Alexander Selkirk, der Daniel Defoe zu dem Roman *Robinson Crusoe* (1719) inspirierte.

Die Kathedrale in Dunblane datiert aus dem 13. Jahrhundert. Das Bauwerk weist gotische und romanische Stilelemente auf.

Selkirk wurde nach einem Streit mit einem Schiffskapitän auf einer unbewohnten Insel zurückgelassen und lebte dort mehrere Jahre.

Scottish Fisheries Museum
St Ayles, Harbourhead, Anstruther
+44 1333 310 628
Apr – Sep: Mo – Sa 10 – 17:30, So 11–17; Okt – März: tägl. 10 –16:30 (So ab 11)
scotfishmuseum.org

33 Dunblane

D5 8800

In der Stadt wurde der Tennisspieler Andy Murray geboren. Die Kathedrale in Dunblane datiert aus dem 13. Jahrhundert. Das Bauwerk weist gotische und romanische Stilelemente auf. Es ist mit herrlichen Buntglasfenstern ausgestattet. Im Inneren beeindrucken vor allem das mit Schnitzarbeiten versehene Kirchengestühl und die zahlreichen Denkmäler. Das Dunblane Museum im Dean's House (17. Jh.) präsentiert einen von Murray signierten Tennisschläger sowie die Jacke und die Kappe, die Murray 2012 bei den Olympischen Spielen in London trug. Ein goldfarbener Briefkasten erinnert an Murrays Sieg.

34 Kirriemuir

D4 6000

In der als »Tor zu den Tälern« bekannten Stadt mit den aus Sandstein errichteten Häusern wurde der Autor J. M. Barrie geboren, der die Figur Peter Pan erfand. Das weiß getünchte Cottage, in dem Barrie mit seinen zehn Geschwistern aufwuchs, beherbergt heute das Museum **J. M. Barrie's Birthplace**. Zu den Exponaten zählen Erstausgaben und persönliche Gegenstände. Das **Gateway to the Glens Museum** am Hauptplatz informiert über Bon Scott – der ehemalige Leadsänger von AC / DC stammte ebenfalls aus Kirriemuir. Die **Camera Obscura** schenkte J. M. Barrie der Stadt.

J. M. Barrie's Birthplace
9 Brechin Rd
+44 1575 572 646
Apr – Mitte Okt: Fr – Mo 11–16 **nts.org.uk**

Gateway to the Glens Museum
32 High St **+44 1575 526 006** **Di – Sa 10 –17**

Camera Obscura
Kirrie Hill **+44 7825 408 207** **Apr – Mitte Okt: Sa – Mo 11–16**
kirriemuircamera obscura.com

Falkland Palace; die prächtig ausgeschmückte Kapelle (14. Jh.) in dem Palast (Detail)

35

Pitlochry

D5 Perthshire
2800 22 Atholl Rd; +44 1796 472 215
pitlochry.org

Königin Victoria hielt Pitlochry für einen der schönsten Urlaubsorte Europas. Die kleine Stadt ist von mit Kiefernwäldern bedeckten Hügeln umgeben. Im Sommer springen Wildlachse über die Treppe am Kraftwerkdamm flussaufwärts. In der Nähe liegt der bei Anglern beliebte Loch Faskally. Wanderwege führen zur Schlucht bei Killiecrankie. Die **Blair Athol Distillery** bietet Führungen an. Das **Festival Theatre** zeigt ganzjährig Aufführungen.

Etwa 13 Kilometer von Pitlochry entfernt liegen die Falls of Bruar. Robert Burns wurde 1787 durch den Anblick der malerischen Wasserfälle zu seinem Gedicht *The Humble Petition of Bruar Water* inspiriert. Die Falls of Bruar sind heute noch ein beliebtes Ausflugsziel. Ein vom Duke of Atholl im 18. Jahrhundert angelegter Weg führt vom Parkplatz am House of Bruar zu den rund 2,5 Kilometer entfernten Wasserfällen. Der Weg bietet schöne Ausblicke auf die Falls of Bruar, ist aber recht steil und bei Nässe stellenweise rutschig. Es ist also Vorsicht geboten.

Lachstreppe

Nach dem Bau des Pitlochry Dam am Fluss Tummel im Jahr 1951 musste für Lachse eine Möglichkeit geschaffen werden, den Damm bei ihrem Weg flussaufwärts zu umgehen. Neben der Pitlochry Power Station wurde eine 310 Meter lange Lachstreppe angelegt, die aus 34 aneinandergereihten Becken besteht. Am Fuß des Damms informiert ein Besucherzentrum über die Anlage. Durch auf Höhe des Wasserspiegels gelegene Fenster kann man die Lachse bei ihrem Aufstieg aus nächster Nähe sehen.

Blair Athol Distillery
Perth Rd
+44 1796 482 003 tägl. 10–17 malts.com

Festival Theatre
Port-na-Craig
+44 1796 484 626
pitlochryfestival theatre.com

36

Tay Forest Park

D5 Perthshire
Queen's View Visitor Centre; +44 1796 474 188
forestryandland.gov.scot

Der Tay Forest Park, der in Highland Perthshire eine Fläche von rund 195 Quadratkilometern einnimmt, besteht aus sieben Waldgebieten, die Wanderwege durchziehen. Der beste Ausgangspunkt ist das Queen's View Visitor Centre am östlichen Ende des Loch Tummel. Von dem Zentrum aus kann man in den Allean Forest wandern, in dem sich Relikte eines piktischen Ringforts befinden, oder durch das Faskally Wood spazieren – das Gebiet mit dem wunderschönen Baumbestand

erstreckt sich am Loch Dunmore. Auf dem Drummond Hill am Loch Tay kann man Auerwild beobachten. Der Tay Forest Park liegt im Herzen von Schottlands »Big Tree Country«. Bei einem Aufenthalt erschließt sich diese Bezeichnung rasch.

37

Aberfeldy

D5 Perthshire 2000

Robert Burns widmete der Stadt das Gedicht *The Birks of Aberfeldy*. Der Ort wurde 2002 als Fair-Trade-Stadt zertifiziert. Zu den Attraktionen zählt **Dewar's World of Whisky**. Besucher können an einer Führung durch die Destillerie teilnehmen, das kleine Museum besichtigen und anschließend ein Glas Whisky verkosten. Das **Castle Menzies** (16. Jh.) westlich der Stadt ist Stammsitz des Clans der Menzies. Die Burg kann trotz der zurzeit stattfindenden Renovierung besichtigt werden. Bei einem Besuch von **Highland Safaris** kann man sich über Rotwild informieren und die Tiere füttern. Noch vergnüglicher sind die von der Einrichtung angebotenen Land-Rover-Touren in die umliegende Gebirgslandschaft und um den Loch Tay.

13 Kilometer südwestlich von Aberfeldy befindet sich das **Scottish Crannog Centre**, eine rekonstruierte Pfahlbausiedlung aus der Eisenzeit.

Dewar's World of Whisky
Apr–Okt: Mo–Sa 10–18, So 12–16; Nov–März: Mo–Sa 10–16 dewars.com

Castle Menzies
+44 1887 820 982 Apr–Okt: Mo–Sa 10:30–17, So 14–16 castlemenzies.org

Highland Safaris
+44 1887 820 071 Nov–Feb: Di–So 9–17 (März–Okt: tägl.) highlandsafaris.net

Scottish Crannog Centre
Kenmore +44 1887 830 583 tägl. 10–17:30 (Vorabbuchung erforderlich) crannog.co.uk

Schon gewusst?

Pitlochry ist die am weitesten vom Meer entfernte Stadt Schottlands.

← *Die Hauptstraße von Pitlochry säumen Häuser aus viktorianischer Zeit*

38 NTS

Meigle Sculptured Stone Museum

D5 Meigle von Dundee +44 1828 640 612 Apr–Sep: tägl. 9:30–17:30 historicenvironment.scot

Das Dorf Meigle beherbergt eine der wichtigsten Sammlungen frühchristlicher und piktischer Symbolsteine in Westeuropa. Die Pikten waren ein loser Verband von Stämmen, die sich gemeinsam den Römern widersetzten. Im Meigle Sculptured Stone Museum sind 26 behauene Steine aus dem 8. bis 10. Jahrhundert ausgestellt, die auf einem nahe gelegenen Friedhof gefunden wurden. Meist handelt es sich um Grabmale oder Kreuzplatten mit Darstellungen von Vögeln, Tieren oder Reitern. Die genaue Bedeutung der Steine ist nicht geklärt. Am eindrucksvollsten ist der 2,5 Meter hohe Meigle 2, der reitende Männer, mythische Tiere und Daniel in der Löwengrube zeigt.

↑ *Piktischer Symbolstein im Meigle Sculptured Stone Museum*

Schöne Aussicht
Schiehallion

Von dem zwischen Aberfeldy und Loch Rannoch gelegenen Bauernhaus Braes of Foss führt ein Weg auf den Schielhallion hinauf. Der Aufstieg zum Berggipfel ist wenig anspruchsvoll. Der Blick auf die Landschaft der Highlands ist grandios.

Royal Deeside

Länge 111 km **Rasten** Das Café im Crathes Castle bietet Stärkung (Mai – Sep: tägl. 10:30 –16); im Park der Burganlage gibt es einen Baumwipfelparcours von Go Ape

Zur Orientierung
Siehe Karte S. 162f

Seit Königin Victoria 1852 Balmoral Castle erwarb, ist Royal Deeside vor allem als die Region bekannt, in der die königliche Familie ihren Sommerurlaub verbringt. Die Verbindung mit der Krone reicht jedoch bis zu Robert the Bruce (14. Jh.) zurück. Bei einer Fahrt entlang des Dee, einem der lachsreichsten Flüsse der Welt, kann man die wunderschöne Landschaft genießen und historische Sehenswürdigkeiten besuchen.

Königin Victoria erwarb **Balmoral Castle** *(siehe S. 184)* im Jahr 1852 für 30 000 Guineen, nachdem der Eigentümer des Schlosses an einer Fischgräte erstickt war. Prinz Albert ließ das Schloss im Scottish Baronial Style umgestalten.

Das **Muir of Dinnet Nature Reserve** lässt sich von einem Besucherzentrum an der A97 aus erkunden. Das wunderschöne Waldgebiet entstand nach der letzten Eiszeit.

Viele Läden in **Ballater** *(siehe S. 184f)* sind königliche Hoflieferanten. Das Dorf erlebte im 19. Jahrhundert nach der Entdeckung einer Heilquelle, die an Hauttuberkulose Erkrankten Linderung verschaffte, eine Blütezeit.

↑ *Die bezaubernde Landschaft des Muir of Dinnet Nature Reserve*

Im Herbst bietet der Wald an der Brig o'Feugh südlich von Banchory einen besonders schönen Anblick

Südlich von **Banchory** kann man an der Brig o' Feugh (18. Jh.) Lachse springen sehen.

1323 übergab Robert the Bruce **Drum Castle** (13. Jh.) seinem Fahnenträger William de Irwyn in Anerkennung des von ihm geleisteten treuen Dienstes.

Crathes Castle war jahrhundertelang der Sitz der der Familie Burnett of Leys, die Robert the Bruce zu königlichen Förstern erhoben hatte. Symbol dafür war das aus Elfenbein gefertigte Horn of Leys, das in der Burg ausgestellt ist.

Crathes Castle ist heute im Besitz des National Trust for Scotland

Neist Point Lighthouse, Isle of Skye (siehe S. 222 – 225)

Highlands und Inseln

Clans und Tartans, Whisky und Porridge, Dudelsack und Heidekraut – viele der für die Highlands typischen Accessoires werden heute mit ganz Schottland assoziiert. Über Jahrhunderte hinweg hatten die Gälisch sprechenden, vorwiegend Rinderzucht betreibenden Bewohner des Nordens allerdings wenig mit ihren Nachbarn im Süden gemein.

Überall in den Highlands und auf den Inseln zeugen Steinkreise, Steintürme und Hügelgräber von der Präsenz der frühen steinzeitlichen Bewohner. Ende des 6. Jahrhunderts wanderten die Gälisch sprechenden Kelten aus Irland ein.

Mehr als 1000 Jahre lang waren die Bewohner der Highlands in Clans organisiert – in großen Familiengruppen, die sich auf die gemeinsame Abstammung von einem Urahnen beriefen und ihren Chiefs loyal verbunden waren. Ab 1746 wurden die Clans von den Engländern systematisch zerschlagen, als nach der Niederlage in der Schlacht bei Culloden der von Bonnie Prince Charlie angeführte Jakobitenaufstand, bei dem die Schotten versuchten, die britische Krone zurückzuerobern, gescheitert war.

Im 19. Jahrhundert setzte eine Verklärung der Highlands ein – teilweise bedingt durch die Romane und Gedichte von Sir Walter Scott, der die Region und ihre Bewohner, die als arm und barbarbarisch gebrandmarkt worden waren, als edel und heroisch beschrieb. Königin Victorias Begeisterung für Balmoral Castle machte es in Adelskreisen populär, Landsitze in Schottland zu erwerben. Hinter der Romantik verbargen sich jedoch wirtschaftliche Probleme, die Generationen schottischer Landbewohner zum Verlassen ihrer Heimat zwangen. Einige wanderten in die USA, nach Kanada und nach Australien aus, andere wurden von reichen Grundbesitzern vertrieben, die das Land als Weideflächen für Vieh nutzten.

Cape Wrath und Nordküste 47
Faraid Head
Durness
Heilam
Tongue
Kinlochbervie
Rhiconich
Ben Hope 927 m
Handa 49
Scourie
Achfary
Altnaharra
Drumbeg
Kylesku
A836
Lochinver
Ben More Assynt 998 m
A894
Shinness
Reiff
Elphin
A837
Oykel
Lairg
Drumrunie
Falls of Shinn 46
Strathcanaird
45 Ullapool
Carron
A835
Beinn Dearg 1084 m
Ben Wyvis 1045 m
Inverewe Gardens 44
Gairloch 39
Red Point
Talladale
Wester Ross 43
Kinlochewe
Strathpeffer 35
Achnasheen
A890
Muir of Ord
Shieldaig
Applecross
Balnacra
Applecross 41
Lochcarron
Sgùrr na Lapaich 1150 m
Plockton
Stromeferry
Drumnadrochit
Carn Eige 1182 m
4 Loch Ness
A887
Glenelg
Great Glen 4
Kinloch Hourn
42 Glen Shiel
Invergarry
Port of Ness
Lewis
Barvas
North Tolsta
Shawbost
Flannan Isles
Carloway
A857
Portnaguran
Stornoway
Timsgarry
Arivruaich
A859
Hushinish
Harris
Lemreway
The Minch
Äußere Hebriden 8
Ardhasaig
Scarastavore
St Kilda 60 km
Tigharry
North Uist
Lochmaddy
Clachan-a-Luib
Kilmaluag
Staffin
Uig
Lusta
A87
Kensaleyre
Isle of Skye 5
Portree
Creagorry
Benbecula
Stilligarry
Bracadale
South Uist
Peinchorran
Sea of the Hebrides
Daliburgh
Lochboisdale
Broadford
Kilbride
Drumfearn
Elgol
Eriskay
Teangue
Armadale
Barra
Canna
Inverie
16 Rùm
15 Mallaig
Knoydart 40
Glenfinnan
Clunes
Moy
A86
Eigg
Lochailort
A830 29
Muck
Kinlocheil
28 Fort William
1 Ben Nevis
Ardtoe
Ardnamurchan 23
Glenbeg
Strontian
Grampian Mountains
Coll 22
Sorisdale
26 Glencoe
Tobermory
A828
Portnacroish
Caolas
Calgary
Dervaig
Bridge of Orchy
Tiree 22
Scarinish
Benderloch
17
Tyndrum
Isle of Mull
21 Oban
A85
A85
Croggan
Kilchrenan
Dalmally
Iona 18
Fionnphort
Bunessan
Clachan
19 Loch Awe
Atlantischer Ozean
Inveraray Castle 9
Auchindrain Township 10
Lochgoilhead
Kiloran
Crarae Gardens 11
Strachur
Buchlyvie
Garvard
Ardentinny
Sound of Jura
Tayvallich
Balloch
Jura 13
Tighnabruaich
Colintraive
Sanaigmore
Port Askaig
Glasgow Airport
Glasgow
Tarbert
Rothesay
Bridgend
Kilberry
Kennacraig
Bowmore
12 Islay
25 Isle of Bute
Barrhead
Claonaig
M77
Gigha 14
A83
Highlands und Inseln
Tayinloan
Pirnmill
Ardbeg
Port Ellen
Muasdale
Südschottland
Seiten 108–135
Kilchenzie
24 Isle of Arran
20
Kintyre

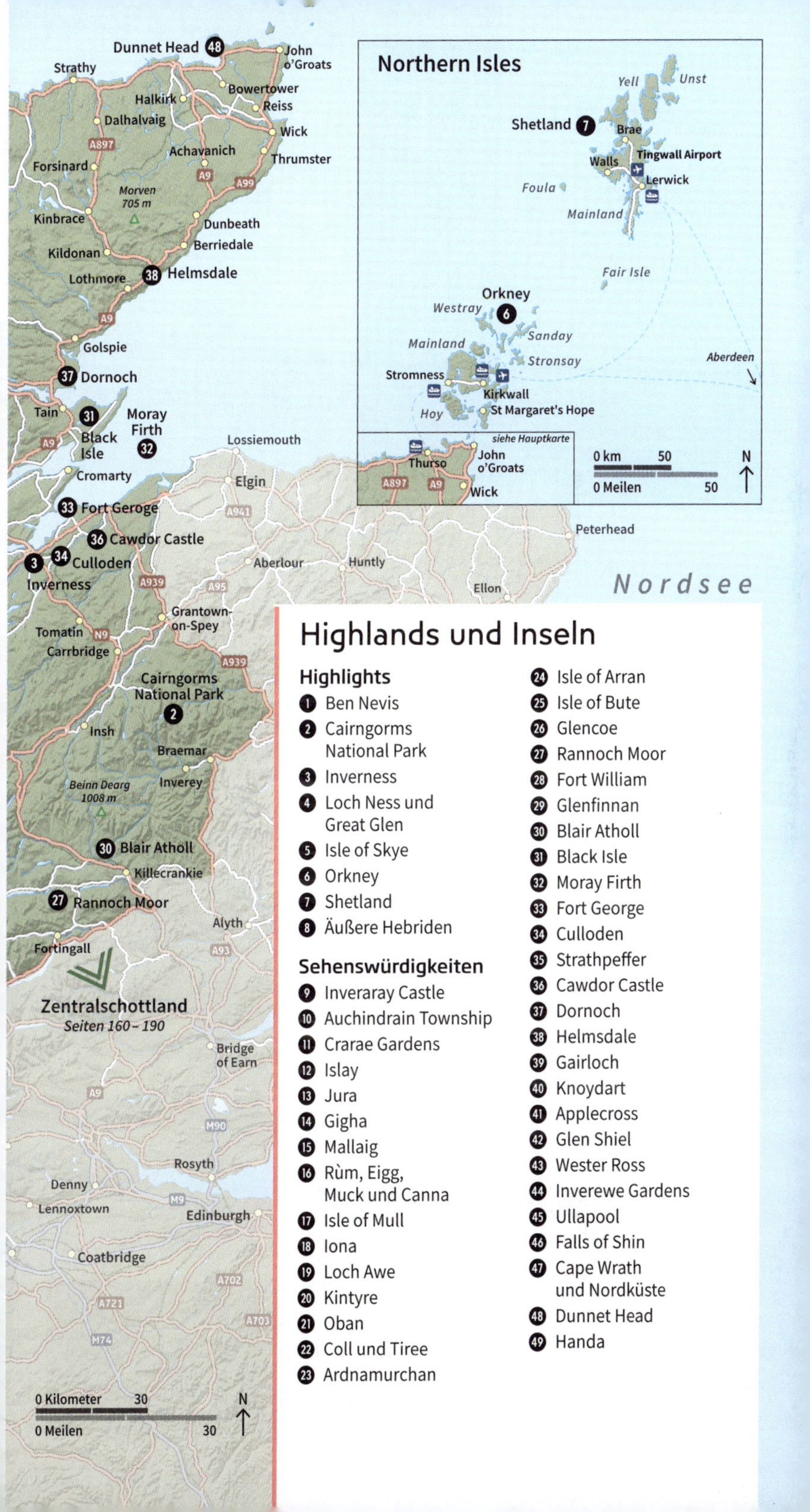

Highlands und Inseln

Highlights

1. Ben Nevis
2. Cairngorms National Park
3. Inverness
4. Loch Ness und Great Glen
5. Isle of Skye
6. Orkney
7. Shetland
8. Äußere Hebriden

Sehenswürdigkeiten

9. Inveraray Castle
10. Auchindrain Township
11. Crarae Gardens
12. Islay
13. Jura
14. Gigha
15. Mallaig
16. Rùm, Eigg, Muck und Canna
17. Isle of Mull
18. Iona
19. Loch Awe
20. Kintyre
21. Oban
22. Coll und Tiree
23. Ardnamurchan
24. Isle of Arran
25. Isle of Bute
26. Glencoe
27. Rannoch Moor
28. Fort William
29. Glenfinnan
30. Blair Atholl
31. Black Isle
32. Moray Firth
33. Fort George
34. Culloden
35. Strathpeffer
36. Cawdor Castle
37. Dornoch
38. Helmsdale
39. Gairloch
40. Knoydart
41. Applecross
42. Glen Shiel
43. Wester Ross
44. Inverewe Gardens
45. Ullapool
46. Falls of Shin
47. Cape Wrath und Nordküste
48. Dunnet Head
49. Handa

Highland-Sport, schnell und wild

Camanachd (eine Art Hockey) lässt an eine wilde Schlacht zwischen verfeindeten Clans denken. Bei dem schnellen Spiel werden die Schläger oft hoch in die Luft gehalten, Körperkontakt ist erlaubt. Im September finden die Finals des Camanachd Cup und des Valerie Fraser Cup statt. Termine sind unter www.shinty.com zu finden.

→

Beim traditionellen Highland-Sport Camanachd *geht es oft heftig zur Sache*

HIGHLAND-TRADITIONEN

Nach der Schlacht bei Culloden 1746 setzte die britische Regierung alles daran, die Highland-Kultur zu zerstören. Viele glauben, dies habe die Bewohner der Highlands erst recht dazu gebracht, ihre Traditionen zu pflegen. Noch heute werden die kulturellen Wurzeln der Region bei Clan-Treffen, sportlichen Wettkämpfen und den Highland Games aufrechterhalten.

Highland Games

Highlight sind die sportlichen Wettkämpfe, bei denen muskelbepackte Männer (und Frauen) im Kilt Baumstämme, Hämmer und schwere Gewichte so weit wie möglich werfen. Von Mai bis September finden an den Wochenenden insgesamt über 80 Veranstaltungen in den Highlands statt – in Dörfern, Burganlagen oder großen Anwesen.

←

Teilnehmer der Highland Games beim Wettbewerb im Hammerwefen

Royal Edinburgh Military Tattoo

Nach dem Sieg über die Jakobiten wurden die Clans, die für Bonnie Prince Charlie *(siehe S. 64)* gekämpft hatten, als Verstärkung der Truppen von George II rekrutiert. The Black Watch ist das älteste der Regimenter im Kilt, die im Jahr 2006 zum Royal Regiment of Scotland zusammengefasst wurden. Im August kann man die Soldaten beim Edinburgh Military Tattoo sehen – und Dudelsack spielen hören.

←

Soldaten des 5th Battalion des Royal Regiment of Scotland

Kilts und Tartans

Im 16. Jahrhundert war der Kilt bodenlang, der obere Teil wurde wie ein Umhang getragen. Wer welchen Tartan tragen darf, ist genau festgelegt. Die meisten Clans haben mindestens zwei Tartans – ein kräftiges Muster für Festkleidung und eine dezentere Alltagsvariante. Bis zu 20 neue Tartans werden jedes Jahr kreiert. Heute sieht man neben traditionellen Kilts auch Varianten mit Streifen oder Punkten sowie bunten Taschen aus Kunstfell.

Expertentipp
The Royal National Mòd

Die traditionelle Veranstaltung findet jährlich an verschiedenen Orten in den Highlands statt. Neben Dudelsack- und Harfenmusik werden melancholische gälische Lieder und Gedichte dargeboten.

Braemar Gathering, Ballater

Das jährlich veranstaltete Braemar Gathering zählt zu den berühmtesten und bedeutendsten Zusammenkünften schottischer Clans. Tausende Besucher wohnen dem Spektakel bei. Tänzer kämpfen in Wettbewerben um Punkte, Hunderte Dudelsackspieler und Trommler marschieren auf, und es gibt viele traditionelle Speisen und Getränke zu verkosten.

→

Tänzerinnen im Kilt beim traditionellen Highland Fling

Clans und Tartans

Ab dem 12. Jahrhundert waren die Bewohner der Highlands in Clans organisiert – in großen Gruppen, die ihren autokratisch herrschenden Chiefs loyal verbunden waren. Das Wort »Clan« geht auf das schottisch-gälische *clann* (»Abkömmling«) zurück. Zwar trugen alle Mitglieder eines Clans den Namen des Chiefs, jedoch waren sie nicht immer blutsverwandt. Gastfreundschaft war fester Bestandteil des Ehrenkodexes der Clans, gleichzeitig waren die Clan-Mitglieder versierte Krieger, da sie ihr Land und ihre Viehherden verteidigen mussten. Jeder Clan besaß ein eigenes Territorium, ein eigenes Motto, ein eigenes Abzeichen und ein spezifisches Webmuster – Tartan genannt – für Kilts, Plaids und andere Kleidungsstücke. Viele der schottischen Clans existieren heute noch.

Entdeckertipp
Lochcarron

Das Lochcarron Visitor Centre in Selkirk (www.lochcarron.co.uk) veranstaltet Führungen durch die Tartan-Weberei. In dem Laden des Zentrums sind Kleidungsstücke und Accessoires in über 700 Tartans erhältlich. Es gibt auch ein hervorragendes Café.

Verbot der Tartans

Nach der Schlacht bei Culloden *(siehe S. 64)* wurden die Clans entwaffnet, die Burgen gebrandschatzt und das Clan-System zerstört. Tartans, die als Symbol der Auflehnung gegen den englischen König galten, waren fast 100 Jahre lang verboten. Nur Bataillonen wie dem 1729 zur Sicherung des Friedens in den Highlands gegründeten The Black Watch waren sie gestattet. Ab 1746 wurden Zivilisten für das Tragen von Tartans mit bis zu sieben Jahren Verbannung bestraft.

↑ *Lithografie eines Tartan tragenden Mitglieds des Clans Buchanan*

Heutige Clans

Der Kilt ist noch immer Symbol schottischer Identität. Der ursprüngliche voluminöse *féileadh mór* wurde durch den *féileadh beag* (»kleines Plaid«) ersetzt, der aus sieben Metern Stoff gefertigt wird. Meist wird zur Zierde eine silberne Nadel am Kilt getragen. Viele Schotten sind heute noch stolz auf ihre Clan-Namen und leben in den Gebieten, die ihren Clans einst gehörten. Tartans trägt man bei festlichen Ereignissen wie Hochzeiten und *cèilidhs*.

Clans/Tartans

Stuart

Das Motto des Clans, der die schottischen Könige stellte, lautete: *Nemo me impune lacessit.*

MacDonald

Der mächtigste der Clans herrschte über die westlichen Highlands und die Hebriden. Er trug den Titel »Herren der Inseln«.

Campbell

Der gefürchtete Clan kämpfte in der Schlacht bei Culloden 1746 auf der Seite des englischen Königs gegen die Jakobiten.

Douglas

Der aus den Lowlands stammende Clan sicherte sich weitere Territorien in Schottland und Gebiete in Frankreich und Schweden.

↑ *Webstuhl bei Lochcarron, dem weltweit führenden Produzenten von Tartans*

Abstammungsforschung

Nach den Highland Clearances im 18. Jahrhundert wanderten viele Schotten nach Australien, Kanada, Neuseeland, Südafrika, in die USA und in andere Länder aus. Heute gibt es Millionen ausländischer Staatsangehöriger, deren familiäre Wurzeln in Schottland liegen. Man kann professionelle Ahnenforscher beauftragen oder eigene Recherchen anstellen, indem man sich an das General Register House (www.nrscotland.gov.uk) wendet, das Aufzeichnungen über Geburten, Todesfälle und Eheschließungen seit dem Jahr 1500 besitzt, oder die Scottish Genealogy Society (www.scotsgenealogy.com) kontaktiert. Die beiden Einrichtungen sind in Edinburgh ansässig.

Clan-Abzeichen

Jeder Clan besaß eine eigenes Abzeichen – meist ein kleiner Zweig einer bestimmten Pflanze –, das vor allem in Schlachten an der barettartigen Mütze getragen wurde.

Waldkiefer
MacGregor of Argyll
Vogelbeere
Malcolm
Efeu
Gordon of Aberdeenshire
Distel
Stuart; heute das Nationalsymbol Schottlands
Wollgras
Henderson

Gordon

Die Clan-Mitglieder waren Soldaten. Sie kämpften in den Unabhängigkeitskriegen an der Seite von William Wallace.

Fraser

Die Frasers kamen mit William dem Eroberer aus Frankreich nach Großbritannien. Sie unterstützten Bonnie Prince Charlie.

Mackay

Der Clan Mackay (auch: Clan Morgan) gewann durch seinen mutigen Einsatz im Dreißigjährigen Krieg an Ansehen.

MacLeod

Der heutige Chief bewohnt den historischen Stammsitz des Clans MacLeod – Dunvegan Castle auf der Isle of Sky.

Schon gewusst?

Der Ben Nevis geht auf einen Vulkan zurück, dessen »Dach« nach einem Ausbruch zusammenstürzte.

Der schneebedeckte Gipfel des Ben Nevis spiegelt sich im Wasser des Loch Linnhe ↑

1

Ben Nevis

C4 · Lochaber · Fort William · Glen Nevis · Glen Nevis Visitor Centre: Fort William · +44 1397 705 922 · Sommer: tägl. 8:30–18; Frühjahr, Herbst: tägl. 9–17:30; Winter: tägl. 9–15 · ben-nevis.com

Die Landschaft Schottlands prägen viele Berge mit nebelverhangenen Gipfeln. Der Ben Nevis ist mit 1344 Metern der höchste Berg Großbritanniens. Die zahlreichen Wanderwege eignen sich für jedermann – sie reichen von einfach zu bewältigenden Spazierwegen bis zu anspruchsvollen Routen. Wer den Gipfel des Ben Nevis erklimmt, wird mit einer atemberaubenden Aussicht belohnt.

Der Gipfel des Ben Nevis ist an neun von zehn Tagen wolkenverhangen, Schneestürme treten das ganze Jahr über auf. Der höchste Berg Großbritanniens besteht aus metamorphem und vulkanischem Gestein. Die steile Nordostwand stellt selbst für erfahrene Bergsteiger eine Herausforderung dar. Die meisten Besucher wählen die als »Old Bridle Path« bekannte Route im Westen. Deren Startpunkte liegen beim Informationszentrum im Achintee House sowie 400 Meter hinter dem Campingplatz.

← *Grasbewachsene Hänge im Glen Nevis nahe Fort William*

Highlight

→

Wanderer auf dem Weg durch Glen Nevis zum Gipfel des Ben Nevis

Bei sonnigem Wetter wird der Aufstieg zum Gipfel des Ben Nevis mit einer traumhaften Aussicht belohnt. An bewölkten Tagen gibt es auf dem Gipfel wenig mehr zu entdecken als eine verfallene Wetterstation. Bei bedecktem Himmel empfiehlt sich deshalb eine Wanderung durch das Tal Glen Nevis. Vergnügen bereitet auch eine Seilbahnfahrt: Im nördlich des Ben Nevis gelegenen Torlundy fährt die Nevis Range Mountain Gondola zur Skistation mit Restaurant am Nordhang des Aonach Mòr auf 650 Metern Höhe.

Von dem gälischen Namen *Beínn Níbheís*, der »schrecklicher Berg« bedeutet, sollte man sich keinesfalls abschrecken lassen.

Besteigung des Ben Nevis

Von dem gälischen Namen *Beínn Níbheís*, der »schrecklicher Berg« bedeutet, sollte man sich keinesfalls abschrecken lassen: Den Berg kann jeder bezwingen. 2019 erreichte der drei Jahre alte Jaxon Krzysik den Gipfel, die älteste Person war 82 Jahre alt.

Die Hauptroute steigt sanft an, der Weg zum Gipfel und zurück dauert neun Stunden. Plötzliche Wetterumschwünge sind häufig (aktuelle Informationen unter www.bennevisweather.co.uk). Wanderstiefel, warme, wasserfeste Kleidung, ausreichend Proviant, Kompass und Karte sind unbedingt erforderlich. Mobiltelefone haben teilweise keinen Empfang.

Ben Nevis Race

Alljährlich finden sich am ersten Samstag im September im Glen Nevis erfahrene Bergläufer und Hobbysportler ein, um an dem Wettkampf teilzunehmen. Der erste Lauf auf den Gipfel des höchsten Bergs Großbritanniens wurde 1865 von dem ortsansässigen Frisör William Swan organisiert. Die Rekordzeit für den Aufstieg wurde 1984 von Kenny Stuart erreicht (1 Std. und 25 Min.), unter den Frauen hält Victoria Wilkinson seit 2018 den Rekord (1 Std. und 43 Min.).

❷

Cairngorms National Park

D4 · Highlands · Aviemore
7 The Parade, Grampian Rd, Aviemore; +44 1479 810 930 · visitcairngorms.com

Das ausgedehnte Gebiet, in dem Rentiere, Rotwild, Steinadler und Schneehasen leben, ist von allen größeren Städten Schottlands aus leicht zu erreichen. Die Bergkette Cairngorms wird von dem 1309 Meter hoch aufragenden Ben Macdhui (1309 m), dem zweithöchsten Berg Großbritanniens, dominiert. Der Ben Macdhui ist angeblich Heimat des Am Fear Liath Mòr – der »große graue Mann« soll dem Yeti ähneln. Von Speyside und Deeside führen Wege auf den Gipfel. Der Lochnagar ist bei Wanderern besonders beliebt; an der Nordseite des Bergs erstreckt sich ein malerischer See. Der englische Poet Lord Byron verewigte den Lochnagar in einem Gedicht.

①

Aviemore

3 · 3200
visitaviemore.com

Das lebhafte Städtchen ist das Tor zu den Cairngorms und wird das ganze Jahr über von Besuchern frequentiert. Im Sommer halten sich Wanderer, Kletterer und Mountainbiker in der Ortschaft auf, um die umliegenden Berge zu erkunden. Im Winter zieht es Skifahrer auf die nahe gelegenen Pisten. Die vom Bahnhof ausgehende Hauptstraße von Aviemore säumen Hotels, Restaurants und Cafés sowie Läden, die Outdoor-Zubehör verkaufen.

Das weitläufige Gelände des in der Nähe von Aviemore gelegenen **Rothiemurchus Centre** bietet die Möglichkeit zu verschiedensten Outdoor-Aktivitäten – von Radfahren und Wandern bis zu Kajakfahren und Angeln.

Rothiemurcus Centre
Rothiemurcus
+44 1479 812 345 · variierende Öffnungszeiten
rothiemurchus.net

②

Glenmore Forest Park

Glenmore, Aviemore
forestryandland.gov.scot

Der Glenmore Forest Park ist eines von sechs Waldgebieten Großbritanniens, die unter Naturschutz stehen. Er liegt am Fuß der Cairngorms innerhalb der Grenzen des Nationalparks. Der Bestand von uralten Waldkiefern umgibt den wunderschönen Loch Morlich, der im Zentrum des Glenmore Forest Park liegt. Ein Spaziergang um den See, an dem sich ein kleiner Sandstrand befindet, dauert ungefähr zwei Stunden.

Im Glenmore Forest Park gibt es zahlreiche Wander- und Radwege, im Winter ist Skilanglauf die Hauptaktivität. Vom Besucherzentrum gehen mehrere Wege ab. Die

← *Der Loch Morlich ist von den schneebedeckten Gipfeln der Cairngorms umgeben*

schönste Wanderung führt auf den Meall a' Bhuachallie (»Hügel des Hirten«). Vom Gipfel genießt man eine herrliche Aussicht auf das Cairngorm Plateau.

③

Lochnagar

Der Lochnagar (1155 m), einer der höchsten Berge der Cairngorms, ist sommers wie winters bei Wanderern beliebt. Der Lochnagar befindet sich acht Kilometer südlich des Flusses Dee nahe dem Balmoral Castle in einem der schönsten Täler Schottlands. Es gibt mehrere Routen zum Gipfel, die beliebteste beginnt am Balmoral Visitor Centre *(siehe S. 184)*. Sie kreuzt den anspruchsvolleren Wanderweg Meikle Pap. Bei Schneefall setzen Wanderungen in dieser Region große Erfahrung voraus. Zudem sind Eispickel und Steigeisen unerlässlich.

④

Cairngorm Mountain

+44 1479 861 261
cairngormmountain.co.uk

Das Skigebiet liegt eine kurze Autofahrt von Aviemore entfernt. Es gibt auch regelmäßige Busverbindungen. Cairngorm Mountain ist das größte Wintersportgebiet Schottlands und bei Anfängern und Profis gleichermaßen beliebt.

Das Gebiet bietet zudem wunderschöne Wanderwege rund um das Hochgebirgsplateau. Von Mai bis Oktober finden jeden Donnerstag geführte Wanderungen auf den Gipfel statt, die an der Ranger's Base neben dem Parkplatz Coire Cas beginnen. In dem Zentrum können sich Besucher über die Cairngorms informieren – eine Ausstellung widmet sich der Geschichte der Bergregion, der einheimischen Flora und Fauna und weiteren Themen.

Hotels

The Cross
Das Hotel in einer umgebauten Tweed-Fabrik bietet acht im zeitgenössischen Stil eingerichtete Zimmer, zwei gemütliche Lounges und ein hervorragendes Restaurant.

Ardbrollach Rd, Kingussie
thecross.co.uk.

£££

Old Ferryman's House
Die charmante Pension bietet drei Zimmer. In der mit einem Kamin ausgestatteten Lounge kann man in bereitliegenden Büchern schmökern. Auf Wunsch werden Mahlzeiten serviert.

Boat of Garten
+44 1479 831370.

£££

↑ *Historische Gebäude im Highland Folk Museum, Newtonmore*

⑤

Newtonmore

1000

Die Shinty-Mannschaft des örtlichen Clubs zählt zu den erfolgreichsten Schottlands. Shinty ist eine alte keltische Sportart, die als Vorläufer des Hockey und Eishockey gilt. Familien begeistert die **Wildcat Experience**, bei der man über 130 bunt bemalte Modelle von Wildkatzen aufspüren kann, die in der Ortschaft und entlang der nahe gelegenen Wanderwege verteilt sind. Trackpacks sind im Wildcat Centre erhältlich.

Am Rande der Stadt liegt das **Highland Folk Museum**. Das große Freilichtmuseum besitzt eine schöne Sammlung historischer Gebäude, die aus verschiedenen Regionen Schottlands stammen. Dazu gehören ein Schulgebäude aus Inverness (1925), ein Black House von der Isle of Lewis, wie es für die Äußeren Hebriden typisch ist, und ein Dorfpostamt mit Süßwarenladen. Schauspieler in historischen Kostümen erzeugen eine authentische Atmosphäre. Für den Museumsbesuch sollte man sich einige Stunden Zeit nehmen.

Wildcat Centre
Main St
wildcatcentre.org

Highland Folk Museum
Kingussie Rd
+44 1349 781650 Apr–Aug: tägl. 10:30–17:30; Sep, Okt: tägl. 11–16:30
highlifehighland.com

Schon gewusst?

In den Cairngorms befinden sich die beiden höchstgelegenen Dörfer Schottlands: Tomintoul und Dalwhinnie.

⑥

Landmark Forest Adventure Park

Carrbridge +44 1479 841 613 tägl. 10–18
landmarkpark.co.uk

Der Landmark Forest Adventure Park begeistert Kinder und Erwachsene. Er bietet familienfreundliche Indoor- und Outdoor-Attraktionen wie Baumwipfelpfade, Kletterwände, einen Irrgarten und mehrere Fahrgeschäfte. In einem Gewächshaus mit tropischen Pflanzen flattern Schmetterlingre frei umher. Das Bamboozeleum fasziniert mit Magie und Illusionen. Das Dinosaur Kingdom bietet 20 lebensgroße, bewegliche Modelle und eindrucksvolle Soundeffekte.

TOP 4 Wanderungen

Loch Brandy
Von dem Dorf Clova führt eine Halbtagestour zu dem idyllischen See.

Glen Doll
Von Glen Doll gelangt man auf einem gut begehbaren Weg in zwei bis drei Stunden zum Bergkessel Corrie Fee.

Lairig Ghru
Von Speyside verläuft ein Bergpass nach Deeside. Die Tagestour führt auf 835 Meter.

Jock's Road
Der Wanderweg führt über die Gipfel der drei Munros (Berge über 914 Meter) der Cairngorms. Die Wanderung dauert einen Tag.

⑦

Boat of Garten

boatofgarten.com

Das bezaubernde Dorf liegt am Rand des Nationalparks an dem Fluss Spey. Wegen der vielen Fischadler, die in der Umgebung nisten, wird es auch »Osprey Village« genannt. Im östlich des Dorfs gelegenen **Abernethy Forest RSPB Reserve** am Loch Garten kann man die mächtigen Vögel aus nächster Nähe betrachten: Das Zentrum bietet Teleskope, aus den Nestern werden mithilfe von Kameras Livebilder übertragen. In dem Gebiet sind zahlreiche weitere Vogel- und Säugetierarten beheimatet.

Abernethy Forest RSPB Reserve
+44 1767 680 551
Gelände: tägl.; Besucherzentrum: Apr–Aug: tägl. 10–17:30 rspb.org.uk

Der Lochnagar, einer der höchsten Berge der Cairngorms, ist sommers wie winters bei Wanderern beliebt.

⑧

Highland Wildlife Park

Kincraig, Kingussie
+44 1540 651 270
tägl. 10–17 (Juli, Aug: bis 18; Nov–März: bis 16)
highlandwildlifepark.org.uk

Der zur Royal Zoological Society of Scotland gehörende Highland Wildlife Park verfügt über weitläufige Gehege, in denen Tiere leben, die in keinem anderen Zoo Großbritanniens vertreten sind. Die berühmtesten Bewohner sind vier Eisbären, darunter Hamish, der 2018 nach 25 Jahren der erste Eisbär war, der in einem britischen Zoo geboren wurde. Zudem gibt es Schneeleoparden (2019 kamen im Park zwei Jungtiere zur Welt), Polarfüchse, Rote Pandas und Wildkatzen. Der Park setzt sich für Artenschutz ein. In einem Freigehege mit Przewalski-Pferden – die Art ist vom Aussterben bedroht–, Elchen und Bisons kann man »Safaris« unternehmen. In einem geschlossenen Waldgebiet leben Wölfe und Bucharahirsche. Man kann das Gelände mit dem eigenen Auto erkunden oder an Fahrten mit Führern teilnehmen.

⑨

Cairngorm Reindeer Centre

Glenmore **+44 1479 861 228** **tägl. 10–17**
cairngormreindeer.co.uk

Das Cairngorm Reindeer Centre beheimatet die einzige Herde frei lebender Rentiere Großbritanniens. Die ersten Tiere wurden 1952 in den Cairngorms ausgewildert. Derzeit besteht die Herde aus 150 Tieren.

Besonders attraktiv sind die vom Zentrum veranstalteten Touren, die eine Wanderung und eine Fahrt zu der Herde beinhalten. Man darf die Tiere füttern. Wer wenig Zeit hat, kann die Wiese beim Besucherzentrum aufsuchen, auf der Hirsche grasen.

⑩

Strathspey Steam Railway

von Aviemore nach Boat of Garten **+44 1479 810 725** **variierende Zeiten**
strathspeyrailway.co.uk

Die Museumsbahn verkehrt von Aviemore nach Boat of Garten. Die ursprünglich von der Inverness and Perth Junction Railway betriebene Strecke wurde 1863 eröffnet und in den 1960er Jahren stillgelegt. Nach aufwendigen Instandsetzungsarbeiten wurde der Betrieb zwischen Aviemore und Boat of Garten 1978 wieder aufgenommen, die Strecke wurde bis Broomhill verlängert.

Die 90-minütige Hin- und Rückfahrt ist überaus reizvoll, unterwegs kann man die wunderschöne Landschaft genießen – es empfiehlt sich, einen Fensterplatz auf der rechten Seite zu buchen. Gegen geringen Aufpreis kann man in der ersten Klasse reisen und an Bord des Zuges einen köstlichen Nachmittagstee genießen.

↑ *Die Strathspey Steam Railway durchquert auf dem Weg nach Broomhill eine herrliche Landschaft*

Berge in Schottland

Die Gebirgslandschaften Schottlands reichen von den mit Heide bewachsenen Hügeln in den Southern Uplands bis zu den zerklüfteten Bergen im äußersten Westen. Schmale Grate wie der des Aonach Eagach im Glencoe und der Cuillin Hills auf der Isle of Skye stellen Bergsteiger vor besondere Herausforderungen. Die meisten Berge kann man an einem Tag besteigen, zuweilen sind Übernachtungern in Lagern oder Hütten (»Bothies«) erforderlich. Erfahrene Bergsteiger genießen im Winter herrliche Ausblicke.

Expertentipp
Wetter

Vor allem in den Highlands schlägt das Wetter schnell um. Vor Touren sollte man sich unter www.metoffice.gov.uk informieren.

Klettern und Eisklettern

Klettern und Eisklettern werden in Schottland seit mehr als 100 Jahren ausgeübt. Die Felswände im Glencoe, der Cairngorms und auf der Isle of Skye waren anspruchsvolle Trainingsgebiete für viele Kletterer, die Weltruhm erlangten. Die Nordwände des Ben Nevis bieten das ganze Jahr über zahlreiche Kletterrouten aller Schwierigkeitsgrade. Neue Gebiete, zum Beispiel im äußersten Nordwesten und auf den Inseln, wurden in jüngerer Zeit erschlossen. Inzwischen ist auch das Klettern an Brandungspfeilern populär.

Die harten schottischen Winter lassen anspruchsvolle Touren für Eiskletterer entstehen.

Von Juli bis Ende Oktober – während der Hirschjagdsaison – ist der Zugang zu einigen Klettergebieten nicht möglich.

↑ *Kletterer in den Cuillin Hills auf der Isle of Skye*

Munros, Corbetts und Grahams

Die schottischen Berge werden nach Höhe eingeteilt. Berge, die eine Höhe von über 914,4 Metern aufweisen, werden als Munros bezeichnet. Der Name geht auf Sir Hugh Munro, den ersten Präsidenten des Scottish Mountaineering Club (SMC), zurück, der 1891 eine Liste dieser Berge veröffentlichte. Die seither vom SMC geführte Liste umfasst heute 282 Berge. Der schottische Volkssport, möglichst viele Munros persönlich zu besteigen, wird Munro-Bagging genannt. Kleinere Berge werden als Tops bezeichnet.

In den 1920er Jahren veröffentlichte John Rooke Corbett eine Liste der 222 schottischen Berge mit Höhen von 760 bis 915 Metern. Eine dritte Liste verzeichnet 610 bis 760 Meter hohen Berge, die Grahams genannt werden. Donalds haben eine Höhe von 600 Metern. Sie kommen vor allem in den Lowlands vor. Der Begriff Marylins bezeichnet jede Erhebung mit einer Höhe von mindestens 150 Metern.

Skifahren und Snowboarden

In Schottland gibt es fünf große Skigebiete: Glencoe, Nevis Range, The Lecht, Cairngorm Mountain und Glenshee. The Lecht bietet die leichtesten Pisten, Glencoe die steilsten. Nevis Range, Glenshee und

↑ *Das Skigebiet Glenshee bietet auch Pisten für Snowboarder*

Cairngorm Mountain haben Pisten für alle Leistungsklassen sowie für Kinder. Die Skigebiete sind in der Regel von Dezember bis April geöffnet, je nach Schneelage. Die meisten Hotels und Pensionen haben spezielle Angebote für Aufenthalte an den Wochenenden und in der Wochenmitte. In allen Gebieten sind Skischulen vorhanden.

Auch Langlauf und Nordic Skiing sind in Schottland beliebt. Bei guter Schneelage gibt es für diese Sportarten viele geeignete Gebiete – von den südlichen Hochebenen bis zu den Hügeln im Norden und Westen. Die Waldgebiete Schottlands durchziehen wunderschöne Loipen.

↑ *Wanderer auf dem Weg durch das Glen Nevis zum Ben Nevis*

Sicherheit in den Bergen

Touren in den schottischen Bergen erfordern zu jeder Jahreszeit eine gute Vorbereitung. Wasserdichte und warme Kleidung, Trinkwasser, Proviant, Karten und ein Kompass sind stets mitzuführen. Gute Stiefel sind unerlässlich. Das Bergsteigen im Winter setzt Kenntnisse im Umgang mit Eispickeln und Steigeisen voraus. Es ist für unerfahrene Bergsteiger nicht zu empfehlen. In Schottland gibt es ein Netzwerk von freiwilligen Bergrettungsteams. Notrufe richtet man unter der Nummer 999 an die Polizei. Die Glenmore Lodge in Aviemore *(siehe S. 210)* bietet Kurse im Skifahren, Bergsteigen und Klettern.

3

Inverness

D3 Inverness-shire 48 000 36 High St; +44 1463 252 401 visitinvernesslochness.com

Inverness gilt als Hauptstadt der Highlands. Es ist die größte Stadt in der Region, bezaubert aber dennoch mit Kleinstadtflair. Das Zentrum lässt sich gut zu Fuß erkunden. Inverness bietet zahlreiche historische Sehenswürdigkeiten und eine wunderschöne Landschaft um den Fluss Ness.

①

Inverness Castle

Castle Wynd Apr – Okt: tägl.; Nov – März: Fr – Mo highlifehighland.com

Die hoch über der Stadt gelegene Burg aus rotem Sandstein datiert aus dem späten 19. Jahrhundert. An der Stätte stand bereits im 11. Jahrhundert eine Burg. Diese wurde während der Unabhängigkeitskriege von den Truppen von Robert the Bruce stark beschädigt und anschließend durch mehrere Belagerungen zerstört.

Der größte Teil der zinnenbewehrten Burg ist für die Öffentlichkeit geschlossen, da sie das Amtsgericht von Inverness beherbergt. Einer der Türme ist jedoch zugänglich – er bietet eine herrliche Aussicht auf die Stadt.

Entdeckertipp
Victorian Market

In der wunderschönen Markthalle aus viktorianischer Zeit bieten Läden allerlei bezaubernden Tand. Zudem gibt es gemütliche Teestuben, die leckeres Gebäck servieren.

②

Inverness Museum and Art Gallery

Castle Wynd +44 1349 781 730 Apr – Okt: Di – Sa 10 – 17; Nov – März: Do – Sa 10 – 17 highlifehighland.com

Besucher des vor Kurzem renovierten Museums erhalten Einblick in die Kulturgeschichte der Highlands. Schwerpunkte der Ausstellung liegen auf den Wikingern und den Jakobiten. Das Museum verfügt über eine beeindruckende Sammlung piktischer Symbolsteine. Ein außergewöhnliches Exponat ist der ausgestopfte Puma »Felicity«. Das Tier wurde 1980 in Inverness gefangen und anschließend in einen örtlichen Zoo verbracht.

Die Kunstgalerie präsentiert in der Regel Wechselausstellungen.

③

Scottish Kiltmaker Visitor Centre

4 – 9 Huntly St +44 1463 222 781 tägl. 9 – 18 highlandhouseoffraser.com

Das Zentrum informiert anhand von audiovisuellen Präsentationen, Tartans und anderen Ausstellungsstücken über die Geschichte des Kilts. In der Werkstatt können Besucher den Kiltmachern bei der Arbeit zusehen und die Fertigung vom Zuschneiden des Stoffes über das Falten bis zum Nähen verfolgen.

Auch den Laden, in dem vielfältige Kleidungsstücke und Accessoires angeboten werden, sollte man nicht versäumen. Es lohnt sich, ein Souvenir zu erweben, auch wenn man vielleicht nicht den Mut besitzt, einen Kilt zu tragen.

↑ *Inverness, die Hauptstadt der Highlands, liegt am Ufer des Flusses Ness*

④ ♿

Caledonian Canal

Der 97 Kilometer lange Caledonian Canal verbindet die Westküste Schottlands bei Inverness mit der Ostküste bei Corpach in der Nähe von Fort William. Er wurde Anfang des 19. Jahrhunderts von dem schottischen Bauingenieur Thomas Telford entworfen, um während der Highland Clearances Arbeitsplätze zu schaffen. Das erste Teilstück wurde 1822 eröffnet. In den 1930er Jahren wurde der Kanal von Raddampfern befahren. Heute wird er sowohl von Handelsschiffen als auch für Ausflugsfahrten genutzt. Auf dem Kanal verkehren Kreuzfahrtschiffe, Hochseeyachten, Fischerboote und gelegentlich auch Marineschiffe. Den besten Blick auf das geschäftige Treiben hat man von der Tomnahurich Swing Bridge aus.

⑤

Ness Islands

Highlight

Die kleinen Inseln im Fluss Ness sind seit dem Bau der ersten Hängebrücken im 19. Jahrhundert ein beliebtes Ausflugsziel. Es locken Spaziergänge zwischen Kiefern, Buchen und Tannen. Hauptattraktion ist von Ostern bis Oktober die an den Wochenenden verkehrende Miniatureisenbahn.

Auf den Ness Islands kann man das ganze Jahr über zahlreiche Wildtiere beobachten. Rehe verstecken sich zwischen den Bäumen, Otter tummeln sich im Wasser, in der Abenddämmerung kreisen Fledermäuse am Himmel.

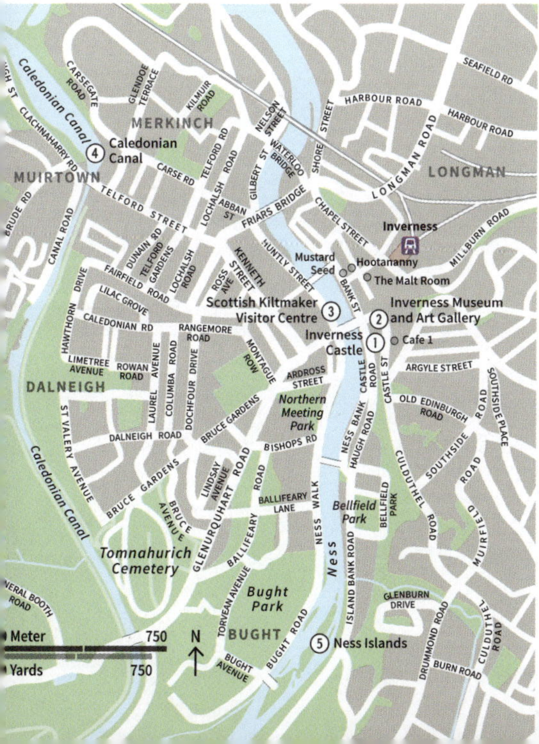

Restaurants & Pubs

Cafe 1
Das schicke Bistro serviert innovative Speisen wie Seeteufel-Tempura mit Black Pudding und Erbsenpüree.
🏠 75 Castle St
W cafe1.net
£££

Mustard Seed
Das Restaurant in einer umgebauten Kirche bietet moderne schottische Küche.
🏠 16 Fraser St
W mustardseed restaurant.co.uk
£££

Hootananny
In dem Pub kann man Livemusik lauschen oder samstagnachmittags an einem *cèilidh* teilnehmen.
🏠 67 Church St
W hootananny inverness.co.uk.

The Malt Room
Die Bar lockt Whisky-Liebhaber an.
🏠 34 Church St
W themaltroom.co.uk

Schon gewusst?

Das Besucherinteresse am Ungeheuer von Loch Ness bringt jährlich 40 Millionen Pfund ein.

Die Burgruine Urquhart Castle am Ufer des Loch Ness ↑

Highlight

4

Loch Ness und Great Glen

C4 Highlands Inverness Inverness, Fort William Inverness: 36 High St; +44 1463 252 401; www.visitinvernesslochness.com

Das Great Glen ist eine mitten durch Schottland verlaufende tektonische Verwerfung, die die Highlands in die Grampian Mountains und die Northwest Highlands unterteilt. Das heutige Tal wurde durch einen Gletscher geschaffen, der das Bruchgestein der Verwerfung erodierte. Das wunderschöne, lang gestreckte Tal prägen steile Berghänge und tiefe, dunkle Seen. Die zahlreichen Schlösser und Festungen bezeugen, dass die Region einst große strategische Bedeutung besaß. Sie erinnern an Kämpfe und Intrigen. Die größte Faszination übt jedoch das Ungeheuer aus, das laut jahrhundertealter Überlieferung in den Tiefen von Loch Ness haust.

Loch Ness

Der 37 Kilometer lange und fast 230 Meter tiefe See ist der größte in Schottland. Von Berghängen flankiert und von Burg- und Klosterruinen sowie malerischen Dörfern gesäumt, bietet er einen atemberaubenden Anblick. Mit der *Jacobite Queen* kann man Fahrten auf dem Loch Ness unternehmen.

Urquhart Castle

Das am Ufer des Loch Ness gelegene Urquhart Castle war einst die größte Burg Schottlands. Sie liegt heute in Ruinen. Das Tower House ist jedoch gut erhalten. Der Aufstieg zur Burg lohnt auch wegen der herrlichen Aussicht. Das moderne Besucherzentrum beherbergt eine Ausstellung mittelalterlicher Artefakte

→ *Die Falls of Foyers stürzen in Loch Ness herab*

Das Ungeheuer von Loch Ness

Der heilige Columban berichtete im 6. Jahrhundert zum ersten Mal von einer Sichtung des Ungeheuers. In den 1930er Jahren stieg das Interesse an »Nessie« durch Fotos, die sich allerdings als Fälschungen erwiesen. Mit Sonartechnik durchgeführte Untersuchungen liefern immer wieder rätselhafte Ergebnisse. Hinter »Nessie« wird u. a. ein Riesenaal oder Plesiosaurierer vermutet. Das Loch Ness Centre and Exhibition präsentiert Fotos und Forschungsansätze.

Geologie Schottlands

Mit Gesteinen, die drei Milliarden Jahre Erdgeschichte widerspiegeln, ist Schottland für Geologen überaus interessant. Der Gneis der Äußeren Hebriden entstand, bevor sich das Leben auf der Erde entwickelte. Die Gesteine erzählen von Lavaströmen, Epochen der Gebirgsbildung, zahlreichen Eiszeiten und der Zeit, als Schottland durch den Iapetus von England getrennt war. Vier große Verwerfungen und Überschiebungen, die Schottland von Nordosten nach Südwesten durchziehen, definieren die wichtigsten geologischen Zonen.

Gruppe von Wanderern in der spektakulären Landschaft von Loch Torridon ↑

Modellhafte Darstellung

Diese nicht maßstabsgetreue Illustration zeigt einen charakteristischen Bereich der Geologie der Highlands und der Äußeren Hebriden. Die gewundene, zerklüftete Küstenlinie ist das Ergebnis von extremen Niederschlägen während der letzten Eiszeit, durch die die Gesteinsschichten stark erodiert wurden. Es entstand eine wunderschöne kontrastreiche Landschaft mit von Felsen durchsetzten Tälern, tiefen Seen und zahlreichen Buchten an den Küsten.

Schon gewusst?

Vor 22 000 Jahren war Schottland vollständig von einem Eisschild bedeckt.

Erdgeschichte

Vor etwa 500 Millionen Jahren war Schottland Teil einer Landmasse, zu der auch Nordamerika gehörte, während England Teil von Gondwana war. Nach 75 Millionen Jahren kontinentaler Trennung und Drift »kollidierten« die beiden Länder.

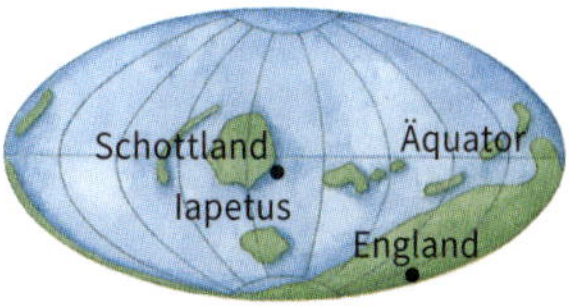

Erdurzeit

In der letzten Eiszeit, die vor etwa 10 000 Jahren endete, wurde Schottland, wie auch Skandinavien, zu großen Teilen von Gletschern überzogen.

Gletscher in der letzten Eiszeit

Heutige Landesgrenzen

Formationen

U-förmige Täler

△ Gletscher brachen in Flusstälern Felsnasen ab und schufen »weiche« Ränder.

Gabbro

△ Das magmatische Gestein der Cuillin Hills auf der Isle of Skye entstand im Tertiär.

Old-Red-Sandstein

△ Durch Erosion von horizontalen Gesteinsschichten entstanden Brandungspfeiler.

Basaltsäulen

△ Langsam abkühlende Lava brach zu achteckigen Säulen, z. B. auf der Isle of Staffa.

↑ *Der von bizarren Felsformationen umringte Old Man of Storr*

5

Isle of Skye

B3 – 4 Innere Hebriden 10 000 Kyle of Lochalsh Portree von Mallaig oder Glenelg Bayfield House, Bayfield Rd, Portree; +44 1478 612 992 isleofskye.com

Die spektakuläre Landschaft der größten Insel der Inneren Hebriden umfasst Vulkanplateaus, schroffe Felsen, Seen und grasbewachsene Ebenen. Verfallene Höfe zeugen von der Entvölkerung durch die Highland Clearances.

①

Portree

2300

Den Hafen der kleinen Stadt, Hauptort der Isle of Skye, säumen bunte Häuser. Der Name »Hafen des Königs« geht auf einen Besuch von James V im Jahr 1540 zurück, der zwischen verfeindeten Clans Frieden stiften wollte. Portree bietet schönen Blick auf die umliegenden Berge. Mit Restaurants, B & Bs und gemütlichen Pubs eignet sich der Ort hervorragend als Basis für die Erkundung der Insel.

Die Stadt selbst bietet wenige Sehenswürdigkeiten, doch der Somerled Square, das Zentrum der Stadt, an dem sich der Busbahnhof befindet, ist recht attraktiv.

> **Auf der Halbinsel Trotternish, am Sound of Raasay, entstanden durch die Erosion eines Basaltplateaus bizarre Felsformationen.**

Der im 19. Jahrhundert angelegte Hafen liegt einen kurzen Spaziergang von dem Platz entfernt. Die bunten Häuser bieten einen bezaubernden Anblick. Vom Kai aus kann man bei einer Tasse Kaffee beobachten, wie die einheimischen Fischer ihren Tagesfang an Land bringen. In der Nähe von Portree erstreckt sich die Landzunge The Lump, auf der einst öffentliche Hinrichtungen stattfanden. Von der malerischen Landzunge genießt man eine herrliche Aussicht auf Loch Portree.

↑ *Boote im Hafen von Portree, dem Hauptort der Isle of Skye*

②

Old Man of Storr

Auf der Halbinsel Trotternish, am Sound of Raasay, entstanden durch die Erosion eines Basaltplateaus bizarre Felsformationen. Das höchste und bekannteste der seltsamen Gebilde ist der Old Man of Storr, ein 49 Meter hoher Monolith. Der Felsen wurde 1955 von Don Whillans zum ersten Mal bestiegen. Der Old Man of Storr war in den Filmen *The Wicker Man* (1973) und *Snow White and the Huntsman* (2012) zu sehen.

Der 3,8 Kilometer lange Storr Ascent, der von der Hauptstraße von Portree nach Staffin zu erreichen ist, bietet gen Norden eine grandiose Aussicht auf die Felsformationen. Auf dem Wanderweg, der zu den beliebtesten Schottlands zählt, herrscht stets viel Betrieb.

③

Quiraing

Die spektakuläre Landschaft mit bizarren Felsformationen nördlich des Old Man of Storr ist von der Straße von Uig nach Staffin aus leicht zu erreichen. Sie entstand vor Jahrhunderten durch einen gewaltigen Erdrutsch.

Der Name Quiraing leitet sich von dem nordischen Wort *kvi rand* (»runde Falte«) ab. Das Gebiet weist drei markante Wahrzeichen auf: eine pyramidenförmige Spitze, die »Prison« genannt wird, die 40 Meter hohe »Needle« und den »Table«, ein grasbewachsenes Plateau, zu dem man nach einem weiteren 15-minütigen Aufstieg gelangt.

Der Quiraing-Wanderweg beginnt am Parkplatz des Friedhofs. Der wunderschöne, sieben Kilometer lange Rundweg ist nicht allzu anspruchsvoll, auch wenn das Gelände an manchen Stellen ein wenig rau und felsig ist.

④

The Skye Museum of Island Life

Kilmuir ☎ +44 1470 552 206 🕓 Ostern – Sep: Mo – Sa 9:30 – 17 W skyemuseum.co.uk

Das preisgekrönte Freilichtmuseum informiert über das Leben auf der Insel vor 100 Jahren. Gut erhaltene strohgedeckte Cottages und Crofts wurden zu einem typischen Dorf in den Highlands zusammengestellt. Das beeindruckendste Gebäude ist das Old Croft House, das bis 1957 von einer Familie bewohnt wurde. Einige der originalen Einrichtungsgegenstände sind noch vorhanden. Hinter dem Freilichtmuseum befindet sich das Grab von Flora MacDonald, der Gefährtin von Bonnie Prince Charlie *(siehe S. 64)*. Den Grabstein ziert ein Epitaph Samuel Johnsons. Von der Stätte eröffnet sich eine schöner Blick auf die Äußeren Hebriden.

Restaurants

The Three Chimneys

Das Restaurant in einem abgeschiedenen Cottage bietet exquisite Gerichte wie Langusten.

Colbost, Dunvegan
W threechimneys.co.uk

£££

Scorrybreac

Calum Munro, der Chefkoch des gemütlichen Restaurants, verwendet für seine köstlichen Kreationen regionale Zutaten.

7 Bosville Terrace, Portree
W scorrybreac.com
Mo, So

£££

Die wunderschön gelegene Talisker Distillery; Flaschen des in der Brennerei hergestellten Whiskys (Detail) ↑

⑤

Talisker Distillery

Carbost **+44 1478 614 308** **variierende Öffnungszeiten** **malts.com**

Die in Carbost mit Blick auf die Cuillin Hills am Ufer des Loch Harport gelegene Brennerei ist eine der ältesten auf der Isle of Skye. Der von Talisker produzierte, exzellente Whisky wird oft als »Lava der Cuillins« bezeichnet.

Die 1830 von Hugh und Kenneth MacAskill gegründete Destillerie verfügt über fünf Brennblasen: drei Spirit Stills und zwei Wash Stills. Bei den 45-minütigen Führungen kann man die Brennerei und das Lagerhaus besichtigen. Zum Abschluss findet eine Verkostung statt.

Whisky-Kenner sollten die zweistündige Masterclass-Tour wählen, bei der alle Details des Herstellungsprozesses erklärt werden.

Schöne Aussicht
Neist Point

Die kleine Halbinsel an der Westspitze der Isle of Skye bietet steile Klippen, einen Leuchtturm und eine atemberaubende Aussicht auf die Äußeren Hebriden. Fotografen finden zahlreiche eindrucksvolle Motive vor.

⑥

Cuillin Hills

Die wunderschöne Gebirgslandschaft ist zu Fuß von Sligachan aus zu erreichen. Im Sommer fahren Boote zum abgeschiedenen Loch Coruisk. Bonnie Prince Charlie soll während seiner Flucht durch die umliegende Moorlandschaft gesagt haben: »Hierhin wird mir selbst der Teufel nicht folgen!«

Die Fairy Pools am Fluss Brittle in der Black Cuillins genannten Region sind eine besondere Attraktion: In die mit türkisfarbenem Wasser gefüllten Felsbecken ergießen sich mehrere Wasserfälle. Abgehärtete Schwimmer tauchen in das kalte Wasser ein. In rund einer Stunde gelangt man auf dem Pfad entlang des Flusses, der herrlichen Blick auf die Cuillin Hills bietet, zu den schönsten der Pools.

⑦

Stein

Das an der Loch Bay gelegene Stein ist das schönste Dorf auf der Halbinsel Waternish. Es besteht aus einigen wenigen weiß getünchten Cottages aus dem 18. Jahrhundert. Stein wurde von der British Fisheries Society als Fischerdorf geplant und 1790 von Thomas Telford entworfen. Wahrzeichen des Dorfs ist die Ruine der mittelalterlichen Trumpan Church. Die idyllische Anlage lässt nicht

→
Das imposante Dunvegan Castle ist Stammsitz des Clans der MacLeod

vermuten, das an dieser Stelle eine überaus blutige Schlacht stattfand: 1578 wurden Mitglieder des Clans der MacDonald vom Clan der MacLeod gemeuchelt.

⑧

Dunvegan Castle

Dunvegan +44 1470 521 206 Apr–Mitte Okt: tägl. 10–17:30 dunvegancastle.com

Die Burg ist seit mehr als 800 Jahren Stammsitz des Clans der MacLeod. Sie wird noch heute von dem Chief des Clans, Hugh Magnus MacLeod, und dessen Familie bewohnt.

Die Burg liegt auf einem Felsvorsprung an der Ostseite von Loch Dunvegan. Aufgrund von zahlreichen Renovierungen weist sie verschiedenste Baustile auf.

In vielen Räumen sind historische Artefakte ausgestellt. Das bedeutendste Exponat ist die Fairy Flag, die der Überlieferung nach von König Harald Hardrada nach der Schlacht von Stamford im Jahr 1066 auf die Isle of Skye gebracht wurde. Die formalen Gärten laden zu Spaziergängen ein. Man kann von der Burg aus Robben beobachten und zum Fischen auf den See hinausfahren.

⑨

Armadale Castle, Gardens and Museum of the Isles

Armadale, Sleat +44 1471 844 305 Apr–Okt: tägl. 10–17:30 (Gärten: ab 9:30) armadalecastle.com

Auf dem Anwesen befinden sich die Ruinen der Burg des Clans der MacDonald, dessen Mitglieder einst als Lords of the Isles Skye regierten.

Das Museum of the Isles erzählt die Geschichte des einst mächtigsten schottischen Clans. Die sechs Ausstellungsräume sind auch der Geschichte der Highlands gewidmet. Sie bergen Gegenstände der Jakobiten, darunter einen Schnupftabakbecher und Trinkgläser von Bonnie Prince Charlie. Zu sehen sind auch Great Highland Bagpipes, beschlagene Schilde, Pistolen und Kanonenkugeln, die von der HMS *Dartmouth* auf die Burg abgefeuert wurden.

⑩

Raasay

Die kleine »Insel der Rehe« liegt im Westen der Isle of Skye. Die **Isle of Raasay Distillery** ist die einzige Sehenswürdigkeit. Besucher genießen die Einsamkeit und Wanderungen auf die zerklüfteten Hügel, die schönste führt auf den Dun Caan (443 m). Auch ein Spaziergang zu den Ruinen von Brochel Castle ist reizvoll. Die Insel besitzt eine reiche Flora und Fauna. Man kann u. a. Steinadler und Raasay-Wühlmäuse beobachten.

Isle of Raasay Distillery
Borodale House, Inverarish
raasaydistillery.com

TOP 4 Wanderungen

Storr Ascent
Auf dem beliebten Wanderweg gelangt man zum Old Man of Storr.

Point of Sleat
Auf dem zehn Kilometer langen Wanderweg zur Südspitze der Halbinsel kommt man an einem Sandstrand vorbei.

The Quiraing
Auf dem Wanderweg, der an einem Parkplatz nahe Staffin beginnt, genießt man herrliche Ausblicke.

Camasunary
Der Weg (11 km) zu einer Bucht führt durch die Cuillin Hills.

6

Orkney

D1–E1 20 000 Kirkwall von Scrabster, Gill's Bay (Caithness), Aberdeen, Lerwick (Shetland) oder John o'Groats (nur Mai–Sep) The Travel Centre, West Castle Street, Kirkwall; +44 1856 872 856 visitorkney.com

Der aus rund 70 Inseln bestehende Archipel liegt weniger als zehn Kilometer vom schottischen Festland entfernt. Der Pentland Firth trennt Orkney vom Festland. Die Inseln weisen eine außerordentlich große Anzahl an prähistorischen Stätten auf. 16 sind dauerhaft bewohnt. Die Einwohner leben überwiegend von der Landwirtschaft. Es heißt, die Bewohner der Orkneys seien Bauern mit Booten, während die Menschen auf Shetland Fischer mit Höfen seien.

Auf der Hauptinsel Mainland liegen die beiden größten Städte des Archipels: Kirkwall und Stromness. Auf der Insel befindet sich mit dem Ness of Brodgar auch die größte Grabungsstätte auf Orkney. Die Anlage im Herzen des neolithischen Orkney umfasst Relikte von rund 5000 Jahre alten Tempeln, die von einer Mauer umgeben waren. Stätten wie das Hügelgrab Maeshowe, die Standing Stones of Stenness und der Ring of Brodgar zählen seit 1999 zum UNESCO-Welterbe.

Hoy ist die zweitgrößte Insel des Archipels. Der auf das altnordische Wort für »hohe Insel« zurückgehende Name bezieht sich auf die emporragenden Klippen. Hoy unterscheidet sich landschaftlich deutlich von den anderen Inseln. Das hügelige Terrain im Norden lädt zum Wandern und zur Vogelbeobachtung ein.

Die spärlich besiedelten Inseln am äußeren Rand des Archipels sind Heimat von Robben und Seevögeln. Rousay wird wegen der zahlreichen archäologischen Stätten »Ägypten des Nordens« genannt. Auf Egilsay fand 1115 die grausame Hinrichtung von St Magnus statt. Von der zu Ehren des Heiligen errichteten Kirche (12. Jh.) mit dem auffälligen Rundturm sind Relikte erhalten. Sanday, die größte der Northern Isles, prägen Felder und Sandstrände. Die auf North Ronaldsay, der nördlichsten Insel, beheimateten Schafe ernähren sich von Seetang. Auf der Insel finden sich außerdem zahlreiche Zugvögel ein.

↑ *Steinkreis in der neolithischen Stätte Ness of Brodgar auf der Insel Mainland*

①

Kirkwall

Gegenüber der **St Magnus Cathedral** (12. Jh.) liegt der **Bishop's Palace** (16. Jh.). Das **Orkney Museum** informiert über die Geschichte des Archipels. Die **Highland Park Distillery** bietet Führungen.

St Magnus Cathedral
Broad St +44 1856 873 312 Mo–Sa stmagnus.org

Bishop's Palace
Watergate +44 1856 871 918 Apr–Okt: tägl. 9:30–17:30 historicenvironment.scot

Orkney Museum
Broad St +44 1856 873 535 tägl. 10:30–17 orkney.gov.uk

Highland Park Distillery
Holme Rd +44 1856 874 619 variierende Öffnungszeiten highlandparkwhisky.com

Blick auf Stromness mit den Hügeln der Insel Hoy im Hintergrund

Schon gewusst?

1780 lagen Captain Cooks Segelschiffe *Discovery* und *Resolution* in Stromness vor Anker.

②
Stromness

Viele Gebäude datieren aus dem 18. und 19. Jahrhundert. Das **Pier Arts Centre** zeigt moderne Kunst. Das **Stromness Museum** widmet sich der Handelsschifffahrt.

Pier Arts Centre
28 – 36 Victoria St
+44 1856 850 209
Di – Sa 10:30 – 17

Stromness Museum
52 Alfred St +44 1856 850 025 Apr – Okt: tägl. 10 – 17; Nov – März: Mo – Sa 11–15:30 W stromnessmuseum.co.uk

Expertentipp
Tagesausflüge

Von Kirkwall starten mehrmals pro Woche Flüge und Fähren zu etwa einem Dutzend der äußeren Orkney-Inseln. Allerdings sind die Verbindungen zwischen den Inseln wetterabhängig.

③
Neolithische Stätten

verschiedene Orte auf Mainland W historic environment.scot

Die rund 5000 Jahre alte Anlage Ness of Brodgar im sogenannten Herzen des neolithischen Orkney, das seit 1999 zum UNESCO-Weltkulturerbe zählt, umfasst Relikte von mehreren Tempeln, die von einer massiven, über 100 Meter langen Mauer umschlossen waren. Die Kammer des Hügelgrabs Maeshowe (um 2750 v. Chr.) ist auf den Sonnenuntergang zur Wintersonnenwende ausgerichtet. Altnordische Invasoren, die die Grabkammer um 1150 plünderten, hinterließen an den Wänden Runeninschriften. In der Nähe befinden sich die Standing Stones of Stenness und der Ring of Brodgar, ein aus 36 Megalithen gebildeter Kreis. Das neolithische Dorf Skara Brae wurde 1850 entdeckt, als ein Sturm die Dünen aufwühlte und Wohnstätten aus der Jungsteinzeit freilegte.

④
Marwick Head

Marwick Head an der Birsay Bay ist eines von mehreren Naturschutzgebieten in West Mainland. Auf den Klippen nisten im Sommer Seevögel. Ein Denkmal erinnert an Lord Kitchener und die HMS *Hampshire*, die 1916 vor der Landzunge von einer deutschen Mine versenkt wurde.

⑤
Italian Chapel

Lamb Holm, Hoy
+44 1856 781 580
tägl. (Messe: Apr – Sep: 1. So im Monat) 25. Dez, 1. Jan W orkney.com

Östlich von Kirkwall verläuft die Straße über mehrere Dämme, die die südlichsten Inseln mit dem Festland verbinden. Die sogenannten Churchill Barriers bauten italienische Kriegsgefangene in den 1940er Jahren zum Schutz der britischen Flotte in Scapa Flow. Zudem erbauten sie die mit Fresken verzierte Italian Chapel.

6

Tomb of the Eagles

South Ronaldsay +44 1856 831 339 variierende Öffnungszeiten Nov–Feb tomboftheeagles.co.uk

Die auch als Isbister Chambered Cairn bezeichnete, ca. 5000 Jahre alte Anlage wurde von einem einheimischen Landwirt entdeckt. Ausgrabungen legten etwa 340 Grabstätten sowie Steinwerkzeuge und zahlreiche Krallen von Seeadlern frei. Der rund 1,5 Kilometer lange Weg vom Besucherzentrum zu den Gräbern führt an Wiesen mit Wildblumen vorbei.

7

Old Man of Hoy

Die 137 Meter hohe Felsnadel vor der Westküste der Insel ist das bekannteste Wahrzeichen von Hoy. Sie lockt wagemutige Kletterer an. Nahe Rackwick befindet sich das 5000 Jahre alte Grab Dwarfie Stane, das in einen riesigen Felsblock gehauen wurde.

8

Scapa Flow Visitor Centre and Museum

Lyness, Hoy +44 1856 791 300 variierende Öffnungszeiten orkney.gov.uk

Die Ausstellung in Lyness an der Ostküste der Insel Hoy informiert über die Ereignisse, die am 16. Juni 1919 in dem Militärhafen Scapa Flow stattfanden: In der Bucht waren 74 Schiffe der deutschen Marine interniert. Um eine Übernahme durch die Briten zu verhindern, ordnete der befehlshabende Offizier die Selbstversenkung der Flotte an. Einige der Schiffe wurden später geborgen, andere sind zur Attraktion für Wracktaucher geworden.

Vom Houton Pier starten Ausflüge in U-Booten zu dem Schiffsfriedhof. Geführte Rundgänge über die ehemalige Militärbasis werden dienstags und donnerstags um 11 Uhr angeboten. Startpunkt ist der Wartesaal des Fährterminals.

Highlight

Hotels

Merkister Hotel
Das familiengeführte Hotel liegt 15 Minuten von Stromness entfernt nahe den neolithischen Stätten von Mainland. Es bietet grandiose Aussicht, gemütliche Zimmer und exzellente Hausmannskost.

D1 Harray merkister.com

£££

The Creel
Das mehrfach ausgezeichnete B & B mit Restaurant am Hafen des bezaubernden Dorfs lockt mit urigen Zimmern und kreativer Küche.

E1 St Margaret's Hope thecreel.co.uk

£££

←

Die imposante Felsnadel Old Man of Hoy lockt wagemutige Kletterer an

Schon gewusst?

1853 verließen die letzten Bewohner, die Familie Smith, die Insel Mousa.

Eine Landbrücke aus weißem Sand verbindet die St Ninian's Isle und Mainland ↑

7

Shetland

F1–2 23 000 von Aberdeen und Stromness, Orkney
Market Cross, Lerwick; +44 1595 693 434 shetland.org

Östlich des Archipels liegt die Nordsee, an die Westküsten branden die Wellen des Atlantiks. Shetland ist nicht weit von Norwegen und den Färöern entfernt. Die zerklüfteten Küsten, das milde Klima und die atemberaubende Landschaft begeistern all jene, die die nördlichste Region Schottlands besuchen.

Die nördlichste Region Schottlands besteht aus über 100 zerklüfteten Inseln mit hohen Klippen. Kein Ort auf Shetland ist mehr als fünf Kilometer vom Meer entfernt. Fischfang, Lachszucht und die Erdölförderung in der Nordsee bilden die Haupterwerbszweige. Im Winter treten oft heftige Stürme auf. Im Sommer scheint die Sonne bis zu 19 Stunden am Tag, nachts herrscht Dämmerlicht.

Auf der Hauptinsel Mainland liegen die beiden größten Städte des Archipels: Lerwick und Scalloway. Nördlich von Lerwick bildet inmitten karger Moorlandschaft der Ronas Hill (454 m) die höchste Erhebung der Shetlands. Die Westküste Mainlands ist besonders beeindruckend. Die Halbinsel Esha Ness mit den roten Sandsteinklippen bietet Blick auf die Brandungspfeiler The Drongs und die Insel Dore Holm mit dem gewaltigen Felsbogen.

Von Mainland bestehen regelmäßige, wenn auch wetterabhängige Fährverbindungen zu den nördlichen Inseln Yell, Fetlar und Unst. Vom Leuchtturm auf Muckle Flugga ist die Felsinsel Out Stack, der nördlichste Punkt Großbritanniens, zu sehen.

Die Klippen der Insel Foula westlich von Mainland sind bis zu 370 Meter hoch. Die zwischen Orkney und Shetland gelegene Fair Isle ist im Besitz des National Trust for Scotland. Zu Fair Isle, Foula und Papa Stour gibt es Inlandsflüge. Die meisten Fährverbindungen starten in Tingwall auf Mainland.

Fair-Isle-Strickwaren

Auf Fair Isle werden seit 200 Jahren Pullover aus handgesponnener Wolle gestrickt. Jeder Pullover ist ein Unikat. Für die Fertigstellung werden bis zu 100 Arbeitsstunden benötigt. Die traditionellen Muster in gedeckten Grau-, Blau-, Braun- und Gelbtönen sind durch die Flora und Fauna der Shetlands inspiriert. Die Fertigkeiten werden in den Familien von den Müttern an die Töchter weitergegeben. Es dauert bis zu vier Jahre, bis man die Technik beherrscht. Käufer müssen auf die Fertigstellung der hochpreisigen Ware oft ein paar Jahre warten.

①

Lerwick

Der Hauptort der Shetlands mit Gebäuden aus grauem Stein und schmalen Gassen wurde im 17. Jahrhundert von holländischen Fischern gegründet. Der Walfang brachte Wohlstand. Heute sorgt das Nordseeöl im Hafen für Betriebsamkeit.

Fort Charlotte am nördlichen Ende der Commercial Street bietet herrliche Aussicht. Das **Shetland Museum and Archives** zeigt Boote, archäologische Funde und auf Shetland hergestellte Textilien. Am Stadtrand liegen das prähistorische Fort Clickimin Broch (700 v. Chr.) und mit dem **Böd of Gremista** (18. Jh.) das Geburtshaus des Mitbegründers der P & O Schiffsgesellschaft Arthur Anderson, das heute ein Textilmuseum beherbergt.

Shetland Museum and Archives
Hay's Dock
+44 1595 695 057
Mai – Sep: tägl. 10 –17 (So ab 12); Okt – Apr: Di – Sa 10 –16 **shetlandmuseumandarchives.org.uk**

Böd of Gremista
+44 1595 694 386
Mai – Sep: Di – Sa 12 –17
shetlandtextilemuseum.com

②

Bressay und Isle of Noss

von Lerwick

Die östlich von Mainland gelegene Insel Bressay lädt zu Wanderungen mit herrlicher Aussicht ein. Bei gutem Wetter legen in Lerwick stündlich Fähren nach Bressay ab. Von Lerwick bestehen außerdem Fährverbindungen zur Isle of Noss im Osten von Bressay.

Im **Noss National Nature Reserve** nisten Tausende Seevögel, darunter Basstölpel und Große Raubmöwen. Im **Bressay Heritage Centre** informieren Ausstellungen über die Geschichte, die Kultur und die Landschaft der Insel.

Schöne Aussicht
Sumburgh Head

Von den Klippen und dem Leuchtturm auf der Landzunge Sumburgh Head an der Südspitze von Mainland eröffnet sich ein atemberaubender Blick aufs Meer. Im Wasser kann man oft Weißstreifendelfine, Schweinswale und Zwergwale sehen. Auf den Felsen unterhalb der Klippen kann man Kegelrobben beim Spielen und Sonnenbaden beobachten.

↑ *Shetlandpony auf West Burra, der Hauptinsel der Scalloway Islands*

Noss National Nature Reserve
+44 1595 693 345
Mai – Aug: Di, Mi, Fr – So 10 – 17 bei schlechtem Wetter nature.scot

Bressay Heritage Centre
+44 1595 820 750
Mai – Sep: Mi, Fr, So 13 – 16 shetlandheritageassociation.com

③

Scalloway

Der westlich von Lerwick gelegene Fischerort war einst Hauptstadt der Shetlands. Scalloway Castle ist die Ruine eines um 1600 erbauten Tower House. Das **Scalloway Museum** informiert über den »Shetland Bus« – über die im Zweiten Weltkrieg zunächst von Fischern betriebene Verbindungsroute wurden Menschen aus dem von Deutschland besetzten Norwegen gerettet. Das nördlich von Scalloway nahe Weisdale gelegene Tingwall ist ein beliebtes Angelgebiet. Die durch Brücken mit Mainland

verbundenen Inseln Burra und Trondra bieten schöne Strände und laden zu Spaziergängen an den Küsten ein. Auf den beiden Inseln, die eine lange Tradition der Kunsthandwerksproduktion besitzen, sind Fischfang und Crofting die Haupterwerbszweige.

Scalloway Museum
Castle St +44 1595 880 734 variierende Öffnungszeiten scallowaymuseum.org

④

Mousa Broch

Mousa +44 7901 872 339 Fähre: Apr–Sep: Mo–Fr 11:30, So 13:30 bei schlechtem Wetter mousa.co.uk

Brochs – eisenzeitliche Steintürme mit doppelwandigen Trockenmauern und kegelförmiger Spitze – sind nur in Schottland zu finden. Der vermutlich um 300 v. Chr. errichtete *broch* auf der winzigen Insel Mousa ist das am besten erhaltene Bauwerk dieser Art. Er weist einen Basisdurchmesser von 15 Metern auf und ist 13 Meter hoch. Auf dem Mousa Broch nisten Sturmschwalben.

Vögel auf Shetland

Auf den Shetland-Inseln leben mehrere Millionen einheimische Vögel, zahlreiche Zugvögel machen im Sommer Station. Auf den Inseln brüten regelmäßig über 20 Seevogelarten. Auf Fair Isle halten sich insgesamt 340 Arten auf. Unzugängliche Klippen sorgen während der Brutzeit für Sicherheit. Auf den Inseln kann man u. a. Tölpel, Trottellummen, Papageitaucher, Dreizehenmöwen, Eissturmvögel, Tordalken, Große Raubmöwen, Schmarotzerraubmöwen und Sturmschwalben sehen.

⑤

Jarlshof Prehistoric and Norse Settlement

Sumburgh Jarlshof +44 1950 460 112 Apr–Sep: tägl. 9:30–17:30 historicenvironment.scot

Die im Süden von Mainland gelegene Stätte umfasst Relikte aus 3000 Jahren Besiedlung – von der Bronzezeit bis zu den Wikingern. Die Jahrtausende unter Sand begrabenen Relikte wurden in den 1890er Jahren durch einen schweren Sturm freigelegt. Besucher können Behausungen aus der Bronzezeit, sogenannte Wheelhouses aus der Eisenzeit, von den Wikingern errichtete Langhäuser und andere altnordische Bauten besichtigen. Die malerische Bucht West Voe von Sumburgh ist Kulisse für die beeindruckende prähistorische Stätte.

←
Leuchtturm auf Sumburgh Head an der Südspitze der Insel Mainland

⑥

Hermaness National Nature Reserve

Muckle Flugga Shore Station Unst von Lerwick nach Haroldswick tägl. (Visitor Centre: Apr–Sep) nature.scot

Unst ist die landschaftlich vielfältigste der Shetland-Inseln mit reicher Flora und Fauna. Das Hermaness National Nature Reserve ist Heimat Tausender Seevögel. Das Besucherzentrum informiert über die Vogelwelt. Wege führen an den Klippen entlang und durch die Moorlandschaft. Auf der vorgelagerten Insel Muckle Flugga steht ein Leuchtturm mit Blick auf Out Stack, Großbritanniens nördlichsten Punkt.

Klippen und Brandungspfeiler bei Mangersta an der Westküste von Lewis ↑

8

Äußere Hebriden

A3 – B2 · 28 000 · Stornoway, Benbecula und Barra · von Uig (Isle of Skye), Oban, Mallaig, Kyle of Lochalsh und Ullapool · 26 Cromwell St, Stornoway, Lewis; +44 1851 703 088 · visitouterhebrides.co.uk

Die Inselkette im Westen Schottlands ist aus dem ältesten Gestein der Erde geformt. Zahllose Wasserläufe durchziehen die kargen Landschaften. Die windumtosten westlichen Küsten säumen weiße Sandstrände.

Im Westen Schottlands liegen Hunderte windumtoste Inseln – winzige, nur von Seevögeln bevölkerte Schären und von Landwirten und Fischern bewohnte Eilande. An den zerklüfteten Küsten liegen Buchten mit weißen Sandstränden. Die mit Wildblumen gesprenkelten Landschaften, die sich in Küstennähe erstrecken, werden Machair genannt.

In den Ebenen im Hinterland wird Torf abgebaut und zum Heizen genutzt. Der Geruch des aus den Kaminen strömenden Rauchs ist typisch für die Inseln. Über 6000 Jahre alte Steinkreise weisen die Äußeren Hebriden als eine der am längsten besiedelten Regionen Schottlands aus. Verlassene Häuser zeugen von den Schwierigkeiten, traditionelles Handwerk als erfolgreichen Wirtschaftszweig aufrechtzuerhalten. Auf den Äußeren Hebriden ist die keltische Sprache noch sehr lebendig – für viele der Inselbewohner ist das Gälische Muttersprache.

↑ *Schafe auf einer Wildblumenwiese auf der Insel Harris*

①

Lewis

Lewis ist die größte und bevölkerungsreichste Insel der Äußeren Hebriden. Hauptstadt ist Stornoway, eine lebhafte Hafenstadt mit bunten Häusern. Das **Museum nan Eilean** im Lews Castle bietet Einblick in die Kultur, die Sprache und die Traditionen der Menschen auf den Äußeren Hebriden.

An der Nordwestküste der Insel befinden sich einige der bedeutendsten prähistorischen Relikte Schottlands: Der Dun Carloway ist ein 2000 Jahre alter, etwa neun Meter hoher *broch*. Noch beeindruckender sind die Standing Stones of Callanish, die größte bekannte Steinformation der Megalithkultur. Das **Callanish Visitor Centre** informiert über die Stätte.

Im **Arnol Blackhouse** aus dem späten 19. Jahrhundert wird jeden Morgen ein Torffeuer entzündet. In den für die Äußeren Hebriden typischen Häusern brannte einst stets ein Feuer zum Wärmen. Die Straße an der Westküste führt nach Port of Ness. Das bezaubernde Fischerdorf befindet sich an der Nordspitze von Lewis. Es bietet einen wunderschönen Strand.

Museum nan Eilean
Lews Castle, Stornoway +44 1851 822 746 Mo–Mi, Fr, Sa 10–17 (Okt–März: 13–16) lews-castle.co.uk

Callanish Visitor Centre
Loag Road, Callanish variierende Öffnungszeiten callanishvisitorcentre.co.uk

Arnol Blackhouse
Arnol, Bragar +44 1851 710 395 variierende Öffnungszeiten historicenvironment.scot

Die mit Wildblumen gesprenkelten Landschaften, die sich in Küstennähe erstrecken, werden Machair genannt.

②
Harris

Südlich der hügeligen Torfmoore von Lewis markiert eine Gebirgskette die Grenze zu Harris, wohin man an der Spitze des Loch Seaforth gelangt. Der Fährhafen von Tarbert liegt auf einer Landenge, die Nord- und Süd-Harris voneinander trennt. Das verschlafene Städtchen mit bezaubernden Steinhäusern und verwinkelten Straßen ist das Zentrum der Insel. Die **Isle of Harris Distillery** wurde 2015 eröffnet.

Der Norden von Harris ist ein Paradies für Bergwanderer. Er bietet Ausblick auf die 80 Kilometer westlich gelegene Inselgruppe St Kilda, auf der sich der Clisham (799 m), der höchste Berg der Äußeren Hebriden, befindet. Die Hauptstraße von Tarbert nach Norden führt an Bunavoneadar und dem in Privatbesitz befindlichen Amhuinsuidhe Castle vorbei nach Hushinish. In dem Crofting-Dorf gibt es eine Slipanlage für Boote zur Insel Scarp, die einst 200 Einwohner besaß, heute aber unbewohnt ist.

Das südliche Harris zeichnet sich durch eine spektakuläre Küstenlinie mit kleinen Buchten und unberührten Stränden aus, von denen Luskentyre an der Westküste der eindrucksvollste ist.

Harris ist vor allem für die Tweed-Herstellung bekannt. Der hochwertige Wollstoff wird seit Jahrhunderten auf der Insel gefertigt und noch heute in vielen Häusern von Hand gewebt. Einige Weber verwenden noch immer einheimische Pflanzen zur Produktion der Farbstoffe. **Harris Tweed** verkauft den begehrten Stoff als Meterware.

Crofting

Crofting ist eine nur in den Highlands und auf den Inseln anzutreffende Form der Landwirtschaft. Kleine gepachtete Parzellen werden im Nebenerwerb bewirtschaftet. Crofting entstand im 19. Jahrhundert, als Landbesitzer karge Areale an der Küste zur Verfügung stellten und das fruchtbarere Land für sich behielten. Die Crofter betrieben zusätzlich Fischerei oder sammelten Seetang für die Alkali-Produktion. Als diese Einkommensquellen versiegten, litten die Crofter 50 Jahre lang unter Hunger, hoher Pacht und Vertreibung. 1886 erlaubte ein Gesetz den Croftern, ihre Pachtgrundstücke weiterzuvererben, aber nicht zu besitzen. Heute sind 17 000 Crofts registriert. Die Crofter betreiben meist Schafzucht oder Forstwirtschaft.

TOP 5 Strände auf den Hebriden

Traigh Mhòr, Barra
Der Sandstrand dient bei Ebbe als Landebahn für Flugzeuge.

Berneray, North Uist
Der Strand liegt in einer spektakulären Bucht an türkisfarbenem Wasser.

Hushinish, Harris
Der weiße Sandstrand erstreckt sich an der Hushinish Bay.

Luskentyre, Harris
Der von Dünen gesäumte Strand bietet atemberaubenden Blick auf die Berge.

Uig Sands, Lewis
Den großen Strand umgeben mit Wildblumen gesprenkelte Wiesen.

Das abgeschiedene Fischerdorf Stockinish im Osten der Insel East Harris ↑

Isle of Harris Distillery
Tarbert
+44 1859 502 212
Mo–Fr 10–16; Sa 10–12:30 harrisdistillery.com

Harris Tweed
Caberfeidh, Tarbert
+44 1859 502 040
Mo–Sa 9–17:30
harristweedisleofharris.co.uk

③

Uist und Benbecula

Während Harris von spektakulärer Landschaft geprägt ist, besitzt die sich im Süden anschließende, tiefer liegende Inselkette Uist sanfteres Flair. Die Atlantikküste säumen weiße Sandstrände, die in Machair genannte Ebenen mit fruchtbarem, kalkhaltigem Boden übergehen. Im Sommer verströmen Wildblumen betörenden Duft.

Von Lochmaddy, dem größten Dorf auf North Uist, führt die A867 über einen fünf Kilometer langen Damm nach Benbecula. Bonnie Prince Charlie flüchtete von Benbecula mithilfe von Flora MacDonald auf die Isle of Skye *(siehe S. 222–225)*. Die flache Insel ist von kleinen Seen bedeckt. Wie die Nachbarinseln ist sie exzellentes Angelgebiet für Forellen. Auf Benbecula und im Norden herrscht Protestantismus vor, die südlichen Inseln sind überwiegend katholisch geprägt. Benbeculas Haupteinnahmequelle ist ein Raketenversuchsgelände nahe Bailivanich, dem größten Dorf der Insel.

Benbecula ist durch einen weiteren Damm mit South Uist verbunden. Die Insel mit den goldenen Stränden wurde zur National Scenic Area erklärt. Die höchste Erhebung im gebirgigen Osten von South Uist ist der Beinn Mhòr (620 m).

Highlight

Restaurants

Harris & Lewis Smokehouse
Das Restaurant bietet in spektakulärem Ambiente zeitgenössische Küche mit regionalen Fleisch- und Fischgerichten.

Sandwick Rd, Stornoway, Lewis
harrisandlewis.co.uk
£££

Harris Hotel
In dem alteingesessenen Hotelrestaurant werden traditionelle Speisen wie Taubenbrust mit Haggis und Pflaumensauce serviert.

Scott Rd, Tarbert
harrishotel.com
£££

Berneray Bistro
Tagsüber umfasst das Angebot des Bistros Frühstückssemmeln, Wraps und Ciabattas, abends kommen ganz besondere Köstlichkeiten auf den Tisch.

Berneray bernerayshopandbistro.co.uk
£££

Langass Lodge
Vor Ort gefangener Fisch und Zutaten aus dem hauseigenen Garten sind Basis der Gerichte.

Locheport, North Uist
langasslodge.co.uk
£££

Café Kisimul
Zum vielseitigen Angebot des familiengeführten Cafés gehören indische Gerichte.

Castlebay, Barra
cafekisimul.co.uk
£££

→

Relikte einer verlassenen Siedlung an einer Bucht auf Hirta, St Kilda

④

Eriskay

Eriskay, eine der kleinsten und schönsten Inseln der Äußeren Hebriden, bietet idyllische Ruhe. 1941 sank vor der Insel das mit Whisky beladene Schiff *Politician*. Das Buch *Whisky Galore!* von Compton Mackenzie und der gleichnamige Film greifen dieses Ereignis auf. Wrackteile des Schiffs sind im Am Politician, der einzigen Bar auf Eriskay, zu sehen.

An dem Strand Coilleag A'Phrionnsa (»Prinzenbucht«) traf 1745 Bonnie Prince Charlie aus seinem Exil in Italien ein, um den Jakobitenaufstand anzuführen. Es heißt, die pinkfarbenen Blumen, die auf Eriskay blühen, gingen aus Samen hervor, die Bonnie Prince Charlie verstreute.

Im Jahr 2000 wurde der Damm, der South Uist und Eriskay verbindet, fertiggestellt. Seither ist die kleine Insel leichter zu erreichen.

⑤

Barra

Wer auf spektakuläre Weise auf die bezaubernde Insel reisen möchte, geht an Bord eines kleinen Passagierflugzeugs: Der große Strand Traigh Mhòr im Norden Barras dient bei Ebbe als Landebahn. Wenn kein Flugverkehr herrscht, suchen Einheimische den atemberaubend schönen Strand gerne auf, um Herzmuscheln zu sammeln.

Barra liegt im Süden der Äußeren Hebriden. Die Landschaft im Zentrum der Insel ist hügelig. Eine Straße läuft an der Küste entlang, die meisten Strände liegen im Westen. Castlebay ist die einzige größere Ortschaft auf Barra. Sie ist nach dem **Kisimul Castle** benannt, das auf einer kleinen Insel in der Bucht steht. Die Burg war Stammsitz des Clans MacNeil of Barra. Eine Fahrt zu der kleinen Insel ist vergnüglich, auch wenn die Burg wegen Renovierungsarbeiten nicht zugänglich ist. Von der Statue der Madonna mit Kind auf dem Heaval Hill genießt man eine herrliche Aussicht auf Castlebay.

Westlich von Castlebay bietet das **Barra Heritage Centre** (Dualchas) Informationen über die Landschaft Barras und das Leben auf der Insel. Das Café serviert hausgemachte Kuchen.

Südlich von Castlebay führt die Straße über einen Damm nach Vatersay. Die Insel ist durch einen Isthmus in Hälften geteilt, die durch einen schmalen Dünenstreifen miteinander verbunden sind. Das Annie Jane Monument

Schon gewusst?

Uist zählt zu den wenigen verbliebenen gälischsprachigen Gebieten Schottlands.

erinnert an die über 300 Auswanderer, die ums Leben kamen, als das Schiff *Annie Jane* 1853 an der Küste von Vatersay zerschellte.

Vatersay bietet mehrere großartige Sandstrände – die schönsten liegen auf der Südseite der Insel.

St Kilda, die westlichste Inselkette Großbritanniens, besteht aus drei Inseln, deren steile Klippen bis zu 425 Meter hoch sind.

Kisimul Castle
+44 1871 810 313
historicenvironment.scot

Barra Heritage Centre
Castlebay +44 1871 810 413 variierende Öffnungszeiten barraheritagecentre.com

Highlight

⑥

St Kilda

Auf den »Inseln am Rand der Welt« befanden sich die abgeschiedensten Siedlungen Schottlands. 1930 beantragte die alternde Bevölkerung ihre Evakuierung. Heute sind die Inseln UNESCO-Welterbestätte. Die westlichste Inselkette Großbritanniens besteht aus drei Inseln, deren steile Klippen bis zu 425 Meter hoch sind. Die isolierte Lage brachte endemische Arten von Feldmaus und Zaunkönig hervor. Die Inseln beheimaten zudem eine der größten Basstölpelkolonien der Welt (40 000 Paare) und die größte Papageitaucherkolonie Großbritanniens.

Hirta ist die einzige Insel, die besucht werden kann. **Kilda Cruises** und **Island Cruising** bieten Fahrten. Im Sommer kann man an Workshops teilnehmen, die der National Trust for Scotland in der **St Kilda World Heritage Site** veranstaltet. In Village Bay auf Hirta, der einzigen Siedlung auf St Kilda, gibt es ein kleines Museum.

Island Cruising
1 Erista, Uig, Lewis +44 1851 672 381 Mai–Sep
island-cruising.com

Kilda Cruises
Isle of Harris
+44 1859 502 060
Mai–Sep kildacruises.co.uk

St Kilda World Heritage Site
NTS +44 1463 732635
nts.org.uk

Radfahren auf dem Hebridean Way

Der 2017 eingeweihte Hebridean Way erstreckt sich über die gesamte Länge der Äußeren Hebriden. Er besteht aus einem Wanderweg von 250 Kilometern Länge und einem 297 Kilometer langen Radweg. Der Radweg beginnt in Vatersay und führt – über Dämme und mit Fährüberfahrten – nach Norden. Zunächst erreicht man Eriskay, dann South Uist. Über Benbecula geht es weiter nach North Uist. Anschließend durchquert man die spektakuläre Landschaft von Harris mit schroffen Bergen, schimmernden Seen und wunderschönen Stränden. Der Radweg endet am Butt of Lewis im äußersten Norden. Bei gemütlichem Tempo benötigt man für die Strecke fünf oder sechs Tage. Den auf den Äußeren Hebriden permanent wehenden Wind hat man auf der Fahrt stets im Rücken.

Nisabost Beach, Harris (siehe S. 236f)

SEHENSWÜRDIGKEITEN

9 Inveraray Castle

C5 Inveraray, Argyll and Bute Dalmally, dann Bus von Glasgow +44 1499 302 203 Apr–Okt: tägl. 10–17:45; letzter Einlass 45 Min. vor Schließung inveraray-castle.com

Das Schloss pseudogotischen Stils ist Sitz des Clans der Campbell, die seit 1701 den Rang der Dukes of Argyll bekleiden. Es wurde ab 1746 von William Adam und Roger Morris erbaut. Nach einem Brand 1877 wurden die konischen Türme hinzugefügt.

Die in den 1770er Jahren von Robert Mylne gestalteten Räume sind prächtige Kulisse für Regency-Möbel, aus dem Orient und aus Europa stammendes Porzellan und Porträts von Gainsborough, Ramsay und Raeburn. Sie bergen auch Waffen, die der Campbell-Clan einst für den Kampf gegen die Jakobiten zusammentrug. In einer faszinierenden Ausstellung über Rob Roy sind der Gürtel, der Sporran (Tasche am Kilt) und der Griff des Dolches zu sehen, die dem schottischen »Robin Hood« gehörten.

10 Auchindrain Township

C5 Inveraray, Argyll and Bute Inveraray, dann Bus +44 1499 500 235 Apr–Okt: tägl. 10–17; Nov–März: variierende Öffnungszeiten auchindrain.org.uk

Das älteste Freilichtmuseum Schottlands gibt Einblick in das Alltagsleben in einem Bauerndorf, wie es bis Ende des 19. Jahrhunderts überall in den Highlands anzutreffen war. Das Areal, auf dem sich die rund 20 strohgedeckten Cottages befinden, wurde bis 1962 bewirtschaftet. Die von Kräutergärten umgebenen Häuser, die meist Wohnraum, Küche und Stall unter einem Dach vereinen, sind mit Bettschränken und Binsenlichtern ausgestattet. Auchindrain ist ein faszinierendes Relikt aus einer Zeit, in der die Highland-Bauern noch Ackerbau für den Eigenbedarf betrieben.

Schon gewusst?

Teile des James-Bond-Films *Liebesgrüße aus Moskau* (1963) wurden in Argyll and Bute gedreht.

Inveraray Castle weist Stilelemente der Gotik und des Barock auf

11 Crarae Garden

C5 Crarae, Argyll and Bute Inveraray, dann Bus +44 1546 886 614 tägl. 9:30–Sonnenuntergang 24. Dez–2. Jan nts.org.uk

Der Garten ist der wohl schönste in den West Highlands. Er wurde 1912 von Lady Grace Campbell angelegt, der Tante des Forschers Reginald Farrer. Die von Farrer aus Tibet mitgebrachten Exemplare bildeten den Grundstock des an exotischen Pflanzen reichen Gartens. Der milde Nordatlantikstrom und die starken Niederschläge lassen die Pflanzen prächtig gedeihen. Neben Rhododendren aus dem Himalaya sind im Crarae Garden Pflanzen aus Tansania, Neuseeland und den USA vertreten. Am schönsten ist ein Besuch im Frühling.

12 Islay

B6 Argyll and Bute von Kennacraig The Square, Bowmore; +44 1496 305 165 islayjura.com

Auf der südlichsten Insel der Äußeren Hebriden gibt es neun Whisky-Brennereien. Islay ist berühmt für kräftige, torfige Highland Malts. **Lagavulin** und **Laphroaig** sind die bekanntesten Destillerien. Die älteste Brennerei, Bowmore, befindet sich in dem gleichnamigen Dorf. Die 2018 an der Ostküste eröffnete

Ardnahoe Distillery ist der jüngste der Betriebe. Die an den Ufern von Loch Indaal gelegene **Bruichladdich Distillery** produziert innovative Malts und den Gin »The Botanist«. Bei der Führung »Be the Botanist« können Besucher den Gin kosten und die Zubereitung von Cocktails erlernen.

Das **Museum of Islay Life** in Port Charlotte informiert über die Sozial- und Naturgeschichte der Insel. Östlich von Port Ellen befindet sich mit dem Kildalton Cross ein beeindruckendes keltisches Kreuz aus dem 8. Jahrhundert. Es ist aus grünem Stein gefertigt, die Inschriften zitieren aus dem Alten Testament. Auf einer Insel im Loch liegen die Ruinen einer mittelalterlichen Burg der Lords of the Isles. An den Stränden von Islay und im Naturschutzgebiet Loch Gruinart kann man Vögel beobachten.

Auf der südlichsten Insel der Äußeren Hebriden gibt es neun Whisky-Brennereien. Islay ist berühmt für kräftige, torfige Highland Malts.

Kupferne Brennblasen in der Laphroaig Distillery; das Gebäude der Brennerei (Detail) ↑

Lagavulin Distillery
Port Ellen
+44 1496 302 749
variierende Öffnungszeiten **malts.com**

Laphroaig Distillery
School St, Bowmore **+44 1496 302 418** **variierende Öffnungszeiten**
laphroaig.com

Ardnahoe Distillery
Ardnahoe, Port Askaig **+44 1496 840 777** **tägl. 10–17**
ardnahoedistillery.com

Bruichladdich Distillery
Port Charlotte **variierende Öffnungszeiten**
bruichladdich.com

Museum of Islay Life
Port Charlotte
+44 1496 850 358
Mai–Sep: Mo–Sa 10:30–16:30, So 13–16:30; Apr, Okt: Mo–Fr 10:30–16:30
islaymuseum.org

Expertentipp
Fèis Ìle

Besonders schön ist ein Besuch von Islay während des Fèis Ìle. Das Festival bietet Folk-Musik, Highland Flings (traditionelle Tänze), Whisky-Verkostungen, regionale Speisen und weitere Attraktionen.

13

Jura

B5 – 6 Argyll and Bute 200 von Kennacraig nach Islay, dann nach Jura

Jura ist von Port Askaig auf Islay *(siehe S. 242f)* mit der Fähre in fünf Minuten zu erreichen. Auf der kargen, gebirgigen Insel können Besucher absolute Einsamkeit genießen. Der vermutlich auf das nordische Wort *dyr-oe* zurückgehende Name bedeutet »Hirschinsel«. Tatsächlich leben auf Jura etwa 30-mal mehr Hirsche als Menschen. Die Westküste ist nahezu unbewohnt. Die einzige Straße auf Jura führt an der Ostküste entlang. Craighouse, das einzige Dorf auf der Insel, bietet ein Hotel, ein Restaurant, einen Laden, ein Postamt und die **Jura Distillery**, in der Führungen und Verkostungen stattfinden.

Auf Jura kann man wunderschöne Bergwanderungen unternehmen. Die Paps of Jura sind die höchsten Erhebungen – der Beinn an Òir ist mit 784 Metern der höchste dieser drei Berge. In einigen Gebieten ist während der Hirschjagdsaison von Juli bis Oktober das Wandern nur eingeschränkt möglich.

Die nördlich von Jura verlaufende Straße von Corryvreckan weist gefährliche Strudel auf. George Orwell, der 1946 auf der Insel weilte, um seinen Roman *1984* zu schreiben, kam beinahe ums Leben, als er in das Wasser fiel. Der Sage nach ertrank Prinz Breackan bei seinem Werben um eine Prinzessin in der Meerenge: Er soll versucht haben, ein von Tauen aus Wolle, Hanf und Haarsträhnen gehaltenes Boot drei Tage im Strudel zu halten. Dann jedoch riss ein Seil mit der Strähne eines untreuen Mädchens.

Expertentipp

Jura Music Festival

Das jedes Jahr Ende September an einem Wochenende stattfindende Festival mit Konzerten und Kreativ-Workshops lohnt den Besuch (juramusic festival.com).

Jura Distillery

Craighouse
+44 1496 820 385
Apr – Okt: Mo – Sa 10 – 16:30; Nov – März: Mo – Fr 10 – 16 jurawhisky.com

Der vermutlich auf das nordische Wort *dyr-oe* zurückgehende Name bedeutet »Hirschinsel«. Tatsächlich leben auf Jura mehr Hirsche als Menschen.

14

Gigha

B6 Argyll and Bute 160 Tayinloan, Halbinsel Kintyre gigha.org.uk

Zu der fünf Kilometer vor der Westküste der Halbinsel Kintyre gelegenen Insel mit den herrlichen Sandstränden bestehen von Tayinloan aus regelmäßige Fährverbindungen. Die Schiffe legen in Ardminish, dem einzigen Dorf auf Gigha, an. Im **Gigha Boats Activity Centre** kann man Fahrräder, Paddelbretter und Ruderboote leihen.

Überaus sehenswert sind die im Jahr 1944 von James Horlick angelegten **Achamore Gardens**. Das in Privatbesitz befindliche Herrenhaus auf dem Anwesen ist für Besucher nicht zugänglich. In den subtropischen Gärten gibt es jedoch viel zu entdecken. In der Anlage begeistern u. a. die großen Rhododendren, der Irrgarten aus Bambuspflanzen und der wunderschöne ummauerte Garten.

Gigha Boats Activity Centre
Ardminish Bay +44 7876 506 520 Apr–Okt: tägl. 9–18 (So ab 11)

Achamore Gardens
Achamore House +44 1583 505 390 tägl. Sonnenaufgang–Sonnenuntergang

15

Mallaig

B4 Lochaber 800 von Ardvasar, Isle of Skye Fort William; +44 1397 701 801

Mallaig ist der Haupthafen für Fähren zur Isle of Skye *(siehe S. 222–225)* und zu den »Small Isles« Rùm, Eigg, Muck und Canna *(siehe S. 246)* sowie Endstation des Jacobite Steam Train aus Fort William *(siehe S. 253)*.

Mallaig wurde in den 1840er Jahren von Lord Lovat, dem Besitzer des North Morar Estate, als Fischerdorf für seine Pächter gegründet, die er auf den westlichen Teil der Halbinsel umsiedelte. Um 1851 war Mallaig die größte Siedlung in dem Gebiet. Die Anbindung an das Eisenbahnnetz 1901 ließ die Wirtschaft erstarken.

Heute ist das in wunderschöner Landschaft gelegene Mallaig eine typische Hafenstadt mit geschäftigem Treiben. Der Hafen beheimatet noch immer eine aktive Fischereiflotte. Er ist auch Startpunkt von Ausflugsbooten. **Western Isle Cruises** bietet Fahrten zur Tierbeobachtung an.

Die Ausstellungen im **Mallaig Heritage Centre** erläutern den Einfluss der Fischerei und der Eisenbahn- und Fährverbindungen auf das Leben der Menschen in der Region.

Mallaig Heritage Centre
Station Rd +44 1687 462 085 Apr–Okt: Mo–Sa 11–16 mallaigheritage.org.uk

↑ *Fischerboote am Kai von Mallaig, einer typischen Hafenstadt an der Westküste*

Western Isle Cruises
The Pier Office +44 1687 462 233 westernislescruises.co.uk

Café & Restaurant

Tea Garden
Spezialität des Cafés ist »Pint of Prawns« – frisch gefangene Garnelen, die mit einem Spritzer Zitrone in einem Bierglas serviert werden.
B4 Backpackers Lodge, Station Rd, Mallaig mallaigbackpackers.co.uk
£££

Boathouse
Zu den köstlichen Gerichten in dem Seafood-Lokal gehört Heilbutt mit Chorizo und Safrankartoffeln.
B6 Ardminish Bay, Gigha Okt–März boathouseongigha.com
£££

↑ *In der Jura Distillery können Besucher an Führungen und Verkostungen teilnehmen*

16

Rùm, Eigg, Muck und Canna

B4 Small Isles 150 von Mallaig oder Arisaig 15 High Street, Fort William; +44 1397 701 801

Die vier Hauptinseln des Small Isles genannten Archipels haben ihren jeweils eigenen Charakter, sie alle bieten jedoch Ruhe und Beschaulichkeit.

Canna ist von Klippen umrahmt und besitzt mehrere archäologische Stätten. Die Insel gehörte einst dem gälischen Gelehrten John Lorne Campbell, heute dem National Trust for Scotland. Sie zählt wenige Einwohner.

Eigg bietet die abwechslungsreichste Landschaft – mit dem markanten An Sgùrr als höchster Erhebung. Der »singende Sand« an dem schönen Strand lässt unter den Füßen von Spaziergängern eigenartige Geräusche ertönen. Die Bewohner von Eigg erwarben die Insel vom ursprünglichen Eigner.

Muck, die kleinste Insel, wurde wegen ihrer Form mit dem gälischen Wort für »Schwein« benannt. Die Insel gehört einer Familie, die eine Farm bewirtschaftet.

Rùm ist die größte Insel des Archipels. Die schroffen Gipfel sind Lebensraum einer Kolonie von Atlantiksturmtauchern. Rùm wird als Naturschutzgebiet vom Scottish Natural Heritage verwaltet. Ein Zentrum widmet sich der Rotwildforschung. Die Familie Bullough, der Rùm einst gehörte, ließ **Kinloch Castle** errichten.

Kinloch Castle
Rùm
kinlochcastlefriends.org

Krähenscharbe auf einem Felsen auf der Insel Canna

17

Isle of Mull

B5 Argyll 2800 von Oban, Lochaline und Kilchoan; von Fionnphort, auf der Isle of Mull, nach Iona The Pier, Craignure; +44 1680 812 377

Auf der Isle of Mull, der größten Insel der Inneren Hebriden, locken Moorlandschaften, der Ben More und der herrliche Strand von Calgary. Die meisten Straßen führen an der Küste entlang und bieten grandiose Aussicht aufs Meer. Das auf einer Landspitze im Osten gelegene **Duart Castle** ist Sitz des Clans der MacLean.

Den Hafen von Tobermory am Nordende der Isle of Mull säumen bunte Häuser. Das 1788 gegründete Fischerdorf ist heute ein beliebter Yachthafen und einer der meistbesuchten Orte der Insel. Die im **Mull Aquarium** präsentierten Meerestiere werden nach gewisser Zeit wieder ins Freie entlassen. Die **Tobermory Distillery** produziert Whisky und Gin.

Bunt gestrichene Häuser säumen die Straße am Hafen von Tobermory

Duart Castle
nahe der A849 bei Craignure +44 1680 812 309 Apr: So–Do 11–16; Mai–Okt: tägl. 10:30–17 duartcastle.com

Mull Aquarium
Taigh Solais, Tobermory +44 1688 302 876 Ostern–Okt: tägl. 9:30–17 mullaquarium.co.uk

Tobermory Distillery
Ledaig, Tobermory +44 168 830 2647 tägl. 11–17 tobermorydistillery.com

18

Iona

B5 Argyll 2800 Fionnphort, Mull welcometoiona.com

Die Insel, auf der sich mit der Iona Abbey eine der bedeu-

tendsten Klosteranlagen Schottlands befindet, zählt zu den Hauptattraktionen in der Region. Mit der Passagierfähre von Fionnphort auf der Isle of Mull gelangt man in fünf Minuten zu dem aus einigen Cottages, einem Laden, einem Restaurant und einem Hotel bestehenden Ort Baile Mòr. In der Nähe liegen die Ruinen eines Augustinerklosters (14. Jh.) und das **Iona Heritage Centre**, das über die Geschichte der Insel informiert und das das Heck des Dampfschiffs *Guy Mannering* präsentiert, das 1865 vor Iona sank.

Der irische Mönch Columban, der im Jahr 563 auf die Insel kam, gründete die Iona Abbey. Von Iona aus verbreitete sich das Christentum in ganz Europa. Auf dem Friedhof des Klosters sollen 48 schottische Könige begraben sein. Auf dem Gelände stehen vier keltische Steinkreuze – zwei davon an der »Straße der Toten«. Seit der Gründung der Iona Community 1938 ist die Insel wieder ein bedeutendes religiöses Zentrum. Im Sommer besichtigen zahlreiche Besucher Iona Abbey.

Bei gutem Wetter bietet sich ein Ausflug zur **Fingal's Cave** auf der Insel Staffa an. Die von »Orgelpfeifen« aus Basalt umgebene Höhle inspirierte Mendelssohn zu seiner *Hebriden-Ouvertüre*. Von Fionnphort und Ulva fahren Boote nach Staffa und zu den **Treshnish Isles**. Auf den sieben unbewohnten Inseln leben Seevögel wie Papageitaucher, Dreizehenmöwen und Tordalken. Dutchman's Cap hat die wohl markanteste Form, die meisten Boote steuern Lunga an.

Fotomotiv
Hafen von Tobermory

An dem Ende der Main Street, an dem sich das Mull Aquarium befindet, lassen sich von einem Aussichtspunkt besonders schöne Aufnahmen vom Hafen machen – die bunten Fassaden der Häuser spiegeln sich im Meer.

Iona Heritage Centre
Ostern – Okt: Mo – Sa 9 – 17 **ionaheritage.co.uk**

Fingal's Cave und Treshnish Isles
Staffa, westlich der Isle of Mull **Ostern – Okt** **staffatours.com**

Restaurants

Café Fish
Das Lokal lockt mit frisch zubereitetem Tagesfang und einer hervorragenden Weinkarte. Im Sommer kann man auf der Terrasse am Kai sitzen.
B5 **The Pier, Tobermory, Isle of Mull** **thecafefish.com**
£££

Tobermory Fish and Chip Van
An dem Imbissstand sind neben Fish and Chips Makrelen und Muscheln erhältlich.
B5 **Fisherman's Pier, Mull**
£££

Argyll Hotel
Crofter und einheimische Fischer beliefern das gemütliche Hotelrestaurant mit Lamm-, Wild- und Rindfleisch sowie mit frischem Fisch.
B5 **Iona, Argyll** **argyllhotel iona.co.uk**
£££

19

Loch Awe

C5 Argyll Dalmally loch-awe.com

Loch Awe ist mit 40 Kilometern einer der längsten Süßwasserseen Schottlands. Er liegt in einem Tal in den südwestlichen Highlands. Östlich der Stadt Lochawe stehen die Ruinen des Kilchurn Castle, das im 18. Jahrhundert nach einem Brand aufgegeben wurde. Es liegt im Schatten des Ben Cruachan, dessen 1126 Meter hohen Gipfel man über den Pass of Brander erreicht, an dem Robert the Bruce 1308 gegen den Clan der MacDougal kämpfte. Der Lorne Furnace nahe Taynuilt ist Relikt der Eisenindustrie, der in den letzten Jahrhunderten ein Großteil der Wälder in der Region zum Opfer fiel.

Das **Kilmartin Museum** an der A816 im Süden von Loch Awe zeigt Artefakte aus prähistorischen Stätten sowie rekonstruierte Boote, Werkzeuge und Schmuck. Es vermittelt einen lebendigen Eindruck vom Leben der frühen Bewohner des Landes.

Kilmartin Museum
Kilmartin
+44 1546 510 278
März – Okt: tägl. 10 – 17:30; Nov – 23. Dez: tägl. 11 – 16 kilmartin.org

Schon gewusst?

In Oban befand sich der Endpunkt des ersten transatlantischen Telefonkabels der Welt.

20

Kintyre

B6 Argyll and Bute Oban Campbeltown wildaboutargyll.co.uk

Die lange, schmale Halbinsel bietet herrlichen Blick auf die Inseln Gigha, Islay und Jura. Der 1801 eröffnete Crinan Canal ist 14 Kilometer lang und besitzt 15 Schleusen. Er wird im Sommer von vielen Yachten befahren.

Tarbert ist das gälische Wort für Landenge. Der Landstreifen, an dem sich der Ort befindet, ist so schmal, dass man ein Boot aus dem Loch Fyne zum West Loch Tarbert hinüberziehen kann. Dieses Verfahrens bediente sich erstmals der Wikingerkönig Magnus Barfud, dem im Jahr 1198 so viel Land versprochen wurde, wie er umsegeln konnte.

Richtung Süden führt die B842 an Campbeltown vorbei zum Kap Mull of Kintyre. Von der Landspitze aus ist die Küste Irlands zu sehen. Das Gebiet wurde durch Paul McCartneys Lied *Mull of Kintyre* (1977) in der ganzen Welt bekannt. Auf der westlich der Landspitze gelegenen Insel Rathlin lernte Robert the Bruce, sich in seinem steten Kampf gegen England in Geduld üben: Er harrte in einer Höhle aus und beobachtete eine Spinne beim Weben ihres Netzes.

21

Oban

C5 Argyll 8600
North Pier; +44 1631 563 122
oban.org.uk

In der als »Tor zu den Inseln« bekannten Hafenstadt am Firth of Lorne genießt man eine wunderbare Aussicht über die Küste von Argyll. Die Bucht, die der Stadt ihren Namen gab, säumen kleine Läden. Am Pier wird frisch gefangener Fisch verkauft. Aufgrund der regelmäßigen

Fährverbindungen zu den Inseln Mull, Tiree, Coll, Barra, South Uist, Islay, Colonsay und Lismore zählt Oban zu den meistbesuchten Orten an der Westküste.

Auf dem Hügel bei der Stadt thront der McCaig's Tower, ein unvollendeter Nachbau (19. Jh.) des römischen Kolosseums. Weitere Wahrzeichen sind die Kathedrale und die Ruinen des rund 600 Jahre alten Dunollie Castle, einst nördlicher Außenposten der Dalriadic Scots. Oban ist Sitz von Glas- und Töpferwerkstätten sowie der Oban Distillery. Bei Regenwetter lockt das **Oban War and Peace Museum.**

Ende Juli laufen Yachten zur West Highland Week im Hafen ein. Ebenfalls im Juli werden in Oban Highland Games abgehalten. Auch im nahen Kilmore, in Taynuilt und in Tobermory auf der Isle of Mull finden im Sommer Highland Games statt.

Wenige Kilometer nördlich von Oban, nahe der A85, befindet sich das **Dunstaffnage Castle.** In der Burg war Flora MacDonald für kurze Zeit inhaftiert, da sie Bonnie Prince Charlie 1746 zur Flucht verholfen hatte.

←

Kilchurn Castle, auf einer Halbinsel im Loch Awe

↑ *Der weiße Sandstrand Balevullin Beach auf der windumtosten Insel Tiree*

Die Insel Seal ist durch die »Brücke über den Atlantik« (18. Jh.) mit dem Festland verbunden. Das **Easdale Folk Museum** auf der nahe gelegenen kleinen Insel Easdale dokumentiert die Geschichte des Schieferabbaus in der Region. Das **Atlantic Islands Centre** auf der Isle of Luing informiert über die Slate Islands und bietet ein Café. Im **Arduaine Garden** südlich von Oban blühen im Frühling Rhododendren und Azaleen.

Oban War and Peace Museum
Corran Esplanade +44 1631 570 007 variierende Öffnungszeiten obanmuseum.org.uk

Dunstaffnage Castle
Connel +44 1631 562 465 Apr–Sep: tägl. 9:30–17:30; Okt–März: Sa–Mi 10–16 historicenvironment.scot

Easdale Island Folk Museum
Easdale +44 1852 300 173 Apr–Okt: tägl. 11–16 easdalemuseum.org

Atlantic Islands Centre
Barcaldine, nahe Connel +44 1852 314 096 variierende Öffnungszeiten isleofluing.org

Arduaine Garden
Arduaine +44 1852 200 366 tägl. 9:30–Sonnenuntergang 24. Dez–2. Jan nts.org.uk

22

Coll und Tiree

B4, A5 Argyll von Oban nur von Glasgow nach Tiree Oban visitcoll.co.uk; isleoftiree.com

Im Winter treten auf den beiden Inseln im äußersten Westen der Inneren Hebriden oft Stürme auf. Dennoch haben Coll und Tiree die meisten Sonnenstunden Großbritanniens. Sie bieten wunderschöne Sandstrände mit beeindruckender Brandung. Da der Boden Tirees zu 60 Prozent aus Muschelsand besteht, gedeihen auf der Insel keine Bäume.

Breacachadh Castle (15. Jh.) in einer Bucht im Süden Colls war bis 1750 Sitz des Clans der MacLean. Die Burg kann nur von außen besichtigt werden. Auf Tiree gibt es zwei Museen: Die Treshnish Isles Exhibition zur Naturgeschichte der Region und das Skerryvore Lighthouse Museum in Hynish – der Leuchtturm steht rund 20 Kilometer vor der Küste.

23

Ardnamurchan

B4 Argyll Corran Ferry ab A82 von Glencoe nach Fort William oder von Fishnish (Isle of Mull) nach Kilchoan westhighland peninsulas.com

Die Halbinsel Ardnamurchan sowie die Gebiete Moidart und Morvern gelten als Geheimtipp für Schottland-Reisende. Die Region prägen felsige Berge und von Buchten durchsetzte Küsten. Einige der schönsten Strände erstrecken sich an der Spitze der Halbinsel, dem westlichsten Punkt des britischen Festlands.

Der Leuchtturm von Kilchoan wurde, wie viele andere in Großbritannien, von Alan Stevenson, dem Onkel von Robert Louis Stevenson, entworfen. Er beherbergt das **Ardnamurchan Lighthouse Visitor Centre**, das auf interessante Weise über die Geschichte von Leuchttürmen informiert.

Das »lebende Gebäude« des preisgekrönten **Ardnamurchan Natural History Visitor Centre** bietet Tieren ein natürliches Habitat. Rotwild kann auf dem Torfdach grasen.

Von Salen führen Straßen nach Strontian und nach Acharacle.

Ardnamurchan Lighthouse Visitor Centre
Kilchoan
+44 1972 510 210
Apr – Okt: tägl. 10 – 17 Uhr ardnamurchan lighthouse.com

Ardnamurchan Natural History Visitor Centre
Glenmore
+44 1972 500 209
variierende Öffnungszeiten ardnamurchan naturalhistorycentre.com

24

Isle of Arran

C6 North Ayrshire 4600 von Ardrossan nach Brodick; von Claonaig (Mull of Kintyre) nach Lochranza (nur Apr – Okt) The Pier, Brodick; +44 1770 303 774 visitarran.com

Mit imposanten Bergen und unberührten Stränden vereint die Isle of Arran die Landschaftsformen Schottlands. Die Insel ist vermutlich seit Ende der letzten Eiszeit besiedelt – neolithische Grabkammern wie der Torrylinn Cairn nahe Lagg im Süden weisen darauf hin. Nahe Machrie an der Westküste stehen Steinkreise aus der Bronzezeit. Ab 800 n. Chr. beherrschten die Wikinger 400 Jahre lang die Insel. Nach dem Sieg Alexanders III

Schöne Aussicht
Goat Fell
Auf der Isle of Arran eröffnet sich auf dem fünf Kilometer langen Wanderweg von der Schlucht Glen Rosa nach Brodick eine herrliche Aussicht auf den Goat Fell. Außerdem kann man Damwild und Steinadler sehen.

Die Halbinsel Ardnamurchan sowie die benachbarten Gebiete Moidart und Morvern gelten als Geheimtipp für Schottland-Reisende.

in der Schlacht von Largs 1263 kaufte Schottland den Wikingern 1266 die Isle of Arran ab.

Robert the Bruce hielt sich nach seiner Heimkehr nach Schottland 1307 auf der Isle of Arran auf. Sein Gefolge hatte zuvor die Garnison im **Brodick Castle** angegriffen, das sich in der Hand von Anhängern des Königs von England befand. Es heißt, Robert the Bruce habe von der Insel aus ein Feuer an der Küste von Ayrshire gesehen, das ihm die Möglichkeit seiner Rückkehr auf das Festland und eines Feldzugs gegen die Engländer *(siehe S. 62)* signalisierte. Teile der mehrfach erweiterten Burg datieren aus dem 13. Jahrhundert.

Heute locken die sieben Golfplätze auf der Insel (u. a. in Brodick, der Whiting Bay und Lamlash) Besucher an. Hauptort der Isle of Arran ist Brodick. Die Insel bietet herrliche Bergwanderwege – um den Goat Fell östlich des Glen Rosa und westlich des Beinn Tarsuinn erstreckt sich eine zerklüftete Landschaft von wilder Schönheit.

Die **Lochranza Distillery** im Norden der Insel ist eine der wenigen unabhängigen Brennereien in Schottland. Bis in das 19. Jahrhundert hinein war die Isle of Arran für die große Anzahl illegaler Brennereien bekannt, die »Arran Water« genannten Malt-Whisky produzierten.

Brodick Castle
Brodick
+44 1770 302 202
Apr – Okt: tägl. 10 –17
nts.org.uk

Lochranza Distillery
Lochranza
+44 177 0830 264 **tägl. 10 –17 (Okt – März: bis 16)**
arranwhisky.com

←

Ardtoe Beach, ein malerischer Strand im Nordosten der Halbinsel Ardnamurchan

↑ *Das Mount Stuart House auf der Isle of Bute birgt mehrere prächtige Schlafzimmer*

25

Isle of Bute

C6 **Argyll and Bute**
7000 **von Wemyss Bay nach Rothesay; von Colintraive nach Rhubodach**
von Dunoon **Victoria Street, Rothesay; +44 1700 507 043** **visitbute.com**

Die Insel liegt direkt vor der Halbinsel Cowal – die kleine Fähre von Colintraive benötigt nur fünf Minuten für die Fahrt über die Kyles of Bute nach Rhubodach. Von Glasgow aus ist die Überfahrt von Wemyss Bay am Firth of Clyde zur Inselhauptstadt Rothesay der kürzeste Weg.

Die nur 25 Kilometer lange und maximal acht Kilometer breite Insel ist seit der Bronzezeit besiedelt. Die Ruinen der Kapelle am St Ninian's Point an der Westküste datieren aus dem 6. Jahrhundert.

Das **Rothesay Castle** geht auf das 12. Jahrhundert zurück. Im 13. Jahrhundert kämpften die Inselbewohner gegen die Wikinger. Das vom dritten Marquis of Bute erbaute **Mount Stuart House** (1877) umgeben im 18. Jahrhundert angelegte Gärten. Das Interieur spiegelt das Interesse des Marquis an Mythologie, Religion und Astronomie.

Rothesay Castle
Castlehill St, Rothesay **+44 1700 502 691**
Apr – Sep: tägl. 9:30 – 17:30; Okt – März: Mo – Mi, Sa, So 10 –16 **historic environment.scot**

Mount Stuart House
Mount St
+44 1700 503 877
nur Führungen (variierende Zeiten)
mountstuart.com

Vor dem Schiehallion erstreckt sich die wilde Landschaft des Rannoch Moor

26

Glencoe

C4 Lochaber Fort William Glencoe NTS Visitor Centre, Glencoe; +44 1855 811 307; variierende Öffnungszeiten nts.org.uk

Charles Dickens bezeichnete das für seine atemberaubende Landschaft und die grausamen Ereignisse in der Geschichte bekannte Tal als »Friedhof von Giganten«. Die Gebirgsketten Aonach Eagach und Buachaille Etive Mòr stellen selbst geübte Wanderer vor Herausforderungen. Die schroffen Gipfel und der wilde Fluss Coe bieten einen atemberaubenden Anblick. Das Besucherzentrum des National Trust for Scotland erteilt Routenempfehlungen – ob für eine leichte Wanderung nahe dem Signal Rock (von dem aus das Startsignal für das Massaker von Glencoe gegeben wurde) oder für eine Zehn-Kilometer-Tour auf dem Devil's Staircase. Im Sommer bietet der NTS Ranger Service Führungen an.

Von dem Resort **Glencoe Mountain**, das man mit einem Sessellift erreicht, genießt man eine herrliche Aussicht. Richtung Südwesten erstreckt sich das Glen Etive bis zum Loch Etive. An der Connel Bridge nördlich von Oban geht der See ins Meer über. An der Ballachulish Bridge zweigt eine Straße nach Kinlochleven ab – das Dorf liegt an der Spitze eines schönen Sees.

Glencoe Mountain
Kingshouse, Glencoe +44 1855 851 226 tägl. glencoe mountain.co.uk

Massaker von Glencoe

1692 lieferte der Chief der MacDonalds aus Glencoe der Regierung einen Vorwand, Jakobiten anzugreifen, da er den Treueeid auf William III fünf Tage verspätet leistete. Zehn Tage lang bewirtete der Clan 130 von Robert Campbell angeführte Soldaten. Dann überfielen und töteten die Soldaten ihre Gastgeber. Der Vertrauensbruch schockierte die Nation. Campbell wurde erst drei Jahre später zur Verantwortung gezogen.

27

Rannoch Moor

D5 Perthshire

Über der menschenverlassenen Moorlandschaft mit Flüssen, Teichen und kleinen Seen kreisen Brachvögel und Bussarde. Rotwild und viele andere Tierarten leben in dem Gebiet am Schiehallion, an dessen Hängen sich der Black Wood of Rannoch erstreckt. Die Pflanzen, die auf dem 1214 Meter hohen Ben Lawers gedeihen, siedelten sich in der Eiszeit auf den schroffen Felsen an. Rannoch Moor durchziehen schöne Wanderwege.

28 Fort William

C4 Highands 6000 15 High Street; +44 1397 701 801 visitfortwilliam.co.uk

Die bezaubernde Stadt, eine der größeren an der Westküste, liegt am Fuß des Ben Nevis *(siehe S. 208f)*. Fort William gilt als Hauptstadt des Outdoor-Sports in Schottland. In der Umgebung gibt es zahlreiche Berg- und Wassersportmöglichkeiten. Man kann Fahrräder leihen und Kajaks für Fahrten auf dem Loch Linnhe mieten. Bergführer bieten Touren an. Bei Regenwetter lohnt sich ein Besuch des **West Highland Museum**, das über die Traditionen in der Region informiert.

Der als »Hogwarts Express« bekannt gewordene **Jacobite Steam Train** fährt auf einer malerischen Route von Fort William nach Mallaig *(siehe S. 245)*.

West Highland Museum
Cameron Square +44 1397 702 169 variierende Öffnungszeiten westhighlandmuseum.org.uk

Jacobite Steam Train
Fort William +44 1524 732 100 10:15, 14:30 (Apr, Mai: Mo – Fr; Juni – Sep: tägl.) westcoastrailways.co.uk

29 Glenfinnan

C4 Highands visitfortwilliam.co.uk

Das von Sir Robert McAlpine entworfene Glenfinnan-Viadukt wurde 1898 fertiggestellt. In den *Harry-Potter*-Filmen fährt der »Hogwarts Express« über dieses Viadukt. In dem Dorf Glenfinnan steht das 1815 von Alexander MacDonald gestaltete **Glenfinnan Monument** an der Stelle, an der 1745 zu Beginn des zweiten Jakobitenaufstands die Standarte von Bonnie Prince Charlie gehisst wurde. Die Figur des Highlanders an der Spitze wurde später hinzugefügt. Das Besucherzentrum informiert über die Ereignisse von 1745.

Das **Glenfinnan Station Museum** widmet sich der Geschichte der West Highland Railway.

Glenfinnan Monument
Glenfinnan, Lochaber +44 1397 722 250 variierende Öffnungszeiten nts.org.uk

Glenfinnan Station Museum
Station Road, Glenfinnan +44 397 722 295 Apr – Mitte Okt: tägl. glenfinnanstationmuseum.co.uk

Hotel

Corrour Station House
Das abseits aller Straßen gelegene, nur zu Fuß oder mit dem Zug erreichbare Hotel ist für einen ruhigen Wochenendaufenthalt ideal.

C4 Corrour Estate, nahe Fort William Mitte März – Okt corrour.co.uk

£££

→ *Der Jacobite Steam Train auf der Fahrt über das Glenfinnan Viaduct*

←

Der prächtige Ballsaal im Blair Castle wurde für die Atholl Highlanders gebaut

30

Blair Atholl

D4 Lochaber 3000

Hauptattraktion des bezaubernden Dorfs ist das faszinierende **Blair Castle**. Das Schloss wurde in seiner rund 700-jährigen Geschichte so oft umgebaut, dass es auf einzigartige Weise den sich wandelnden Geschmack der schottischen Aristokratie verdeutlicht.

Im Flügel (18. Jh.) sind die Pfeife und Handschuhe von Bonnie Prince Charlie *(siehe S. 64)* ausgestellt, der im Schloss um Unterstützung für den Jakobitenaufstand warb. Die aus drei Jahrhunderten datierenden Familienporträts schufen u. a. Johann Zoffany und Sir Peter Lely. Auch Sir Edwin Landseers *Death of a Hart in Glen Tilt* (1850) ist zu sehen. 1844 gestand Königin Victoria den Dukes of Atholl eine Privatarmee zu – die Atholl Highlanders gibt es heute noch. Zur vollen Stunde spielt einer der Pipers der Armee einige Minuten lang vor dem Eingang des Schlosses.

Zu den weiteren Sehenswürdigkeiten gehört die aus dem 15. Jahrhundert datierende Wassermühle am Fluss Tilt, die heute noch im Sommer in Betrieb ist. In der Nähe befindet sich eine reizende kleine Teestube.

Das **Atholl Country Life Museum** vermittelt mit Exponaten in drei Ausstellungsräumen, einem rekonstruierten Postamt und einer audiovisuellen Vorführung ein umfassendes Bild vom Leben in den Highlands und einen faszinierenden Einblick in die Geschichte von Blair Atholl von der Frühzeit bis zur Gegenwart. Heimlicher Star unter den Ausstellungsstücken ist ein etwas zerzaust aussehendes ausgestopftes Hochlandrind.

Blair Castle

Blair Atholl Estate +44 1796 481 207 Apr–Okt: tägl. 9:30–17:30 blair-castle.co.uk

Atholl Country Life Museum

Old School, Blair Atholl +44 1796 481 349 Apr–Okt: tägl. 10–17 athollcountrylifemuseum.co.uk

31

Black Isle

D3 Ross and Cromarty Inverness black-isle.info

Der Name der Halbinsel geht entweder auf das gälische Wort *dubh* (»schwarz«) oder auf das milde Klima zurück, das die frostfreien Felder oft schwarz färbt. Die Black Isle prägen Hügel, ausgedehnte landwirtschaftliche Flächen und bezaubernde Fischerdörfer. Cromarty, das hübscheste Dorf, war im 18. Jahrhundert ein wichtiger Hafen. Viele der Kaufmannshäuser sind erhalten. In Cromarty wurde der Geologe und Schriftsteller Hugh Miller (1802–1856) geboren. Das **Hugh Miller Museum** präsentiert die Fossiliensammlung

Highland Clearances

In der Blütezeit des Clan-Systems zahlten die Pächter den landbesitzenden Chiefs Abgaben in Form von Militärdienst. Nach der Schlacht von Culloden war das Clan-System zerstört. Die Landbesitzer forderten nun Geldabgaben, die ihre Pächter aber nicht aufbringen konnten. Nach und nach wurde das Land von Bauern aus den Lowlands und aus England aufgekauft. 1792, das als »Jahr des Schafes« in die Geschichte einging, wurden Tausende Pächter vertrieben, um Platz für Viehherden zu schaffen. Viele emigrierten nach Australien, Amerika und Kanada. In Sutherland und Wester Ross sind noch viele ihrer (heute verfallenen) Crofts zu sehen.

Schon gewusst?

Die Großen Tümmler im Moray Firth sind die weltweit größten Tiere ihrer Art.

des Wissenschaftlers und viele persönliche Gegenstände wie Millers Schreibtisch, Hammer und Spazierstock. Das benachbarte Geburtshaus von Hugh Miller wird derzeit renoviert. Das nahe gelegene **Cromarty Courthouse** bietet Führungen durch die Ortschaft an.

Das 1,5 Kilometer von dem Dorf Fortrose entfernte Rosemarkie bietet einen schönen Sandstrand. Die wertvolle Sammlung von 15 piktischen Symbolsteinen im **Groam House Museum** wird nur von der Ausstellung im nahe Blairgowrie gelegenen Meigle Sculptured Stone Museum *(siehe S. 197)* übertroffen.

Hugh Miller Museum
Church St, Cromarty +44 1381 600 245 Mitte Apr–Sep: tägl. 13–17; Okt: Sa–Mo 13–17 nts.org.uk

Cromarty Courthouse
Church St, Cromarty
+44 1381 600 418
Apr–Mitte Okt: So–Do 12–16; Mitte Okt–März: nach Voranmeldung
cromarty-courthouse.org.uk

Groam House Museum
High St, Rosemarkie
+44 1381 620 961
Apr–Okt: Mo–Fr 11–16:30, Sa, So 14–16:30
groamhouse.org.uk

32

Moray Firth

D3 Moray Elgin
morayspeyside.com

Die zahlreichen Meerestiere, die in der großen Bucht leben – u. a. Seehunde, Große Tümmler, Schweinswale und Weißschnauzendelfine – kann man besten vom Chanonry Point aus beobachten. Die Zeitpunkte der Sichtungen variieren von Jahr zu Jahr, Wale kann man jedoch in der Regel zwischen Juli und September im Moray Firth schwimmen sehen.

Das **WDC Scottish Dolphin Centre** bietet Informationen und veranstaltet Bootsausflüge zur Tierbeobachtung.

WDC Scottish Dolphin Centre
Spey Bay, Fochabers, Moray
+44 1343 820 339
variierende Öffnungszeiten dolphincentre.whales.org

33

Fort George

D3 Inverness +44 1667 460 232 von Inverness Apr–Sep: tägl. 9:30–17:30; Okt–März: tägl. 10–16 historic environment.scot

Die im Jahr 1769 nach der Schlacht von Culloden am Moray Firth erbaute Artilleriefestung zählt zu den bedeutendsten Bauwerken im Bereich der Militärarchitektur in Europa. Sie wird heute noch vom Militär genutzt.

Auf der Anlage befindet sich das Highlanders' Museum, in einigen Baracken verdeutlichen Ausstellungen den Alltag der Soldaten vor 200 Jahren.

Das Grand Magazine beherbergt eine exzellente Waffensammlung. Von den Wehranlagen der Festung aus kann man Delfine im Moray Firth spielen sehen.

Die Delfine im Moray Firth kann man am besten vom Chanonry Point aus beobachten ↑

34 (NTS) Culloden

D3 Inverness-shire
von Inverness

Nahe dem Dorf Culloden fand am 16. April 1746 die letzte Schlacht auf britischem Boden statt. Die aufständischen Jakobiten um Bonnie Prince Charlie *(siehe S. 64)* unterlagen den englischen Regierungstruppen, die vom Duke of Cumberland angeführt wurden. Besucher können einen Streifzug über das Schlachtfeld unternehmen und die Ausstellung im **NTS Visitor Centre** ansehen.

1,5 Kilometer östlich von Culloden liegen die Clava Cairns, neolithische Gräber.

NTS Visitor Centre
an der B9006 +44 1463 796 090 variierende Öffnungszeiten nts.org.uk

35 Strathpeffer

C3 Ross and Cromarty 1100 Dingwall Inverness Pump Room, The Square; +44 7801 759 217 strathpeffer.org

Das acht Kilometer östlich der Rogie Falls gelegene Dorf besitzt noch immer den Charme eines Kur- und Erholungsorts viktorianischer Zeit. Die großen Hotels und gepflegten Anlagen erinnern an die Zeit, in der königliche Familien aus ganz Europa die eisen- und schwefelhaltigen Quellen aufsuchten, von denen man annahm, dass sie Tuberkulose linderten. Noch immer kann man das kühle Nass am **Water Tasting Pavilion** probieren.

Water Tasting Pavilion
The Square Ostern – Okt: tägl.

36 Cawdor Castle

D3 an der B9090 Nairn, dann Bus oder Taxi von Inverness +44 1667 404 401 Mitte Apr – Anfang Okt: tägl. 10 –17:30; letzter Einlass 30 Min. vor Schließung cawdorcastle.com

Das Schloss mit dem Burggraben und der Zugbrücke bietet einen romantischen Anblick. In Shakespeares Tragödie um den König des 11. Jahrhunderts *Macbeth* wird als Stätte des Mords an König Duncan Cawdor Castle genannt. Das Schloss in den Highlands wurde allerdings erst 300 Jahre später gebaut.

Bei den im Kellergewölbe verwahrten Resten einer Steineiche soll es sich um den Baum handeln, unter dem 1372 Thane Williams mit Gold beladener Esel Rast machte, als sein Herr nach einem geeigneten Ort für den Bau einer Festung Ausschau hielt. Der Sage nach wurde auf diese Weise der Standort des Schlosses bestimmt.

Das seit 600 Jahren bewohnte Schloss ist noch heute Sitz der Thanes of Cawdor. Es birgt Wandteppiche sowie von Joshua Reynolds (1723 – 1792) und George Romney (1734 –1802) geschaffene Porträts. Im Woodcock Room stehen Möbel von Chippendale und Sheraton (18. Jh.). Die viktorianische Ausstattung der Old Kitchen ver-

Rogie Falls, die Wasserfälle des Black Water in Ross-shire

Hotels

Culgower House
Hinter dem zwischen Brora und Helmsdale an der Küste von East Sutherland gelegenen B & B ragen bewaldete Hügel auf. Die Zimmer bieten Meerblick. Das Frühstück ist köstlich.
D3 Loth, Helmsdale
Nov – Feb
culgowerhouse.com
£££

Bannockburn Inn
Die renovierte Fischerhütte aus dem 18. Jahrhundert bietet herrlichen Blick aufs Meer. Gäste können die Delfine im Moray Firth schwimmen sehen.
D2 Stafford St, Helmsdale bannockburninn.co.uk
£££

Dunrobin Castle, seit dem 13. Jahrhundert Sitz der Earls of Sutherland ↑

deutlicht die einst mühevolle Arbeit des Personals.

Auf dem Schlossgelände gibt es einen Neun-Loch-Golfplatz und Spazierwege.

37

Dornoch

D3 Sutherland 1200 Golspie, Tain Inverness, Tain Carnegie Court House; +44 1862 810 594 visitdornoch.com

Dornoch ist dank des erstklassigen Golfplatzes und der langen Sandstrände ein beliebter Urlaubsort, dennoch hat es sich eine ruhige Atmosphäre bewahrt. Die Kathedrale wurde 1570 bei einer Clan-Fehde stark beschädigt. In den 1920er Jahren wurde sie anlässlich ihres 700-jährigen Bestehens restauriert. Popstar Madonna wählte im Jahr 2000 die Kirche für ihre Hochzeit und die Taufe ihres Sohnes. Ein Stein am Ende der River Street markiert den Platz, an dem Janet Horne als letzte »Hexe« Schottlands 1722 hingerichtet wurde.

19 Kilometer nordöstlich von Dornoch liegt **Dunrobin Castle** auf einer Anhöhe über dem Meer, inmitten eines herrlichen Parks. Das Schloss ist seit dem 13. Jahrhundert Sitz der Earls of Sutherland.

Der südlich von Dornoch gelegene Ort Tain, einst Pilgerstätte, war Verwaltungszentrum der »Highland Clearances«. Das Museum **Tain Through Time** informiert über die Historie.

Dunrobin Castle

Golspie +44 1408 633 177 Apr, Mai, Okt: tägl. 10:30–16:30; Juni–Sep: tägl. 10–17 dunrobincastle.co.uk

Tain Through Time

Tower St +44 1862 894 089 Apr–Okt: Mo–Fr 10–17 (Juni–Aug: auch So) tainmuseum.org.uk

Expertentipp
Gold schürfen

Nahe Helmsdale kann man bei Kildonan Burn nach Gold suchen. Mit ein bisschen Glück findet man in dem Fluss ein Stückchen Edelmetall. Strath Ullie Crafts verleiht Ausrüstung.

38

Helmsdale

D2 Sutherland 800 von Inverness

In dem von Wikingern gegründeten Dorf siedelten sich im 19. Jahrhundert Crofter an, die vom Duke of Sutherland von ihren Parzellen vertrieben worden waren. Einige der von ihren Nachkommen gefertigten Boote liegen noch immer im Hafen vertäut. Das Museum **Timespan** erzählt die Geschichte des Dorfs, einschließlich des Goldrauschs, der 1868 nach den ersten Funden des Edelmetalls im Helmsdale River einsetzte.

Die *Emigrants Statue* erinnert an die vielen Schotten, die nach den Highland Clearances das Land verließen.

Timespan

Dunrobin St +44 1431 821 327 Mitte März–Okt: tägl. 10–17; Nov–Mitte März: Di 12–16, Sa, So 10–15 timespan.org.uk

In Helmsdale erinnert die Emigrants Statue *an schottische Auswanderer* →

Cottage auf der Halbinsel Applecross (siehe S. 261)

39
Gairloch

B3 · 600 · Gale Centre, Achtercairn; +44 1445 712 071
galeactionforum.co.uk

Der Name des Dorfs geht auf das gälische Wort *geàrrloch* (»kurzes Loch«) zurück. Die meisten Besucher locken die Strände an, vor allem Big Sand, der einen großen Campingplatz bietet. Zu den Sehenswürdigkeiten zählt das nahe dem Besucherzentrum in Achtercairn in einem ehemaligen Atombunker untergebrachte **Gairloch Heritage Museum**, das eine exzellente Ausstellung über die Highlands präsentiert. Die Abteilung Poolewe Hoard birgt eine beeindruckende Sammlung von Artefakten aus der Bronzezeit, die 1877 von einem Bauern entdeckt wurden. In Gairloch gibt es hervorragende Möglichkeiten zur Tierbeobachtung. Im Hafen in Charlestown bieten mehrere Veranstalter Ausflüge an, bei denen man Delfine und Wale sehen kann.

Gairloch Heritage Museum
+44 1445 712 287 · Apr–Okt: Mo–Sa 10–18 (Do bis 20)
gairlochmuseum.org

40
Knoydart

B4 · visitknoydart.co.uk

Die abgeschiedene Halbinsel ist nicht mit dem Auto zu erreichen. Die Hauptwanderroute nach Knoydart beginnt in Kinloch Hourn, am östlichen Ende von Loch Hourn. Die meisten Wanderer legen in Barisdale einen Zwischenstopp ein – der Ort bietet eine Hütte (»Bothy«) und einen Campingplatz.

Eine zweite, anspruchsvollere Route führt vom westlichen Ende des Lock Arkaig durch Glen Dessary. Besucher, die den Weg zu Fuß scheuen, können auf die regelmäßige Fährverbindung von Mallaig *(siehe S. 245)* nach Inverie, dem einzigen Dorf auf der Halbinsel, zurückgreifen. In Inverie befindet sich das abgeschiedenste Pub der britischen Hauptinseln.

1997 gründeten die Einwohner der Halbinsel die Knoydart Foundation, um das bisher in Privatbesitz befindliche Gebiet zu kaufen und selbst zu verwalten. Seit 1999 gehört Knoydart den Bewohnern.

Pub

The Old Forge
Ländlicher Charme, herzhafte Kost, regionale Biere, kein Handy-Empfang – das Old Forge ist nicht nur das abgeschiedenste Pub Schottlands, sondern auch eines der besten.

B4 · Inverie · Mi · theoldforge.co.uk
£££

Blick auf Loch Hourn; Rothirsche an einem Hang des Ladhar Bheinn (Detail)

↑ *Das Pub in dem Dorf Applecross ist ein beliebter Anlaufpunkt an der North Coast 500*

Knoydart ist bei erfahrenen Bergwanderern beliebt, die »Munro-Bagging« betreiben: Sie haben das Ziel, einen – oder alle vier – der Berge auf der Halbinsel zu besteigen.

41 Applecross

B3 applecross.uk.com

Die Halbinsel lohnt die nicht einfache Anreise wegen der atemberaubenden Aussicht über der Sound of Raasay zur Isle of Skye *(siehe S. 222–225)*. Nur zwei Straßen führen auf die Halbinsel: Die Route aus Süden verläuft über den Bealach na Bà – der Pass gilt als einer der spektakulärsten in Großbritannien. Die Küstenstraße von Norden her ist weniger anspruchsvoll, aber ebenso reizvoll.

Im Zentrum der Halbinsel Applecross liegt das gleichnamige Dorf, das abgesehen von einem kleinen Kulturzentrum und der örtlichen Kirche keine Sehenswürdigkeiten bietet. Doch genau darin liegt der Reiz: Am besten macht man es sich in dem fabelhaften örtlichen Pub, dem Applecross Inn, gemütlich und genießt die herrliche Aussicht.

Die Halbinsel Applecross lohnt die nicht einfache Anreise wegen der atemberaubenden Aussicht über der Sound of Raasay zur Isle of Skye.

Das in der spektakulären Landschaft des Glen Shiel gelegene Eilean Donan Castle ↑

42 Glen Shiel

C4 Skye and Lochalsh Kyle of Lochalsh Glen Shiel Bayfield House, Bayfield Rd, Portree; +44 1478 612 992

Am Nordende des Loch Cluanie – dort, wo die A87 das spektakuläre Tal erreicht – erheben sich die Five Sisters of Kintail. Das Besucherzentrum in Morvich bietet im Sommer geführte Touren an. Weiter westlich – zwischen den drei Lochs Alsh, Long und Duich, liegt das **Eilean Donan Castle**, das einen überaus romantischen Anblick bietet. 1719 wurde die Burg von englischen Kriegsschiffen zerstört, da sie den Jakobiten als Festung diente. Das im 19. Jahrhundert restaurierte Bauwerk beherbergt faszinierende Exponate wie eine Haarlocke von Bonnie Prince Charlie.

Die Burg wurde schon oft als Drehort genutzt, z. B. für den Film *Highlander* und den James-Bond-Film *Die Welt ist nicht genug*.

Eilean Donan Castle
nahe A87, bei Dornie +44 1599 555 202 variierende Öffnungszeiten eileandonancastle.com

43 Wester Ross

C3 Ross and Cromarty Achnasheen, Strathcarron Gairloch visit wester-ross.com

Vom Loch Carron führt die A890 in die nördlichen Highlands und die wilde Landschaft von Wester Ross. Die Berge im Glen Torridon zählen zu den ältesten der Welt; das Gestein ist über 600 Millionen Jahre alt. Das Gebiet ist Heimat von Rotwild, Wildkatzen und Wildziegen. Nahe dem Dorf Torridon nisten auf dem Beinn Eighe Wanderfalken und Steinadler. Der Blick vom Gipfel über Applecross auf die Isle of Skye ist grandios. Das **Torridon Countryside Centre** bietet im Sommer geführte Touren an.

Weiter nördlich führt die A832 durch das Beinn Eighe National Nature Reserve, Großbritanniens ältestes Naturschutzgebiet. Der uralte Bestand an Kaledonischen Kiefern am Loch Maree ist Lebensraum von Wildkatzen, Mardern und Greifvögeln. Das **Beinn Eighe Visitor Centre** bietet Informationen.

An der Küste gedeihen dank des Nordatlantikstroms in prächtigen Anlagen wie den Inverewe Gardens subtropische Pflanzen.

Torridon Countryside Centre
Torridon +44 1445 791 368 Apr – Sep: So – Fr 10 – 17 nts.org.uk

Beinn Eighe Visitor Centre
nahe Kinlochewe an der A832 +44 1445 760 258 März – Okt: tägl. 10 – 17 nature.scot

44 Inverewe Gardens

C3 nahe Poolewe an der A832, Ross-shire +44 1445 712 952 tägl. ab 9 oder 9:30; Schließungszeiten variieren nts.org.uk

Die Gärten locken jährlich über 130 000 Besucher an. Sie bergen eine außergewöhnliche Vielfalt an Bäumen, Sträuchern und Blumen aus aller Welt, obwohl sie auf einer nördlichen Breite von 57,8 Grad liegen.

Die Gärten wurden im Jahr 1862 von dem 20-jährigen Osgood Mackenzie angelegt, nachdem dieser ein an das Anwesen seiner Familie angrenzendes großes Stück Ödland erhalten hatte. Mackenzie pflanzte Schutz bietende Bäume, brachte importierte Erde aus und schuf einen ummauerten Garten. Er stell-

te fest, dass das durch den nordatlantischen Golfstrom begünstigte Klima exotische Pflanzen gedeihen ließ.

Als Mackenzie 1922 starb, hatte die Pflanzensammlung internationales Ansehen erlangt. 1952 wurde sie dem National Trust for Scotland übergeben. In den Gärten kann man u. a. Afrikanische Schmucklilien, riesige Eukalypten und aus China stammende Rhododendren bewundern. Im Frühling und Herbst ist die Blütenpracht besonders beeindruckend.

45

Ullapool

C3 Ross and Cromarty 1500 Inverness Argyle St; +44 1854 612 486 ullapool.com

Die reizende Stadt liegt auf einer Halbinsel, die in Loch Broom hineinragt. Ullapool ist die größte Stadt in den nordwestlichen Highlands. Sie wurde 1788 von der British Fisheries Commission als Hafenort angelegt. Die Fischerei ist nach wie vor ein bedeutender Wirtschaftszweig, vor allem im Winter, wenn die osteuropäischen Fabrikschiffe in der Bucht anlegen. Ullapool prägen Palmen und weiß getünchte Häuser. Schwerpunkt der Ausstellungen im **Ullapool Museum**, das in einer von Thomas Telford erbauten Kirche untergebracht ist, sind die Fischerei und das Crofting. Die von den Museumsmitarbeitern jeden Donnerstag angebotenen heimatkundlichen Wanderungen lohnen sich.

Ullapool Museum

7–8 West Argyle St +44 1854 612 987 Apr–Okt: Mo–Sa ullapoolmuseum.co.uk

Restaurant & Bar

Seafood Shack

Der saisonal geöffnete Imbissstand ist überaus beliebt. Er bietet u. a. Krebse, Hummer-Burger und Schellfisch. Es ist nur Barzahlung möglich.

West Argyle St, Ullapool Apr–Okt seafoodshack.co.uk

£££

Ceilidh Place

Das Restaurant lockt mit Livemusik und schmackhaften Speisen wie Kaiserhummer aus dem Loch Broom mit Zitonenmayonnaise oder Reh mit Johannisbeeren und Kartoffelpüree.

14 West Argyle St, Ullapool theceilidh place.com

£££

Das Ullapool Museum ist in einer Kirche untergebracht ↑

Schöne Aussicht
Sango Bay

Der Aussichtspunkt an der North Coast 500 ist überaus beliebt. Er ist über die A838 ab Durness zu erreichen. Wer sich von der atemberaubenden Aussicht nicht verabschieden kann, kann den Campingplatz an Strand nutzen.

46

Falls of Shin

C3 Achany Glen

Der malerische Wasserfall des Flusses Shin lockt Besucher an, die von Mitte Mai bis zum Spätherbst den Sprung der Atlantischen Lachse auf ihrer Wanderung flussaufwärts sehen wollen. Vom Parkplatz an dem modernen Besucherzentrum führt ein Weg zu einer hoch über den Wasserfällen gelegenen Aussichtsplattform, von der aus man beobachten kann, wie die majestätischen Fische versuchen, die tosende Kaskade zu überwinden.

Das Besucherzentrum beherbergt eine Ausstellung über die Wasserfälle und die Lachse sowie ein ausgezeichnetes Restaurant. In der Nähe gibt es einen hervorragenden Kinderspielplatz und eine Minigolfanlage.

47

Cape Wrath und Nordküste

C2 Sutherland and Caithness John o'Groats; +44 1955 611 373

Die Nordküste vereint mit hügeligen Moorlandschaften, unberührten weißen Stränden, grünen Schafweiden und zerklüfteten Küsten, die von den tosenden Wellen des Atlantiks geschaffen wurden, die gesamte Topografie der Highlands. Besucher genießen atemberaubende Panoramen.

Cape Wrath prägen imposante Klippen und Brandungspfeiler, auf denen Seevögel leben. Vom Keoldale Pier nahe der Cape Wrath Lodge starten Fähren zum Kap, im Sommer fährt ein Minibus zum Leuchtturm.

In Durness lohnt der Besuch der Kalksteinhöhle Smoo Cave, die man mit **Smoo Cave Tours** erreicht. Im Balnakeil Craft Village bei Durness stellt eine Künstlergruppe ihre Werke aus. Die Küste säumen weiße Strände. Die Straße führt rund um Loch Eriboll, den tiefsten Meeresarm Schottlands.

Das **Strathnaver Museum** in Bettyhill widmet sich den Highland Clearances *(siehe S. 254)*. Im 16 Kilometer südlich gelegenen Rossal informiert ein Lehrpfad um ein ausgegrabenes Dorf über das Leben vor den Vertreibungen.

Thurso ist Hauptort, John o'Groats der wohl bekannteste Ort an der Nordküste, weil er als Nordspitze Großbritanniens gilt. Tatsächlich ist dies aber Dunnet Head. Äußerst lohnenswert sind Ausflüge zum Duncansby Head und zum Pentland Firth.

Die beeindruckende Smoo Cave bei Durness in Sutherland; Wasserfall in der Smoo Cave (Detail)

Restaurants

Côte du Nord
Für das kreative Neun-Gänge-Menü in dem kleinen Restaurant an der äußersten Nordwestküste Schottlands werden beste Zutaten aus der Region verwendet.

A C2 · The School House, 2 Kirtomy, Bettyhill · März–Okt · cotedunord.co.uk

£££

Mac & Wild
Neben Gerichten mit erstklassigem Fleisch vom Reh und Hochlandrind gibt es vegetarische und vegane Speisen.

A C3 · Falls of Shin Visitor Centre, Achany Glen · macandwild.com

£££

Smoo Cave Tours
Durness · +44 7777 627 785 · Apr, Mai, Sep: tägl. 11–16; Juni–Aug: tägl. 10–17 · smoocavetours.weebly.com

Strathnaver Museum
Clachan, Bettyhill · +44 1641 521 418 · Apr–Okt: Mo–Sa 10–17 · strathnavermuseum.org.uk

48

Dunnet Head

A D2 · Caithness

Den nördlichsten Punkt Großbritanniens, die wilde, windgepeitschte Halbinsel Dunnet Head, prägen spektakuläre Sandsteinklippen. An der Landspitze steht ein 1831 von Robert Stevenson, dem Großvater des Schriftstellers Robert Louis Stevenson, errichteter Leuchtturm. Von dem Gebiet an der Spitze Schottlands aus kann man u. a. Papageitaucher, Trottellummen und Dreizehenmöwen beobachten.

Das nahe gelegene **Castle of Mey** (16. Jh.) war das Sommerhaus von Elizabeth Bowes-Lyon, der Mutter von Königin Elizabeth II. Zu den zahlreichen royalen Andenken im Schloss zählen von Prinz Charles, dem heutigen König Charles III, gemalte Aquarelle. Die wunderbaren Gärten laden zu einem ausgedehnten Spaziergang ein.

Castle of Mey
Clachan, Bettyhill · +44 1847 85 1473 · Mai–Ende Juli, Aug, Sep: tägl. · castleofmey.org.uk

↑ *Papageitaucher gehören zu den vielen auf Handa beheimateten Seevogelarten*

49

Handa

A C2 · Sutherland · von Tarbet, nahe Scourie; +44 7780 967 800; Apr–Aug: Mo–Sa · Scottish Wildlife Trust; +44 7920 468 572; scottishwildlifetrust.org.uk

Auf der kleinen Insel, die auf der Höhe es Dorfes Scourie vor der Westküste liegt, brüten zahlreiche Arten von Seevögeln.

Die Bewohner Handas hatten einst ein eigenes »Parlament«, die älteste Witwe galt als Königin. Im Jahr 1847 wurden die letzten 60 Bewohner umgesiedelt, nachdem die Kartoffelfäule die Ernte zerstört hatte. Handa diente auch als Bestattungsort, da die Insel vor den auf dem Festland lebenden Wölfen sicher war.

Heute verwaltet der Scottish Wildlife Trust Handa. Ein Spaziergang führt zu den 100 Meter hohen nördlichen Klippen, die Raubmöwen umkreisen. Zu Jahresbeginn leben auf Handa rund 11 000 Tordalken-Paare und 66 000 Paare Trottellummen.

Von dem 24 Kilometer südlich von Handa gelegenen Dorf Kylesku starten Bootstouren zum Eas a' Chual Aluinn, dem mit 180 Metern höchsten Wasserfall Großbritanniens.

Schon gewusst?
Dunnet Head ist der nördlichste Punkt Großbritanniens.

Road to the Isles

Länge 72 km **Rasten** Das Visitor Centre des National Trust for Scotland am Glenfinnan Monument (+44 1397 722 250) informiert über die Jakobitenaufstände und serviert Erfrischungen. Die Old Library Lodge in Arisaig bietet hervorragende schottische Küche.

Zur Orientierung
Siehe Karte S. 202f

Die malerische Tour führt durch Bergtäler, vorbei an traumhaften Stränden und hübschen Dörfern nach Mallaig, einem der Häfen, von denen Fähren zur Isle of Skye sowie nach Rùm, Eigg, Muck und Canna ablegen. Die Region beeindruckt aber nicht nur mit spektakulärer Landschaft, sondern auch aufgrund ihrer historischen Verbindung mit den Jakobiten.

Die Straße durchquert **Morar**. Der Ort ist bekannt für den weißen Strand und für Loch Morar – in dem See soll das Monster Morag leben.

Die Tour endet in **Mallaig** *(siehe S. 245)*. Im Hafen des Fischerorts legen fähren zur Isle of Skye und zu den Small Isles ab.

Die Straße führt über die Halbinsel Ardnish zum **Loch Nan Uamh**, wo ein Steinhügel die Stelle markiert, an der Bonnie Prince Charlie 1746 nach Frankreich aufbrach *(siehe S. 64)*.

→ *Das Glenfinnan Monument am Ufer des Loch Shiel gedenkt der Jakobiten*

Die wunderschönen Silver Sands of Morar laden zu Spaziergängen ein

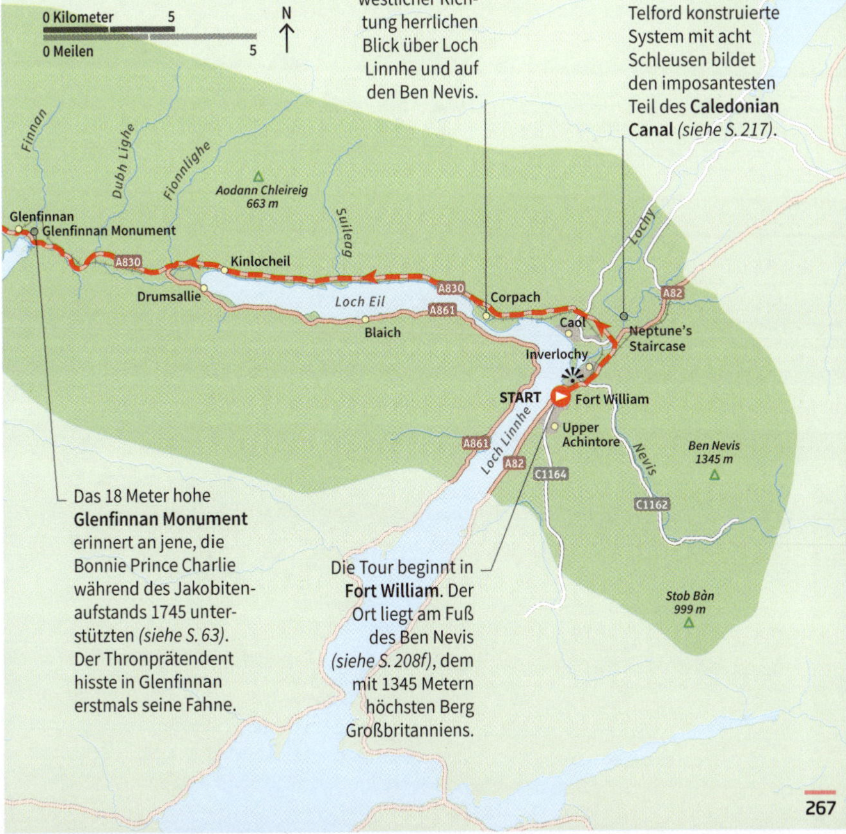

Corpach bietet in westlicher Richtung herrlichen Blick über Loch Linnhe und auf den Ben Nevis.

Das von Thomas Telford konstruierte System mit acht Schleusen bildet den imposantesten Teil des **Caledonian Canal** *(siehe S. 217)*.

Das 18 Meter hohe **Glenfinnan Monument** erinnert an jene, die Bonnie Prince Charlie während des Jakobitenaufstands 1745 unterstützten *(siehe S. 63)*. Der Thronprätendent hisste in Glenfinnan erstmals seine Fahne.

Die Tour beginnt in **Fort William**. Der Ort liegt am Fuß des Ben Nevis *(siehe S. 208f)*, dem mit 1345 Metern höchsten Berg Großbritanniens.

REISE-INFOS

Jacobite Steam Train

SCHOTTLAND REISEPLANUNG

Damit Sie unliebsame Überraschungen während der Reise vermeiden, finden Sie auf den folgenden Seiten nützliche Informationen für Planung, Anreise und Aufenthalt.

Auf einen Blick

Währung

Pfund Sterling (GBP)

Ausgaben pro Tag

Sparsam	Preisbewusst	Luxus
50 £	125 £	200+ £

Mineralwasser	Kaffee	Bier (Pint)	Essen für zwei
1 £	2,50 £	4,50 £	50 £

Klima

Von Mai bis August ist es in Schottland am längsten hell. Von Oktober bis Februar ist die Sonnenscheindauer kürzer.

Im Sommer beträgt die Durchschnittstemperatur 15 °C. Im Winter sinken die Temperaturen oft unter 0 °C.

Im Oktober und November treten die meisten Regenfälle auf. Mit Regenschauern ist aber ganzjährig zu rechnen.

Strom

Die Netzspannung in Schottland beträgt 230 V/50 Hz. Für die dreipoligen Steckdosen sind Adapter erforderlich.

Einreise

Großbritannien ist nicht Mitglied des Schengenraums und seit dem 31. Januar 2020 nicht mehr Mitglied der Europäischen Union. Für Bürger aus der EU und der Schweiz ist seit dem 1. Oktober 2021 die Einreise mit Personalausweis nicht mehr möglich, erforderlich ist ein mindestens für die Dauer des Aufenthalts gültiger Reisepass bzw. Kinderreisepass. Für Aufenthalte mit einer Dauer von längstens sechs Monaten benötigt man in der Regel kein Visum. Bis Ende 2024 wird die britische Regierung ein System einführen, bei dem vor Reiseantritt online eine Einreisegenehmigung eingeholt werden muss (Electronic Travel Authorisation; ETA). Informationen bietet die Website der britischen Regierung.

UK Government
W gov.uk/check-uk-visa
W gov.uk/guidance/visiting-the-uk-after-brexit

Zoll

Bürger aus der EU und der Schweiz dürfen Waren für den persönlichen Gebrauch zollfrei ein- und ausführen. Die zulässigen Freimengen sind auf den Websites der britischen und österreichischen Regierung sowie des deutschen Zolls und der Eidgenössischen Zollverwaltung der Schweiz angegeben.

W gov.uk/bringing-goods-into-uk-personal-use
W zoll.de
W oesterreich.gov.at
W ezv.admin.ch

Sicherheitshinweise

Aufgrund unvorhersehbarer Entwicklungen kann es zu Änderungen und Einschränkungen kommen. Aktuelle Informationen zur Einreise sowie Sicherheitshinweise finden Sie auf der Internetseite des Auswärtigen Amts bzw. der entsprechenden Ämter in Österreich und der Schweiz. Die Außenministerien stellen außerdem kostenlose Apps zur Verfügung, über die Reisende sofort von Veränderungen der Sicherheitslage erfahren.

Deutschland
W auswaertiges-amt.de
Österreich
W bmeia.gv.at
Schweiz
W eda.admin.ch

Versicherung

Die Europäische Krankenversicherungskarte (EHIC) berechtigt zur Inanspruchnahme medizinischer Leistungen in Großbritannien. Der Abschluss einer Auslandsreisekrankenversicherung, die den Rücktransport einschließt, ist empfehlenswert. Reiserücktritts- und eine Gepäckversicherung sind ebenfalls sinnvoll.

Bezahlen

Währung Großbritanniens ist das Pfund Sterling. Neben den regulären Banknoten der Bank of England geben schottische Banken eigene Banknoten heraus. Die schottischen Geldscheine werden in der Regel auch in England akzeptiert. Bezahlen mittels Kredit- und Debitkarten ist in Schottland fast überall möglich. Auch kontaktloses Bezahlen ist verbreitet. In öffentlichen Verkehrsmitteln und in Pubs wird bar bezahlt.

Als Trinkgeld sind zehn Prozent des Rechnungsbetrags üblich.

Kreditkartenverlust
+49 116 116 W **sperr-notruf.de**

Sprache

Das schottische Englisch unterscheidet sich vor allem in der Aussprache von der in England gültigen Standardsprache, in Teilen auch im Wortschatz. Gälisch wird von weniger als einem Prozent der Bevölkerung gesprochen. Die in den Lowlands gesprochenen Dialekte werden als »Scots« bezeichnet.

Unterkünfte

Die Bandbreite an Unterkünften in Schottland reicht von luxuriösen Fünf-Sterne-Hotels über familiengeführte B&Bs bis zu preiswerten Hostels. Im Sommer sind die Häuser rasch ausgebucht, die Übernachtungspreise vor allem in den Highlands und auf den Inseln steigen. In Edinburgh sind während der Festivals und um Neujahr die Hotelpreise höher.

Campen ist in Schottland fast überall erlaubt. Rücksicht auf die Umwelt und auf die Bewohner in der Umgebung werden erwartet. Camper sollten sich vorab mit dem **Scottish Outdoor Access Code** vertraut machen.

Scottish Outdoor Access Code
W **outdooraccess-scotland.scot**

Reisende mit besonderen Bedürfnissen

Historische Sehenswürdigkeiten sind oft schwer zugänglich, moderne Attraktionen meist behindertengerecht. **Tourism for All** und **Disability Rights UK** bieten Tipps zu Reisemöglichkeiten und Unterkünften. Auch **Capability Scotland**, **Can Be Done**, **Action on Hearing Loss** und das **Royal National Institute for the Blind** erteilen Informationen.

Action on Hearing Loss
W **actionhearingloss.org.uk**
Can Be Done
W **canbedone.co.uk**
Disability Rights UK
W **disabilityrightsuk.org**
Royal National Institute for the Blind
W **rnib.org.uk**
Tourism for All
W **tourismforall.org.uk**

Öffnungszeiten

Montag Manche Museen und andere Sehenswürdigkeiten haben montags geschlossen.
Sonntag Viele Läden schließen früher oder haben gar nicht geöffnet.
Winter In ländlichen Gebieten haben viele Unterkünfte und Dienstleistungsunternehmen von Oktober bis Ostern geschlossen.
Feiertage Viele Läden haben kürzer geöffnet oder ganz geschlossen.

Feiertage

1. Jan	*New Year's Day* (Neujahr)
2. Jan	*Bank Holiday*
März / Apr	*Good Friday* (Karfreitag)
1. Mo im Mai	*May Day* (Maifeiertag)
Letzter Mo im Mai	*Late May Bank Holiday*
1. Mo im Aug	*August Bank Holiday*
25. Dez	*Christmas Day* (1. Weihnachtsfeiertag)
26. Dez	*Boxing Day* (2. Weihnachtsfeiertag)

IN SCHOTTLAND UNTERWEGS

Züge und Busse verbinden die größeren Städte und bedienen ländliche Regionen. Vom schottischen Festland aus gelangt man per Flugzeug oder Fähre auf die Inseln.

Auf einen Blick

Tickets

Edinburgh
1,80 £
Einzelfahrt Bus

Glasgow
4,20 £
Tageskarte U-Bahn

Citylink Explorer Pass
49 £
3-Tages-Ticket für Fernbusse von Scottish Citylink

Geschwindigkeitsbegrenzungen

Autobahn
70 mph (112 km/h)

Landstraße
60 mph (96 km/h)

Innerstädtisch
30 mph (48 km/h)

Edinburgh
20 mph (32 km/h)

Anreise mit dem Flugzeug und Inlandsflughäfen

In Schottland gibt es drei große internationale Flughäfen: Edinburgh Airport, Glasgow International Airport und Aberdeen International Airport. Sie liegen alle nicht weit von den jeweiligen Städten entfernt. Von den Flughäfen fahren Busse (in Edinburgh auch eine Tramlinie) in die Stadtzentren. Der etwas weiter außerhalb der Stadt gelegene Glasgow Prestwick Airport wird überwiegend von Billigfluglinien angeflogen. Eine Zugstrecke verbindet den Flughafen mit dem Zentrum.

Lufthansa bietet von Deutschland aus Direktflüge nach Edinburgh und Glasgow. Nach Aberdeen gelangt man mit Stopps z. B. in London, Paris oder Amsterdam. Mit Austrian reist man über Frankfurt nach Edinburgh und Glasgow. Swiss bietet direkte Verbindungen von Zürich nach Edinburgh. Mit British Airways kann man von Deutschland, Österreich und der Schweiz aus direkt bzw. mit Zwischenstopps in London nach Edinburgh, Glasgow und Aberdeen fliegen.

Inlandsflughäfen gibt es in Inverness, Dundee, Wick, Campbeltown und Oban. Auf den Inseln stehen für Inlandsreisen der Kirkwall Airport (Orkney), der Sumburgh Airport (Shetland), der Stornoway Airport (Lewis) sowie kleine Flughäfen auf Islay, Tiree, Benbecula und Barra zur Verfügung.

Anreise mit dem Zug

Der **Eurostar** fährt von Frankreich, Belgien und den Niederlanden aus zum Bahnhof St Pancras in London. Von dort aus bestehen Schnellverbindungen zu den Bahnhöfen Euston und Kings Cross, die wiederum häufige Zugverbindungen nach Edinburgh und Glasgow bieten.

Der Nachtzug **Caledonian Sleeper** fährt vom Londoner Bahnhof Euston nach Edinburgh, Glasgow, Aberdeen, Inverness und Fort William.

Caledonian Sleeper
W sleeper.scot
Eurostar
W eurostar.com

Verbindungen zu den Flughäfen

Flughafen	Entfernung zur Stadt	Verkehrsmittel	Fahrtdauer	Preis
Edinburgh	13 km	Bus Airlink 100	45 Min.	4,50 £
		Tram	30 Min.	6,50 £
Glasgow	13 km	Bus Airport Express 500	15 Min.	9 £
Aberdeen	11 km	Bus Jet Service 727	30 Min.	3,70 £

Autofahrten

Die nachfolgende Tabelle gibt die ungefähren Fahrtzeiten zwischen den größten Städten Schottlands an – jeweils für die direkte, schnellste Route. Bei schlechtem Wetter verlängert sich die Fahrtdauer. Rasche Wetterumschwünge kommen in Schottland häufig vor – diesen Umstand sollte man bei der Reiseplanung berücksichtigen.

Aberdeen - Inverness	2,5 Std.
Edinburgh - Glasgow	1,25 Std.
Edinburgh - Dundee	1,25 Std.
Edinburgh - Aberdeen	3 Std.
Edinburgh - Inverness	3,5 Std.
Edinburgh - Stirling	1 Std.
Glasgow - Stirling	3,5 Std.
Glasgow - Oban	2,5 Std.
Inverness - Fort William	1,5 Std.
Inverness - Wick	2,75 Std.
Perth - Inverness	2,5 Std.

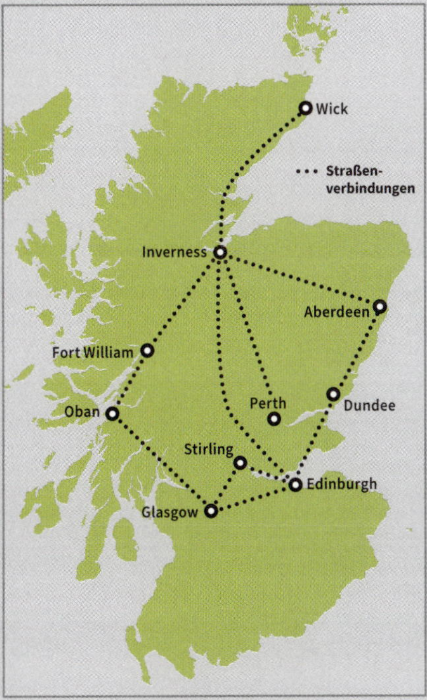

Anreise mit der Fähre

P & O Ferries bietet Verbindungen von Rotterdam und Zeebrügge nach Hull im Norden Englands. Mit **DFDS** gelangt man von Amsterdam ins nordenglische Newcastle upon Tyne.

DFDS
W dfdsseaways.de
P & O Ferries
W poferries.com

Anreise mit dem Auto

Die wichtigsten Verbindungen von England nach Schottland sind die M6 nach Glasgow sowie die A1 und die A68 nach Edinburgh.

Züge

Für eine Erkundung Schottlands mit dem Zug empfehlen sich verschiedene Pässe, die eine unbegrenzte Nutzung des Netzes innerhalb eines festgelegten Zeitraums gestatten: **BritRail** bietet den »Freedom of Scotland Pass«, **ScotRail** die Pässe »Highland Rover«, »Central Scotland Rover« und »Spirit of Scotland« *(siehe S. 277)*. Zugtickets gibt es auch bei **National Rail Enquiries** und **Trainline**. Fahrkarten für den historischen Jacobite Steam Train bucht man bei **West Coast Railways**.

BritRail
W britrail.net
National Rail Enquiries
W nationalrail.co.uk
ScotRail
W scotrail.co.uk
Trainline
W trainline.com
West Coast Railways
W westcoastrailways.co.uk

Busse

Fernbusse verkehren zwischen größeren Städten und fahren Ortschaften in ländlichen Gebieten an. **Scottish Citylink** und **Megabus** sind die Hauptanbieter.

Megabus
W uk.megabus.com
Scottish Citylink
W citylink.co.uk

Öffentlicher Personennahverkehr

Betreiber des öffentlichen Nahverkehrs sind in Schottland sowohl private als auch städtische Unternehmen. Die Fahrpreise sind relativ günstig. In den meisten Städten verkehren nur Busse. Edinburgh verfügt zudem über eine Straßenbahn. In Glasgow gibt es zusätzlich eine U-Bahn.

Traveline Scotland bietet Informationen zu Fahrplänen und Fahrpreisen für den öffentlichen Nahverkehr in ganz Schottland.

Traveline Scotland
W travelinescotland.com

Betreiber öffentlicher Nahverkehr

Aberdeen: First Aberdeen
W firstgroup.com/aberdeen
Dundee: Xplore Dundee
W nxbus.co.uk
Edinburgh: Transport for Edinburgh
W transportforedinburgh.com
Glasgow: Strathclyde Partnership for Transport (SPT)
W spt.co.uk

Busse

Städtische Busse bieten häufige, zuverlässige Verbindungen. In der Regel gilt eine Preisstufe für das gesamte Stadtgebiet. In größeren Städten werden Tageskarten und Tickets für Mehrfachfahrten angeboten, die man online erwerben und via Smartphone nutzen kann. Einzelfahrkarten sind gegen Barzahlung des exakten Betrags auch in den Bussen erhältlich. In ländlichen Gebieten richten sich die Busfahrpläne häufig nach den Bedürfnissen der Schulkinder und Pendler. Die Busse verkehren oft nur zweimal am Tag.

Straßenbahn

Edinburghs Tram verbindet Flughafen und Zentrum. Sie folgt der Princes Street mit Halt an den Bahnhöfen Waverley und Haymarket.

Edinburgh Trams
W edinburghtrams.com

U-Bahn

Der Streckenverlauf der U-Bahn in Glasgow ist ringförmig mit 15 Haltestellen. Zu Stoßzeiten fahren die Züge im Vier-Minuten-Takt. Tickets sind an allen Stationen erhältlich. Es gibt auch Tageskarten.

Taxis

Taxis kann man telefonisch bestellen oder an der Straße heranwinken. Schottische Taxis müssen eine Lizenznummer aufweisen. In Städten sind die Wagen mit Taxametern ausgestattet. Bei Taxis auf dem Land, die keinen Taxameter besitzen, sollte man vorab den Preis erfragen.

Auto

Abseits der großen Städte lässt sich Schottland am besten mit dem Auto erkunden. Die Straßenverhältnisse in Schottland sind gut. Alle größeren Städte sind durch Autobahnen oder zweispurige Schnellstraßen verbunden. Die nationalen Führerscheine Deutschlands, Österreichs und der Schweiz werden anerkannt. Innerhalb der größeren Städte empfiehlt sich wegen der hohen Parkgebühren die Nutzung öffentlicher Verkehrsmittel.

Mietwagen

Fahrer eines Mietwagens müssen mindestens 21 Jahre alt sein und einen gültigen Führerschein und eine Kreditkarte vorlegen. Filialen von Mietwagenfirmen findet man an Flughäfen und in größeren Städten.

Verkehrsregeln

In Schottland herrscht Linksverkehr. Es besteht Gurtpflicht. Mobiltelefone dürfen nur mit Freisprechanlage benutzt werden. Der Fahrzeugschein bzw. der Vertrag für den Mietwagen mit den üblichen Versicherungsdokumenten ist mitzuführen. Die Promillegrenze liegt in Schottland bei 0,5. An einspurigen Straßen in ländlichen Gegenden gibt es Ausweichstellen: Begegnen sich zwei Wagen, setzt der Fahrer, der sich der Ausweichstelle am nächsten befindet, zurück.

Fahrrad

Radfahrer finden in Schottland schöne Strecken auf ehemaligen Treidelpfaden und entlang stillgelegter Bahnlinien vor. Für Mountainbiker gibt es hervorragende Trails. **7Stanes** betreibt Zentren an Mountainbike-Trails, die durch von der Forestry Commission, der britischen Forstwirtschaftsbehörde, verwaltetes Land führen. Auf der Website von **Sustrans** ist eine Karte des National Cycle Network (aller inner- und außerstädtischen Radwege Schottlands) zu finden.

7Stanes
W forestryandland.gov.scot
Sustrans
W sustrans.org.uk

Leihfahrräder

In Schottland kann man bei vielen Firmen, z. B. bei **Biketrax** in Edinburgh und beim **EBS Cycle Centre** in Dundee, Fahrräder mieten – von Kinderfahrrädern über City- und Mountainbikes bis hin zu E-Bikes. In Glasgow bietet **Nextbike** 500 Räder an 60 Standorten.

Biketrax
W biketrax.co.uk
EBS Cycle Centre
W electricbikesscotland.com
Nextbike
W nextbike.co.uk

Radwandern

In Schottland bieten mehrere Unternehmen geführte Touren und Leitfäden für Radwanderungen auf eigene Faust an. **Wilderness Scotland** veranstaltet geführte Touren im Cairngorms National Park, auf den Äußeren Hebriden und im Great Glen. Ein Begleitfahrzeug transportiert das Gepäck.

Wilderness Scotland
W wildernessscotland.com

Zu Fuß

Städte wie Aberdeen, Dundee, Inverness und Perth lassen sich hervorragend zu Fuß erkunden. Auch in Edinburgh und Glasgow ist dies sehr gut möglich, da die Hauptsehenswürdigkeiten nicht weit voneinander entfernt liegen.

Wandern

Mit einem ausgedehnten Netzwerk an gut markierten Wegen ist Schottland ein Paradies für Wanderer. Der **Mountaineering Club**, **Scotways** und **Ramblers** bieten Tourenvorschläge. Für Bergwanderungen sind wegen der raschen Wetterumschwünge sorgfältige Planung und gute Ausrüstung (Wanderschuhe, warme, wetterfeste Kleidung, Karte und Kompass) unbedingt erforderlich. Informieren Sie Ihr Hotel über Ihre Route und den geplanten Zeitpunkt Ihrer Rückkehr.

Mountaineering Club
W smc.org.uk
Scotways
W scotways.com
Ramblers
W ramblers.org.uk/scotland.aspx

Fähren

Caledonian MacBrayne ist der Hauptanbieter für Fährverbindungen an der Westküste. Die Schiffe des Unternehmens fahren u. a. die Isle of Arran, die Isle of Skye und die Isle of Mull sowie Barra, Coll, Eigg, Harris, Islay, Raasay und Tiree an. Für Urlauber, die mehrere Inseln besuchen möchten, sind die acht Tage, 15 Tage oder einen Monat gültigen Pässe von Caledonian MacBrayne eine sinnvolle Option.

NorthLink Ferries bietet Verbindungen von Aberdeen nach Orkney und Shetland. Auch von Scrabster aus steuert das Unternehmen Stromness auf Mainland, Orkney, an.

Autofähren von **Pentland Ferries** setzen vom westlich von John o'Groats gelegenen Hafen Gill's Bay zur Orkney-Insel South Ronaldsay über. **John O'Groats Ferries** bietet Passagierfähren nach South Ronaldsay.

Zusätzlich betreiben kleine, unabhängige Unternehmen Fährverbindungen zu den Inseln Schottlands.

Caledonian MacBrayne
W calmac.co.uk
NorthLink Ferries
W northlinkferries.co.uk
Pentland Ferries
W pentlandferries.co.uk
John O'Groats Ferries
W jogferry.co.uk

Schiffsreisen

Auf Schiffsreisen auf dem Caledonian Canal und Touren entlang der Hafenstädte und Inseln im Westen Schottlands kann man entspannt die Aussicht auf herrliche Landschaften genießen.

Caledonian Discovery
Die zwölf Kabinenfahrgastschiffe des Unternehmens befahren in einwöchigen Touren den Caledonian Canal und verschiedene Seen im Great Glen.
W caledonian-discovery.co.uk

Hebridean Island Cruises
Bei einer Fahrt mit dem kleinen Kreuzfahrtschiff *Hebridean Princess* erlebt man den Charme der Äußeren Hebriden in luxuriösem Ambiente. Für Passagiere stehen an Bord 30 Kabinen zur Verfügung.
W hebridean.co.uk

PRAKTISCHE HINWEISE

Mit folgenden Informationen und Tipps kommen Sie während Ihres Schottland-Aufenthalts ohne Probleme zurecht.

Auf einen Blick

Notrufnummern

Polizei / Feuerwehr / Krankenwagen
999/ 112

Polizei (keine Notfälle)
101

National Health Service (24 Std.; keine Notfälle)
111

Zeit

Die in Schottland geltende Greenwich Mean Time liegt eine Stunde hinter der MEZ zurück.

Leitungswasser

Wasser aus dem Hahn kann man bedenkenlos trinken. Falls nicht, weisen Kennzeichnungen darauf hin.

Websites und App

trafficscotland.org
Die App liefert aktuelle Informationen über die Verkehrslage in ganz Schottland.
visitscotland.com
Die Website des schottischen Fremdenverkehrsamts bietet viele hilfreiche Tipps.
walkinghighlands.co.uk
Die Website erleichtert das Planen von Wanderungen in ganz Schottland.
mwis.org.uk/scottish-forecast
Die Seite liefert Wettervorhersagen.

Sicherheit

Schottland ist ein sehr sicheres Land. Wer die üblichen Vorsichtsmaßnahmen ergreift, sollte bei einem Aufenthalt keine Schwierigkeiten erleben. In stark von Urlaubern frequentierten Gegenden sind Taschendiebe unterwegs. Melden Sie Diebstähle sofort der Polizei und lassen Sie sich ein Protokoll für Ihre Versicherung aushändigen.

In Schottland steht man allen Menschen unabhängig von deren ethnischer Herkunft oder sexuellen Orientierung aufgeschlossen gegenüber. Die Rechtslage für LGBT+ gilt als eine der fortschrittlichsten weltweit. Homosexualität wurde in Schottland 1981 legalisiert. 2014 wurde die Ehe für gleichgeschlechtliche Paare geöffnet. Schottland ist das weltweit erste Land, in dem LGBT+ Geschichte in den Lehrplan aufgenommen wurde. In den größeren schottischen Städten gibt es lebhafte LGBT+ Szenen, seit 2018 finden auch in zahlreichen Dörfern und Kleinstädten LGBT+ Prides statt. In den (seltenen) Fällen homophober Bedrohung bieten die **LGBT Helpline Scotland** und **Safe Space Alliance** Hilfe.

LGBT Helpline Scotland
T +44 300 123 2523
W lgbthealth.org.uk
Safe Space Alliance
W safespacealliance.com

Botschaften

Bei Problemen wie dem Verlust von Personalausweis oder Reisepass erhalten Reisende von den Botschaften ihrer Heimatländer Unterstützung. Deutschland und die Schweiz betreiben in Edinburgh Generalkonsulate, die Botschaft Österreichs befindet sich in London.

Generalkonsulat Deuschland
16 Eglinton Crescent, Edinburgh
T +44 1131 337 2323
W uk.diplo.de
Botschaft Österreich
18 Belgrave Mews West, London
T +44 20 7344 3250
W bmeia.gv.at/oeb-london

Generalkonsulat Schweiz
58/2 Manor Place, Edinburgh
+44 131 225 9313 eda.admin.ch

Gesundheit

Die Notrufnummern für Polizei, Feuerwehr, Krankenwagen und Bergrettung ist 999 oder 112. In nicht lebensbedrohlichen Situationen kann man unter der Rufnummer 111 und auf der Website des **National Health Service Scotland** Informationen über nahe gelegene Arztpraxen einholen. In Hotels lassen sich die Adressen von nahe gelegenen Arzt- und Zahnarztpraxen ebenfalls erfragen. Viele Krankenhäuser betreiben Notaufnahmen.
National Health Service Scotland
scot.nhs.uk

Rauchen, Alkohol und Drogen

In öffentlichen Bereichen ist Rauchen verboten. Viele Bars und Restaurants bieten jedoch Raucherbereiche im Freien. In Schottland ist Personen unter 18 Jahren der Kauf von alkoholischen Getränken nicht gestattet. Der Besitz von Drogen aller Art ist verboten und wird zum Teil mit Gefängnisstrafen belegt.

Ausweispflicht

Man muss seinen Reisepass nicht ständig bei sich tragen, doch es ist ratsam, für eventuelle Kontrollen eine Fotokopie mit sich zu führen.

Telefonnummern

Aus dem Ausland wählt man die Landeskennzahl für Großbritannien (0044), dann die Ortsvorwahl ohne die 0, dann die Rufnummer des Teilnehmers. Für Gespräche von Schottland ins Ausland sind die Landeskennzahlen 0049 für Deutschland, 0043 für Österreich, 0041 für die Schweiz.

Mobiltelefone und WLAN

Für Telefonate mit dem Mobiltelefon werden trotz des Austritts aus der EU in Großbritannien bislang keine Roaming-Gebühren erhoben. Urlauber aus EU-Staaten telefonieren auf Basis ihres Mobilfunkvertrags. Besucher aus der Schweiz müssen von jeher Roaming-Gebühren bezahlen.

Mobilfunknetze decken fast ganz Schottland ab – in einigen Bergregionen und abgelegenen Gebietenhat man keinen Empfang.

In den Städten gibt es WLAN-Hotspots. Viele Cafés und Restaurants lassen ihre Gäste auf Anfrage den hauseigenen WLAN-Zugang nutzen. In den meisten Hotels und Bibliotheken steht WLAN zur Verfügung.

Post

Royal Mail ist der Postdienst in Schottland. Poststellen haben meist montags bis freitags von 9 bis 17:30 Uhr und samstags von 9 bis 12:30 Uhr geöffnet. Briefmarken sind auch in Supermärkten und anderen Läden erhältlich. Das Porto für eine Postkarte oder einen Standardbrief beträgt 1,25 £.

Mehrwertsteuer

In Schottland wird auf die meisten Güter und Dienstleistungen eine Umsatzsteuer (VAT, *value added tax*) von 20 Prozent erhoben. Lebensmittel, Bücher, Zeitungen und öffentliche Personenbeförderung sind VAT-frei.

Besucher aus Ländern außerhalb der EU können sich die Mehrwertsteuer bei der Ausreise rückerstatten lassen. EU-Bürger können sich auf der Website der britischen Regierung (www.gov.uk) über die geltenden Bedingungen informieren.

Besucherpässe

Wer in Schottland viele Burgen und Herrenhäuser besichtigen möchte, ist mit dem »Explorer Pass« von **Historic Environment Scotland** gut beraten: Dieser ermöglicht an fünf bzw. 14 Tagen freien Eintritt in 40 von der Behörde verwalteten Sehenswürdigkeiten.

ScotRail bietet mit »Spirit of Scotland« unbegrenzte Nutzung der Züge im ganzen Land an acht bzw. 15 Tagen. Mit dem »Highland Rover« kann man an acht, mit dem »Central Scotland Rover« an drei Tagen die Züge in den entsprechenden Regionen nutzen.

Neben der unbegrenzten Nutzung aller Fernbusse des Unternehmens an drei, fünf oder acht Tagen verhilft der »Explorer Pass« von **Scottish Citylink** zu Ermäßigungen in Unterkünften.
Historic Environment Scotland
historicenvironment.scot
Scottish Citylink
citylink.co.uk
Spirit of Scotland
scotrail.co.uk

REGISTER

Register

Seitenzahlen in **fetter** Schrift verweisen auf Haupteinträge.

H

I

J

K

L

M

N

S

T

BILDNACHWEIS

l = links; r = rechts; o = oben; u = unten; m = Mitte; d = Detail.

DK hat sich bemüht, alle Copyright-Inhaber zu ermitteln. Sollte das in einigen Fällen nicht gelungen sein, bitten wir, dies zu entschuldigen. In der nächsten Auflage werden wir Versäumtes gern nachholen.

DK dankt folgenden Personen, Institutionen, Unternehmen und Bildarchiven für die Erlaubnis, ihre Fotos zu reproduzieren.

4Corners Richard Burdon 19; Justin Foulkes 240 – 241; Fortunato Gatto 2 – 3; Susanne Kremer 146 147o; Maurizio Rellini 8mlu; Riccardo Spila 92 – 93; Richard Taylor 4, 80 – 81o; Sebastian Wasek 200 – 201.

The Abbotsford Trust 114 – 115, Angus Bremner 114ul, 114mro.

Alamy Stock Photo Action Plus Sports Images 58ul; AF archive 219ul; AJB 184o; Sally Anderson 156 – 157; Antiqua Print Gallery 60o; Archwhite 257ur; Arterra Picture Library 20 – 21m, 252mu / Arndt Sven-Erik 210 – 211o; Sergio Azenha 43or; Silvan Bachmann 35mru; Bailey-Cooper Photography 10mo; Fraser Band 215or; John Bracegirdle 50 – 51o, 64 – 65o, 88 – 89u; Matthew Brown 128 – 129u; Richard Burdon 18m, 160 – 161; CCPhotography 147ur; Angus Alexander Chisholm 265or; Chronicle 63m, 63ur; Classic Image 79mu, 117ur; Clearview 118 – 119o, 252 – 253o; Gary Cook 133o, 250u; Creative Nature Media 128ol; Derek Croucher 248 – 249u; Ian Dagnall 24ol, 94 – 95u, 164o, 183or, 254ol; John Devlin 256ul; DGB 134ul, 267o; Jonathan Dorey - Scotland 260 – 261u; doughoughton 41or; Eye Ubiquitous 52ur, 147mlu; eye35.pix 97ol; Keith Fergus 29ur; Mark Ferguson 228o; Findlay 140ml, 172 – 173u; Alister Firth 46 – 47o; Slawomir Gawryluk 54 – 55o; geogphotos 239ur; Ian Georgeson 74 – 75u, 82ol; GL Archive 61or, 63ul, 158or, 163ul; David Gowans 213u; Tim Graham 246ul; The Granger Collection 172mro; Jeppe Gustafsson 224mro; Rik Hamilton 148 – 149u, 264u; Clare Hargreaves 47ur; Hemis.fr 100mo / Cegalerba Nicolas 88or / Bertrand Rieger 243o; Grant Henderson 30ol; Historic Images 78mru; Doug Houghton SCO 212ol; Image Scotland 65ul; imageBROKER 121mro / Markus Keller 244 – 245u; Vit Javorik 232 – 233u; John Peter Photography 22 – 23mo, 116 – 117o, 130 – 131u, 132u; 152 – 153u, 181ur, 190ol, 199ur; Pauline Keightley 45ml; Robert Kerr 165or; Shahid Khan 75ml; Albert Knapp 175mr; Stefan Kusinski 79mru; LatitudeStock 11o; Thomas Lee 158u; Peter Lopeman 11ur, 24 – 25o; De Luan 80mru; David Lyons 38 – 39o; Kevin Ma 41mru; Mark Sunderland Photography 107ur, 179mu; Iain Masterton 46u, 98u, 106ml, 168ur, 167o, 168 – 169o, 181ml, 194 – 195u, 261o; mauritius images GmbH 266ur; Angus McComiskey 53mru, 186ol, 246 – 247o; MediaWorldImages 199mo; Henk Meijer 219or; Bill Miller 119ur; Rosaline Napier 104ul; Gerry Neely 221mu (Gabbro); Richard Newton 41ml; PA Images / Andrew Milligan 149ol; Chris Pancewicz 245or; Ian Paterson 221mlu; Charlie Phillips 255u; The Print Collector / Heritage Images / CM Dixon 197or; Purepix 249or; robertharding / Matthew Williams-Ellis 30 31mu; David Robertson 21mo, 176 – 177u; George Robertson 40 – 41u; RooM the Agency / marcoisler 28ul; Kay Roxby 179ol; Iain Sarjeant 166ol, 198ur, 221mru; Scottish Viewpoint 43mru, 51mr, 117mr; Phil Seale 23or, 135or, 154 – 155u, 263u; Neil Setchfield 152ol; Duncan Shaw 64mu; Shine-a-light 151ol; shoults 214mro; Rod Sibbald 124 – 125; Antonio Siwiak 260mlu; SJH Photography 87ol, 105or; South West Images Scotland 59m; Stephen Saks Photography 122 – 123o; Eckhard Supp 48 – 49o; Timewatch Images 60ur; travellinglight 22or, 150u; UPI / John Angelillo 47mlo; wanderluster 43ml; Sebastian Wasek 214 – 215u; Colin Waters 61ul; Monica Wells 155or; Richard Wheeler 188u; Arch White 103or; Kenny Williamson 58ur; Andrew Wilson 10mlu, 13o; Wim Wiskerke 22 – 23o; Allan Wright 42u, 122ul, 126ul; Alan Wylie 143ml; Ian Macrae Young 135ur.

AWL Images Robert Birkby 34 – 35mo, 54ul; Alan Copson 49mru, 144; Tom Mackie 22ol; Mark Sykes 113mro.

Bridgeman Images *A Lady in Black* (Öl auf Leinwand), Cadell, Francis Campbell Boileau (1883 – 1937, Art Gallery and Museum, Kelvingrove, Glasgow, Scotland 149m; *Cromwell at Dunbar*, 1650 (Öl auf Leinwand), Gow, Andrew Carrick (1848 – 1920), Imperial Defence College, Camberley, Surrey, UK 63or; *Hadrian's Wall* (Gouache auf Papier), Green, Harry (geb. 1920), Private Collection / Look and

Learn 60mu; National Galleries of Scotland, Edinburgh 90mro.

Camera Obscura & World of Illusions, Edinburgh 80mr.

Chivas Brothers 48ul.

Dreamstime.com Andreaobzerova 12–13u; Bobbrooky 226–227o; Anna Derewacz Czuprynska 37ml; Henner Damke 225u; Dnaveh 25or; Sandro Fileni 76ml; Grahambraid 25ol; Henrywei 26mr; Holgers 35ur; Helen Hotson 10–11u, 26o, 26mru; Jakphoto 12ul; Attila Jandi 95ol; Karol Kozlowski 79o; Licancabur 253ur; Christoph Lischetzki 175ol; Martin Molcan 243mr; Mrmessy2 18ol, 136–137; Sueburtonphotography 242ul; Tinn Tienchutima 96–97u; Vaeenma 207mr; Stefano Valeri 189o, 257ol; Andrew Ward 234ur; Jeff Whyte 87or; Anastasia Yakovleva 216–217o.

Edinburgh Art Festival John McKenzie / *Untitled* (2016) von Jonathan Owen, am Burns Monument, mit freundlicher Genehmigung des Künstlers, Ingleby Gallery, Edinburgh 74ul.

Edinburgh International Book Festival Robin Mair 40or.

Getty Images AFP / Andy Buchanan 91, 204u / Glyn Kirk 173or; Bloomberg / Simon Dawson 207o; Kristian Buus 204–205o; Cultura / Leon Harris 31ml; Culture Club 62o, 63ol; Daniele Carotenuto Photography 102–103mu; De Agostini / DEA / S. Vannini 195mru; Matthew Williams-Ellis 59ur; Ross Gilmore 65mr; Heritage Images 62mlu, 63mro, 80mlu; Hulton Archive 61ol / Heritage Images / Historica Graphica Collection 206mr; Samir Hussein 205ur; Image by Peter Ribbeck 113o; Thomas Janisch 222o; Jeff J. Mitchell 12o, 65ur, 44–45mu, 74mr, 175or, 205mlo; Moment / Sam Spicer 28–29o; National Galleries of Scotland 80mu; Sarun Rojanakatanyoo 90ul; Steve Talas 17, 108–109; James Warwick 233mro; Westend61 13mr; Jon Wild 100–101u.

iStock / Getty Images 1111IESPDJ 29ml, 22kay22 180mro; ALBAimagery 222ur, 234–235o; AlbertPego 84o, 98–99o; ANNEYP 33ol; Ansaharju 16m, 68–69; argalis 77mro, 174–175u; benedek 120–121o; BrianPIrwin 94ol; Stephen Buwert 62mu; DavidGraham86 84ur; DouglasMcGilviray 78ul; duncan1890 61mu, 79mu; E+ / JohnFScott 32mro / northlightimages 221mu; ewg3D 82–83mu; extravagantni 56–57o; font83 37ur; fotoVoyager 26ul; FrankCornfield 159or; Gannet77 65mro; Orietta Gaspari 170–171u; georgeclerk 31ur, 45mu, 72o, 140o; Richard Heath 236–237u; iweta0077 32–33u; jikgoe 78or; lucentius 6–7, 21or, 24–25mo, 218, 230–231o, 232or; malcphotolanc 61mlo; mariofederrovici 229ul; miroslav_1 64ol; Moment / Jack Hoyer 264mlu; Susanne Neumann 182–183u; pawel.gaul 77o; rechitansorin 59ul; Roxiller 49or; Swen_Stroop 267–268; sunlow 196–197u; tane-mahuta 36ur; theasis 8mlo, 55mru, 140mr, 177or; treasuregalore 143ur; undefined 184–185u; Flavio Vallenari 262–263o; Chunyip Wong 220–221o.

Glasgow City Council 42o, 140ul.

Glasgow Science Centre 145mro; Martin Shields 145ul.

Glasgow Summer Sessions / TRNSMT FESTIVAL 2020 44–45mo.

Go Ape 53or.

Historic Environment Scotland 130ol.

National Museums Scotland 86–87u, 87mro; 89or, 89ur; Peter Dibdin 72mr; Paul Dodds 120ul.

Picfair.com Bill Barclay 142–143o; Jeremy Lavender Photography 57mru; Martin Jones 191u; Caitlyn Stewart 147mru.

Pickering's Gin Peter Dibdin Photographer 49ml.

Relish Publication: 72mru.

Rex by Shutterstock Aimee Spinks / HBO / Kobal 56u; Danjaq / EON Productions / Kobal 56mro; Ian Georgeson 52or; Icon / Ladd Co / Paramount / Kobal 57ml; Liam Longman / Figment / Noel Gay / Channel 4 / Kobal 56ol; Eric Thorburn 251or.

Robert Harding Picture Library Adam Burton 8–9u; Cubo Images 238–239o; David Speight 208–209o.

Rosslyn Chapel Trust 121ul.

Shutterstock.com Anton_Ivanov 89m; Coatesy 34ul; Will Dale 224o; Reimar 13ur.

Snow Factor Jeff Holmes Photography 53ml.

SuperStock age fotostock / Tim Gartside 20ol; Cultura Limited 66 – 67; Cath Evans 55mo; robertharding 189mlo, 208ul / Adam Burton 177ol; Westend61 209mr / Scott Masterton 192 –193.

The Dome 72ul.

The Malt Whisky Trail 186 –87

V & A Dundee: Ross Fraser McLean 11mr, 20 – 21mo.

Umschlag
Vorderseite und Buchrücken:
Dreamstime.com App555.
Rückseite:
4Corners Richard Taylor mlo; **Alamy Stock Photo** Matthew Hart u, David Robertson or; **Getty Images / iStock:** Swen_Stroop m.

Alle anderen Bilder © Dorling Kindersley
Weitere Informationen:
www.dkimages.com

MIX
Papier | Fördert gute Waldnutzung
FSC® C018179
FSC www.fsc.org

Dieser Reiseführer wird regelmäßig aktualisiert. Angaben wie Telefonnummern, Öffnungszeiten, Adressen, Preise und Fahrpläne können sich jedoch ändern. Der Verlag kann für fehlerhafte oder veraltete Angaben nicht haftbar gemacht werden. Für Hinweise, Verbesserungsvorschläge und Korrekturen ist der Verlag dankbar. Bitte richten Sie Ihr Schreiben an:

Dorling Kindersley Verlag GmbH
Redaktion Reiseführer
Arnulfstraße 124 • 80636 München
reise@dk.com

DK Penguin Random House
www.dk-verlag.de

DK London (aktualisierte Neuauflage)

Lektorat Darren Longley, Alison McGill, Dipika Dasgupta, Danielle Watt, Mark Silas, Hilary Bird, Shikha Kulkarni, Hollie Teague, Beverly Smart, Georgina Dee

Gestaltung und Bildredaktion Laura O'Brien, Vinita Venugopal, Ankita Sharma, Sumita Khatwani, Vagisha Pushp, Rohit Rojal, Bess Daly, Priyanka Thakur, Maxine Pedliham

Umschlag Bella Talbot, Laura O'Brien

Herstellung Rebecca Parton

Kartografie Casper Morris, Suresh Kumar

Illustrationen Richard Bonson, Gary Cross, Jared Gilby, Paul Guest, Kevin Jones Associates, Claire Littlejohn, Chris & Orr Associates, Ann Winterbotham

Zuerst erschienen 1999 in Großbritannien bei Dorling Kindersley Ltd., London

Aktualisierte Neuauflage 2023 / 2024

Verlagsleitung Monika Schlitzer, DK Verlag
Programmleitung Heike Faßbender, DK Verlag
Redaktionsleitung Stefanie Franz, DK Verlag
Projektbetreuung Theresa Fleichaus, DK Verlag
Herstellungskoordination Antonia Wiesmeier, DK Verlag
Übersetzung Susanne Traub-Schweiger, Garmisch-Partenkirchen; Birgit Walter, Augsburg
Redaktion Birgit Walter, Augsburg
Schlussredaktion Philip Anton, Köln
Umschlaggestaltung Ute Berretz, München
Satz und Produktion DK Verlag, München
Druck RR Donnelly Asia Printing Solutions Ltd., China

ISBN 978-3-7342-0716-7
17 18 19 20   26 25 24 23 22

DK Vis-à-Vis

Vis-à-Vis-Reiseführer

Nordamerika
Kanada
USA
Alaska
Chicago
Florida
Hawaii
Kalifornien
Las Vegas
Neuengland
New Orleans
New York
San Francisco
USA Nordwesten & Vancouver
USA Südwesten & Nationalparks
Washington, DC

Mittelamerika und Karibik
Costa Rica
Karibik
Kuba
Mexiko

Südamerika
Argentinien
Brasilien
Chile
Peru

Afrika
Ägypten
Marokko
Südafrika

Südeuropa
Italien
Apulien
Bologna & Emilia-Romagna
Florenz & Toskana
Gardasee
Ligurien
Mailand
Neapel
Rom
Sardinien
Sizilien
Südtirol
Umbrien
Venedig & Veneto

Spanien
Barcelona & Katalonien
Gran Canaria
Madrid
Mallorca
Nordspanien
Sevilla & Andalusien
Teneriffa

Portugal
Lissabon

Westeuropa
Irland
Dublin

Großbritannien
London
Schottland
Südengland

Niederlande
Amsterdam

Belgien & Luxemburg
Brüssel

Frankreich
Bretagne
Korsika
Loire-Tal
Paris
Provence & Côte d'Azur
Straßburg & Elsass
Südwestfrankreich

Nordeuropa
Dänemark
Kopenhagen

Schweden
Stockholm

Norwegen

Mitteleuropa
Deutschland
Berlin
Bodensee
Dresden
Hamburg
München & Südbayern

Österreich
Wien
Schweiz
Slowenien
Kroatien
Tschechien & Slowakei
Prag
Polen
Danzig & Ostpommern
Krakau
Baltikum
Budapest (Ungarn)

Osteuropa
Moskau
Sankt Petersburg

Südosteuropa
Griechenland Athen & Festland
Griechische Inseln
Kreta

Östliches Mittelmeer
Türkei
Istanbul
Zypern
Jerusalem (Israel)

Südasien
Indien
Delhi, Agra & Jaipur
Indiens Süden
Sri Lanka

Südostasien
Bali & Lombok
Kambodscha & Laos
Malaysia & Singapur
Myanmar
Thailand
Thailand – Strände & Inseln
Vietnam & Angkor

Ostasien
China
Beijing & Shanghai
Japan
Tokyo

Australasien
Australien
Neuseeland

Schottland

A
B
C
D
1
2
3
4
5
6
7
Skara Brae
Stromness
Cape Wrath
Durness
Scrabster
Port of Ness
Barvas
Tongue
Handa
Scourie
Lewis
Seisiadar
Breasclete
Stornoway
Altnaharra
Hebriden
The Minch
Lochinver
Loch Shin
Helmsdale
Lairg
Achiltibuie
Harris
Tarbert
Brora
Scalpay
Ullapool
Berneray
Dornoch
Inverewe Gardens
Portmahomack
Rodel
Poolewe
Tain
North Uist
Little Minch
Gairloch
Loch Maree
Lochmaddy
Staffin
Moray
Cromarty
Uig
Torridon
Strathpeffer
Dingwall
Fort George
Äußere
Benbecula
Skeabost
Achnasheen
Nairn
Forres
South Uist
Raasay
Muir of Ord
Cawdor Castle
Dunvegan
Isle of Skye
Portree
Lochcarron
Inverness
Spey
Kyle of Lochalsh
Grantown-on-spey
Drumnadrochit
Sconser
Dornie
Lochboisdale
Broadford
Kylerhea
Glen Shiel
Loch Ness
Aviemore
Eriskay
Nethy Bridge
Canna
Barra
Armadale
Fort Augustus
Castlebay
Invergarry
Kingussie
Rùm
Mallaig
Laggan
Eigg
Loch Lochy
Hebriden
Arisaig
Spean Bridge
Muck
SCHOTTLAND
Fort William
Ardnamurchan
Coll
Kilchoan
Blair Atholl
Strontian
Killiecrankie
Arinagour
Glencoe
Tiree
Ballachulish
Aberfeldy
Pitlochry
Tobermory
Lochaline
Scarinish
Ledaig
Blairgowrie
Staffa
Craignure
Taynuilt
Tyndrum
Dunkeld
Isle of Mull
Lochearnhead
Perth
Scone
Iona
Oban
Crianlarich
Innere
Bunessan
Kilninver
Balquhidder
Auchterarder
Inveraray
Loch Lomond
Firth of Lorn
Arduaine
Callander
Tarbet
Dunblane
Kinross
Colonsay
Kilmartin
Crarae Garden
Aberfoyle
Bridge of Allan
Scalasaig
Jura
Stirling
Culross
Dunfermline
Ardlussa
Helensburgh
Lochgilphead
Balloch
Falkirk
Linlithgow
Dunoon
Dumbarton
Port Askaig
Feolin
Greenock
Glasgow
Cumbernauld
Rothesay
Port Charlotte
Largs
Paisley
Motherwell
Bowmore
Isle of Bute
Portnahaven
Islay
Johnstone
East Kilbride
Hamilton
Ardrossan
Isle of Arran
Port Ellen
Gigha
Brodick
Irvine
Kilmarnock
New Lanark
Biggar
Troon
Traquair House
Prestwick
Lamlash
Mauchline
Ayr
Campbeltown
Culzean Castle
Dumfries House
Sanquhar
Drumlanrig Castle
Turnberry
Moffat
Girvan
Coleraine
Firth of Clyde
New Galloway
Derry
Dumfries
Newton Stewart
Cairnryan
Caerlaverock Castle
Threave Castle
Castle Douglas
NORDIRLAND
Larne
Ballymena
Stranraer
Kirkcudbright
Solway Firth
Lough Neagh
Portpatrick
Port William
Whithorn
Belfast
Bangor
Drummore